书香社会

全民阅读导论

周燕妮　聂凌睿　马德静/编著

海天出版社（中国·深圳）

图书在版编目(CIP)数据

书香社会：全民阅读导论 / 周燕妮，聂凌睿，马德静编著.—深圳：海天出版社，2017.4（2017.11重印）

（书香中国·全民阅读推广丛书 / 王京生，徐雁主编）
ISBN 978-7-5507-1942-2

Ⅰ.①书… Ⅱ.①周… ②聂… ③马… Ⅲ.①读书活动—研究—中国 Ⅳ.①G252.17

中国版本图书馆CIP数据核字(2017)第056900号

书香社会：全民阅读导论

SHUXIANG SHEHUI: QUANMIN YUEDU DAOLUN

出　品　人	聂雄前
出 版 策 划	于志斌
项目负责人	孙　艳
责 任 编 辑	孙　艳
责 任 技 编	蔡梅琴
封 面 设 计	知行格致

出 版 发 行	海天出版社
地　　　址	深圳市彩田南路海天综合大厦　（518033）
网　　　址	www.htph.com.cn
订 购 电 话	0755-83460397(批发)　83460293(邮购)
设 计 制 作	深圳市龙墨文化传播有限公司（电话：0755-83461000）
印　　　刷	深圳市华信图文印刷有限公司
开　　　本	787mm×1092mm　1/16
印　　　张	17
字　　　数	248千
版　　　次	2017年4月第1版
印　　　次	2017年11月第2次
定　　　价	68.00元

序　言

◎ 王京生

今天，全民阅读活动在中国已渐成声势。这种声势的形成，有专家的倡导，有政府的支持，有舆论的推动，有个别杰出城市的示范和高贵的坚持，但最重要的动力还来源于民间日益高涨的热情，而其背后则是我国传统文化根深蒂固的影响，是国民素质面对世界潮流与挑战的提升。因为览古今中外，无论对于民族、对于城市还是对于个人而言，阅读，都是可持续发展的关键。

具体到个人而言，阅读是可持续发展的关键，是快乐的可持续。

所谓可持续发展，包括许多方面，如环境、能源、食品、卫生等，但最重要的可持续在于人的可持续，在于人类在文明进程中的承续相接与不断创造，而人的可持续最根本还是来源于读书学习。在中国，我们可以找到无数个因为阅读而改变命运的人。每个人的梦想无论如何产生和实现，阅读都是很重要的途径，而且这种可持续不是痛苦的可持续。当你真正把读书看成生活一部分时，你是快乐的。只有通过阅读，才能真正培养人的科学精神和人文精神。

强国自国民始，提升国民自教育始，教育自读书始，热爱读书的民族必将自强于天下。

中华民族文明何以历久不衰并且日益壮大？这与中华民族形成了一种对学习、阅读的推崇有关。《论语》以"学而时习之，不亦说乎"为发轫之辞，绝非偶然。没有一个民族像中华民族这么重视读书，这么刻苦。"忠厚传家久，诗书继世长"，中国人一直把阅读当作和生命一样重要的东西。中华文明源远流长，很重要的原因就是其自强不息的学习精神。几千年来，中华民族传承下来的书籍典藏汗牛充栋，勤学善学精神更是一脉相承。从孔子的"学而不思则罔，思而不学则殆"，到杜甫的"读书破万卷，下笔如有神"；从于谦的"书卷多情似故人，晨昏忧乐每相亲"，到苏轼的"发奋识遍天下字，立志读尽人间书"；从"凿壁借光"到"囊萤映雪"，对书本的热情、对阅读的推崇以及读书之刻苦，从中可见一斑。

非独我国，世界上任何优秀民族无不热爱阅读。以色列人、美国人善于创新，德国产品最经得起考验，日本是最善于接纳外来文化的民族。为什么这些国家和民族都擅长创新？当我们了解到他们的阅读指数，人均读多少本书时，你就知其所以然了。每年犹太人人均读书 64 本，俄罗斯人均读书 55 本，美国人均读书 50 本，日本人均读书 40 本，法国人均读书 20 本，韩国人均读书 11 本，匈牙利每 500 人就有一座图书馆。在创新和发展的背后，是默默无闻的阅读在发挥着根本作用。由世界知识产权组织、康奈尔大学和欧洲工商管理学院共同发布的 2016 全球创新指数中，排名前十的依次是瑞士、瑞典、英国、美国、芬兰、新加坡、爱尔兰、丹麦、荷兰、德国。前十强的排名基本稳定，瑞士连续六年名列第一，并且除了美国和新加坡，其余均为欧洲国家，北欧更是占了三席。国家创新能力和阅读息息相关，欧洲国家年人均读书量约为 16 本，北欧国家达到 24 本。由此可见，国民阅读力决定了国家创新力。

对于城市而言，阅读是城市前行与发展的重要动力。阅读，是涵养城市的创新源泉。

联合国教科文组织代表罗西在谈到深圳的阅读与城市发展时有这样一个观点，"对于一座城市而言，阅读是最有价值的投资之一。阅读之所以是一笔极其宝贵的精神财富，是因为它无法被任何东西所取代，也无法被外界的任何力量夺去，它代表这座城市的气质和心灵，也是这座城市发展的支柱和动力"。深圳近 20 年来坚持推动全民阅读，这是对人文价值的一种高贵坚守。而深圳之所以能够创造经济奇迹和文化奇迹，是因为人们保持着对阅读的巨大渴求、对知识的巨大热情，一座城市积累的丰富知识一定能转换成强大的创造力。

深圳强大的学习能力、创新能力、创意能力、创造能力，都与阅读密切相关，无数大胆的设想和创意都来源于持续阅读与勤学善学。这是一座生机勃勃的城市，但一开始确实很浮躁。近 20 年来，深圳人带着理想、感情、追求和担当，脚踏实地推进全民阅读，以大气压制浮躁，以优雅驱逐粗俗，于无声之中润化心灵，让许多躁动的心因为读书而充满宁馨欢愉，为这座年轻城市注入了沁人心脾的诗书之气，为城市的发展加注了充足后劲，创造了一种高尚的城市文明样式。

阅读，是可持续发展的关键，而全民阅读的可持续发展，需要我们在变化中坚守，在坚守中创新，以精彩创意来持续推动。深圳是"全球全民阅读典范城市"，是全球唯一获联合国教科文组织颁发此殊荣的城市。在全国首创的深圳读书月迄今已举办 17 届，在全民阅读推广中，深圳一直在做那些别人还在想或者别人想做而未做的事。

催生深圳读书月的，是深圳人在阅读上的"先知先觉"。

早在 20 世纪 80 年代，商潮涌动的深圳经济特区就有了浓郁的读书氛围，图书馆总是座无虚席，年轻人都排着长队进去读书。而 1996 年 11 月在深圳举行的第七届全国书市更是创下了短短 10 天书城销售额即高达 2177 万元的全国纪录。当时我在深圳市文化局工作，市民的读书热情和求知渴望，引发了我们的思索——作为政府主管部门，我们应该在市民阅读行为中发挥怎样的作用呢？也许，举办专门的读书活动，正是一条绝佳路径。这时，深圳市图书馆馆长、市政协委员刘楚材的提案上来了——《关于建立"深圳读书节"的提案》，与我们的设想不谋而合。考虑到设立"节"需要人大审批通过，设立"读书周"吧，时间太短，还没热起来就闭幕了，我就建议把"读书节"改为"读书月"。

2000 年 11 月，首届深圳读书月启动。读书月在深圳经济特区的率先诞生，体现了深圳人在阅读上的"先知先觉"，一种高度的文化自觉。从创办读书月那一天起，我们希望，深圳民间蕴藏的巨大读书热情可以通过读书月得到充分释放，市民的阅读权利可以通过读书月得到充分满足，城市的想象力和创造力被读书月持续点燃。

从首届读书月开始，"实现市民文化权利"的观念，进入深圳人的视野。当时，我提出，要保障市民实现基本文化权利，并且在首届读书月闭幕不久，在

《深圳特区报》发表《实现市民的文化权利——对首届读书月的若干思考》，阐述举办读书月的价值宗旨：实现市民的文化权利。2001 年 2 月 28 日，第九届全国人大常委会正式批准中国加入联合国的《经济、社会和文化权利国际公约》，而深圳在 2000 年就对文化权利做出了回应。

阅读权是市民最为基本和最为重要的文化权利之一。从这个意义上讲，深圳读书月的举办，是有效实现市民文化权利的一种途径、载体和方式。"图书馆之城"的建设，充分保障了市民的阅读权利。目前，深圳已有 600 多座各级公共图书馆，建成 200 多台自助图书馆，形成了星罗棋布、互联互通、虚实结合的无边界图书馆网络。随着读书月的开展，深圳市民阅读权利得到了充分实现。与此同时，市民享受文化成果、参与文化活动、进行文化创造等各种权利，都通过阅读得以体现、激发和推动。深圳从阅读出发，不断实现了市民的文化权利。

2010 年"实现市民文化权利"以及读书月理念"让城市因为热爱读书而受人尊重"双双入选"深圳十大观念"。"深圳十大观念"评选活动是由深圳市委宣传部、市网信办策划，网民倡导发起的。当时正值深圳经济特区建立 30 周年，评选活动缘起于深圳新闻网论坛的一篇帖文：《来深十八年，再同忆那些曾令我热血沸腾的口号》。发帖的网友呼吁将 30 年来由深圳土壤孕育产生的口号进行收集、总结，让更多喜欢、热爱深圳的人可以借此总结过去，展望未来。这篇帖文的跟帖和点击量很高，引起了媒体的注意。随后，由深圳报业集团主办的评选活动渐次展开，前后经历了网络征集 200 余条观念、评选出 103 条候选观念、"103进 30""十大观念评选"四个阶段。最后由学术界、文化界、媒体代表、网民代表等组成评委会，结合市民投票权重和专家投票权重，最终评选出十条最具影响力观念。"深圳十大观念"的评选，完全由民间发起、参与，充分尊重和体现了市民意愿，反映了民间呼声与市民追求。"实现市民文化权利"以及"让城市因为热爱读书而受人尊重"双双入选，看似偶然，绝非偶然，而是充分说明了市民的理性判断和集体远见，充分说明了阅读在深圳人心目中的地位。

"实现市民文化权利"从读书月出发，逐渐扩大影响，成为指导深圳文化发展的重要理念。2003 年，深圳在全国率先提出实施"文化立市"战略，而实现市民文化权利是这一战略的核心价值之一，并由此推动深圳驶入文化发展快车道。

观念，是一种力量。在"实现市民文化权利"理念指导下，深圳读书月创意迭出。

2003 年，从第四届读书月开始，政府主办变成政府委托承办制，企业开始成为读书月的承办运作方。2004 年起，深圳出版发行集团（即原深圳市新华书店、深圳发行集团）干脆拿下读书月的总承办权，市委市政府有关部门、社会团体、新闻媒体、企事业等 30 多家单位共同承办。政府每年确定读书月活动主题，具体活动策划及运作全部交由企业完成，企业又与众多社会团体和机构合作，为读书月带来了更专业的服务、更有效率的运作、更充足的资源，使读书月的各项活动更加精彩纷呈、引人入胜。据不完全统计，17 年来，深圳读书月共举办各类读书文化活动 6000 多项，市民参与人数由首届的 170 万人次上升至今年的上千万人次，直接和间接参与总人次达 1.2 亿。

2015 年，在全民阅读中一直先行先试的深圳，再次创造了一个具有标杆意义的"第一"：2015 年 12 月 24 日，《深圳经济特区全民阅读促进条例》获市人大常委会议通过，并于 2016 年 4 月 1 日起实施。这是国内阅读推广领域第一部运用特区立法权制定的法规，将深圳阅读活动"深圳读书月"法定化，并将每年 4 月 23 日世界读书日确定为深圳未成年人读书日。

阅读立法，是保护每个市民的阅读权利。深圳率先实现阅读立法，这个"第一"，是深圳在创造无数个"第一"之后又一个辉煌的表现，是永恒的、与城市共存的传统。阅读立法不是限制市民的阅读权利和阅读行为，而是为权利的实现提供保障和条件，是对每个市民阅读权利和城市阅读活动的法律保障，是为市民阅读提供更多更好的资源、产品和服务，其所明确和规范的是政府在全民阅读活动中的行为。

今日回头看，深圳的阅读立法经历了一个比较漫长的过程。当很多人还不理解阅读立法的意义时，深圳没有受此影响，而是全力推动。早在 2005 年第六届深圳读书月时，深圳读书月独创的"政府倡导、专家指导、社会参与、企业运作、媒体支持"模式已日益成熟。企业、媒体以及创意推动着读书月高效运作，政府慢慢地退后。但政府退后不是政府职能缺位，我就萌生了推动地方阅读立法的想法。有了阅读立法，与阅读有直接关联和间接相关的部门都必须提供政府资源以促进城市阅读，而这种促进是以每个市民的阅读权利为依归的。阅读立法的实质，就是保护每个市民的阅读权利、文化权利。

经过近 20 年的发展，深圳读书月已经成为实现市民文化权利的重要载体，成为中国全民阅读的"深圳奇迹"和"深圳样本"。与此同时，在深圳，越来越多的民间阅读组织破土而出，茁壮成长。短短几年，深圳涌现出 100 多个民间阅读组织，其中，青番茄、深圳读书会、三叶草故事家族、彩虹花公益小书房、后院读书会等在深圳乃至国内都颇有影响。从更广泛的全民阅读来看，深圳应有更广阔的空间，努力推动民间阅读组织获得长足发展，使不同民间阅读组织自由健康成长。

放眼未来，深圳读书月也有望从"企业运作，全民参与"发展成为"阅读组织运作，全民参与"。在未来，越来越多的阅读组织将成为各种读书活动的组织者，而政府则成为全民阅读的"守夜人"。作为"全球全民阅读典范城市"，深圳在全民阅读中的探索还可放眼全球，参与国内外交流，纵览更波澜壮阔的阅读图景，站在更高处看到城市的阅读发展方向，也为中国全民阅读进一步做出贡献。

一日不读书，胸臆无佳想。一月不读书，耳目失精爽。现在，阅读已是国家的战略，全社会的共识，全民阅读渐成星火燎原之势，但依然任重而道远。"书香中国·全民阅读推广丛书"适时将备受人们关注的阅读话题，分解成为家庭阅读指南、校园阅读推广、数字阅读导航、全民阅读导论四个板块，以"书香"为名，依次是《书香传家：家庭阅读指南》《书香满园：校园阅读推广》《书香在线：数字阅读导航》《书香社会：全民阅读导论》，对包括深圳读书月在内的有影响的阅读活动与阅读现象进行研究，理论联系实际地加以阐发、分析。丛书具有重视经典阅读、重视未成年人阅读和面向未来阅读的特点，总结和丰富了阅读学的传统理论和成熟经验，深入阐述了当今阅读实践的新方法和新进展，在全民阅读的理论探索和现实实践方面均有建树，相信会对全民阅读推广工作提供有益的参考和借鉴。

深圳读书月创办以来，很多人问读书和读书月是什么关系，我常以比喻作答："'钱塘八月潮，壮观天下无'，八月的潮水使钱塘江闻名于世。八月潮水，是钱塘江一个壮观的景色，而钱塘江水是无声无息、浩浩荡荡、从古至今地一直流淌，正如我们的读书和读书活动一样。"阅读推广活动是壮观的钱塘潮，民间阅读和私人阅读就是一直流淌的钱塘江水。"书香中国·全民阅读推广丛书"问世，必将使全国读书大潮更加澎湃壮观。

（作者系国务院参事）

第一章

中西文化背景下的书文化

"半榻暮云推枕卧，一犁春雨挟书耕。"书香社会并非新生事物，在中国文化发展史中，具有读书、治学、入世传统并传之久远的"书香门第"成为一种文化符号，进而为书香社会的发展提供必要的空间。不管是古代倡导的"耕读传家"，倚重的"书香门第"，引领民国时期阅读推广的"巡回文库""流通图书馆"等，还是当今社会反复提及的"全民阅读推广"，均为书香社会的题中应有之义。"书香社会"的发展历史，即是中华民族的阅读史和国民的阅读历程。

当前中国社会的家庭正面临着前所未有的冲击和变革，延续了数千年的书香门第这一美好传统出现断层。在传统阅读文化的理念中，蕴含着不少值得研索的人文底蕴，其中包含着若干亟待深入发掘、值得全面弘扬的现代精神文明因子，诸如"读书种子"的养育、"书香氛围"的营造、"精神家园"的重构，等等。

在本章中，我们回顾了中西文化背景上的书文化发展史，从中国历史上的士绅读书传统到欧美社会的贵族到平民化读书传统，从私立与教会图书馆到公共图书馆，无论是从历史视野中的门第，还是从文化视野下的书香，中西方的书文化研究经验和成果，对全民阅读推广背景上的书香社会构建都具有重要参考价值。

第一节　中国历史上的士绅读书传统

一、"耕读传家"与"书香门第"

现代著名哲学家冯友兰（1895—1990）在《三松堂自序》中曾经回忆说："我生在河南省唐河县祁仪镇祖父的家里……我的父亲行二，名台异，字树侯；伯父名云异，字鹤亭；叔父名汉异，字爽亭。父亲后来成了清光绪戊戌（1898）科进士。伯父、叔父都是秀才。在祖父教育下，我们这一家就成为当地的书香之家，进入了'耕读传家'的行列。"①

同治四年（1865）五月二十五日，曾国藩（1811—1872）在致澄、沅两弟信中说："纪瑞侄得取县案首，喜慰无已！吾不望代代得富贵，但愿代代有秀才。秀才者，读书之种子也，世家之招牌，礼仪之旗帜也。谆嘱瑞侄从此奋勉加功，为人与为学并进，切戒骄奢二字，则家中风气日厚，而诸子侄争相濯磨矣。"同治五年（1866）六月二十六日，在家书中谕其子纪泽、纪鸿云："吾家门第鼎盛，而居家规模礼节总须认真讲求。历观古来世家久长者，男子须讲求耕、读二事，妇女须讲求纺绩、酒食二事……"次年五月初五，又致欧阳夫人书云："夫人率儿妇辈在家，须事事立个一定章程。居官不过偶然之事，居家乃是长久之计。能从勤、俭、耕、读上做出好规模，虽一旦罢官，尚不失为兴旺气象。若贪图衙门之热闹，不立家乡之基业，则罢官之后，便觉气象萧索。凡有盛必有衰，不可不预为之计。望夫人教训儿孙妇女，常常作家中无官之想，时时有谦、恭、省、检之意，则福泽悠久，余心大慰矣。"足见曾国藩是多么看重"耕""读"二道与其家族可持续发展之间的关系！

---

① 冯友兰.三松堂自序.北京：生活·读书·新知三联书店，1984：1.

"读书是福"

　　其实，湖南湘乡大界曾氏家族，自明以来累世务农，竟无一个以学业成名的人，曾国藩却以早年科举拔萃，晚年军功卓越，官至人臣极品，位达民间至尊，所谓"文臣封侯，谥号'文正'，二者萃于一身，实有清三百年所仅见"①。但他极其清醒地认识到："家中要兴旺，全靠出贤子弟"，"凡人多望子孙为大官，余不愿为大官，但愿为读书明理之君子"，因为"人之气质，由于天生，本难改变，惟读书则可变化气质"，"子弟贤否，六分本于天性，四分由于家教"，②从而一语道破其重视家教传统的深度原因，也可见其治家的卓识和远见。由于曾国藩的言传与身教，曾家果然人才辈出，迄今不衰。至今，在荷叶镇天坪村高嵋山下的曾国藩出生地——白玉堂，其左右横屋门上尚能见到两副对联：一是"青径苔深学鸟篆，绿天蕉长写鹅经"，一是"半日读经，半日读史；五亩种竹，五亩种桑"。

曾家私塾利见斋，挂有一副隶书新联："心澄自得诗书味，室雅时闻翰墨香"

　　如今，虽然华夏土地上的田园牧歌生

---

① 曾国藩.曾国藩诗文集.王澧华，校点.上海：上海古籍出版社，2005：1.

② 成赛军.曾国藩研究（第36期）.湖南双峰荷叶镇：曾国藩研究会办公室等，2012：12.

读书楹联

活几乎被现代化和城镇化鲸吞殆尽，但"耕读文化情结"却似乎一直在华夏子孙的心头萦绕。网上可见"耕读园"宣传广告，如说"耕读园典雅包厢——开会聚餐的最佳选择"，"耕读园的园林是用意境在耕耘人的精神空间，期望让来客得以陶然忘我，在文明和自然的交界处怡然自得"，而在灯红酒绿的上海街头，竟有过与灯火绰约的"耕读茶楼"邂逅的经历。[1]遗憾的是，长期以来，我国研究中国文化史和思想史的专著，对此似乎都缺乏应有的研讨。卷帙浩繁的中国文化史著作，对于源远流长的"华夏耕读文化传统"长期熟视无睹，缺少系统深入的论述，令人开卷之余，大觉遗憾。

以"耕"为喻的说法，是高度发达的中国农业文明的思想特产。"力学"如"力耕"，即谓士人读书、治学、作文，当如勤劳的农夫那样，披星戴月，寒耕暑耘，不违四时，务求秋收有成。"耕"为"读"喻，给予了人们多方面的思想启迪，对华夏崇文慕学之风的形成产生了深刻影响，成为文坛学界的一种重要的精神养料。唐杜荀鹤（846—904）《书斋即事》云"乡里老农多见笑，不知稽古胜耕锄"，即是一证。

---

① 徐雁．"耕读传家"的故事 // 苍茫书城．石家庄：河北教育出版社，2005：30—31.

梁漱溟（1893—1988）在《中国文化要义》中曾经提出："在中国，读与耕之两事，士与农之两种人，其间气脉浑然，相通而不隔。"诚然，保持"耕读传家"的传统，进则出仕荣身，兼济天下；退则居家耕读，尚可独善自身。对于出身于富裕农家的儒士文人来说，"亦耕亦读"不失为一种可进可退的机动生活形态。

（一）"耕读传家"与"书香门第"的联系与区别

江庆柏在《明清苏南望族文化研究》一书中分析提出：长洲《彭氏宗谱条例》说"宗人生业，以读书习礼为上，次则训徒学医务农，次则商贾贸迁"，是因为长洲彭氏等家族基础较好，所以在职业上能毫不犹豫地将文化型作为首选或唯一的职业，而对于一般家族来说，当然不会如此绝对。《金坛上城费氏宗谱》卷一"谱训"说："男不辍耕，女不废织。出则负耒，入则横经。书声与机声相间，庶乎耕读传家，永垂勿替。"金坛费氏是当地一个有实力有影响的家族，不过与长洲彭氏等家族相比，其文化储备还嫌不足，所以这个家族无法把文化型职业作为家族的首选职业。为了更贴近家族的实际能力，它提出了"耕读"并重的折中策略。耕读并重，平安度日，这是许多人所追求的理想，苏南望族同样如此。当然在许多望族心中，耕与读还是有区别的，或者说是有高下之分的，关键就在两者的发展前景不同……"耕"最终只能保证生活富足，而"读"则有可能通向仕途。①

在中国农业社会中，中农、上中农和富农这样的自耕农阶层，大概才能够称得上是"小康之家"。假如要对封建农家的"小康"概念稍作量化，大抵是"他们多数耕种自己所拥有的土地，置有耕牛和齐全的农具。劳动力较多和土地不足之家，则租入部分土地，以扩展经营"②。

---

① 江庆柏.明清苏南望族文化研究.南京：南京师范大学出版社，1999：40—41.
② 李逻通.水乡风情：中山风土人情杂谈.中山：广东省中山市文史委员会，1997：1.

福州正谊书院

1. "耕读之家"与"书香世家"的经济学分野

2009 年 1 月 30 日，郑继芳在《耕读传家》的博文中说："耕读传家"曾是中国人理想的农村家庭生活方式，现在基本上已经被人遗忘，这个说法都少有人提及了；十多年前，在闽、粤一带农村还见到很多家庭与宗族祠堂的春联横批是用"耕读传家"四个字，这在我们湖北是极少见的；可见，只有在比较富裕的农村社会，家庭才不负"耕读传家"的匾牌。

在以农耕文明为基础的自然经济条件之下，"耕读传家"首先是经济收入较为稳定和宽裕的富裕农民家庭的一种必要的劳动和生活方式。而租耕土地的农户，是为"佃农"，一般生活贫苦，全家经年劳动所得，在风调雨顺之年也仅略有盈余而已。显然，耕读文化与这一阶层无关。

香港张倩仪女士在一项有关的研究中提出："大致上，代代有人读书，绵延好几代，就有资格称为'世代书香'。'世代书香'的家庭一般很重视这个传统，往往成为子弟在逆境中发奋读书的动力……称为'书香世代'的，据所看的传记，大多是江浙和湖南的人，这现象无疑与南方为文化中心有关……其他文风不盛的地方的人，即使代代读书，大致只说自己是耕读传家，像广西武将李宗仁就是。不少江浙书香门第也是耕读传家，但多是收租形式，在文风不盛处，却真是既耕又读的。耕读传家也是一种资格，若只有一代人读书还是不能称得上的。"①

张女士的观念存在着一种认识上的误区。她认为，同样"代代读书"，在江苏、浙江和湖南这种文风较盛的地方可称"世代书香"，而在广西临桂等"文风不盛的地方"，却只能当得起"耕读传家"之说。

其实，"书香世家"与"耕读之家"的分野，在本质上不该同文化区域的地理性相关，而应密切系于家庭经济基础的强弱，以及因而建立的家庭文教氛围的强弱。

2. "耕读之家"与"书香世家"的文化学分野

家庭文教氛围的强弱，除了表现在家族先辈中读书成材典型的无形感召外，家藏诗书的有无多寡，往往也就成为一种物质形态上的表征。假如说前者还是属于"精神遗产"范畴的话，那么，后者就是实实在在的"文化财富"了，可以为弟子们提供基础的教育之资和求知之本。因此，吴晗（1909—1969）在《古人读书不易》一文中分析说："由于物质条件的限制，古代人读书，尤其要读很多书是很困难的。也正因为这样，读书也有阶级的限制，贵族官僚子弟读书容易，平民子弟读书困难，士排列在农、工、商之前，就是这个道理……"②

大致说来，家庭拥

鸿议堂读书楹联

---

① 张倩仪.另一种童年的告别：消逝的人文世界最后回眸.北京：商务印书馆，2001：75—76.

② 吴晗.古人读书不易 // 灯下集.北京：生活·读书·新知三联书店，1960：56.

有若干藏书，并有相当的经济实力以保子弟开蒙读书，往往是"耕读人家"的题中应有之义；而缥缃千万卷，乃至自设家塾教育子弟，则常常是保持"书香世家"门第的必要之举。1927 年，顾颉刚（1893—1980）在《购求中国图书计划书》中说："凡旧式儿童读本、科举用书、历年新式教科书、各学校讲义、课艺、试卷"之类的教育史料，"凡是受过教育的人个个用它，但个个瞧不起它，因此从来不曾结集过"，"我们现在用历史的眼光来观察，觉得这种实在很重要。例如以前读书人的思想，单取他们称道弗衰的《四书》《五经》来看是看不出来的，但取《神童诗》一看便非常明白了，因为这本浅陋的小书正是二千年来读书人求名、求利、求漂亮、求舒服的思想的结晶"①。

"耕读之家"与"书香世家"的不同，在家庭经济基础上，大抵前者是衣食无虑的小康农家，而后者则是席丰履厚的世家大族；而在文教基础方面，大概就是藏书的数量和质量之别了。李一氓先生在晚年回忆起自己早年家中所藏有的书籍时，觉得只有那么几本，距离"书香门第"的标准远甚，大概就是此种文化心理的体现。

（二）全民阅读推广背景下的家庭书香氛围的重建

"半榻暮云推枕卧，一犁春雨挟书耕。"在以农耕文明为基础的传统社会中，要想"耕读传家"，追求"书香世代"，一个家庭小康程度的经济实力和基本的文化追求意识，是题中应有之义。随着中国农耕传统在 20 世纪的日渐解体，"耕读传家"日益成为中国人精神上难以接续的一个田园梦幻。

当代江苏作家费振钟在《乡儒们的理想家园》中，以写意笔法，探索了"亦耕亦读"的乡儒们所实践的一种理想生活图景："他们身为农家，前几天还在土地上耕种，刚刚放下犁把和锄柄，手上的老茧依旧。但是他们现在却坐在书房里，打开发黄的书本，沉浸到诗云子曰中。显然，这些从土地回到书房的乡儒们，在

---

① 顾颉刚 . 购求中国图书计划书 //《文献》丛刊编辑部 . 文献（第 8 辑）. 北京：书目文献出版社，1981：23—24.

读书和种庄稼之间取得了一种平衡和完美的结合。他们通过土地上耐心而勤勉的劳作自给自足，但他们是一些有理想的农夫，他们知道温饱富足，知道这是生存的根本，他们更知道温饱富足之后，读书能够给予生活另外一种趣味"，乡儒们"书房里的匾额题写着'耕为本务 读可荣身'八个字，八个字记录了几十代人不变的信仰，信仰就像书房外的蕉叶永远庇护着一片精神的绿荫"。①

其实，这种源远流长的耕读文化思想，还曾一度影响了我国的基础教育制度。"耕读小学"就曾在 20 世纪 50 年代末 60 年代初成为中国政府在知识文化资源严重不足的农村普及小学教育的一种过渡性教育体制。

1965 年春，教育部在其主持召开的"全国农村半农半读教育会议"上，"确定今后农村教育革命的任务是：实行全日制和耕读小学两条腿走路，普及小学教育，扩大试办农业中学，积极试办半农半读中等技术学校"。时在上海青浦县白鹤中心校担任乡校辅导员的金培德先生回忆说：

> （作为农村教育"新生事物"的）耕读小学为那些全天学习有困难的学生，实行"半耕半读"制度。这种办学模式有相当的灵活性，在教学时间、课堂形式、教学内容上没有统一的要求。因为这部分学生大多是辍学多年的女孩子，在家庭里做些辅助劳动：带弟妹、割青草、烧饭做家务等，因此利用她们的空隙时间，组织她们学习，没有固定的教学时间，可以是上午，也可以是中午、下午，乃至晚上，只要学生愿意，一般安排两个小时左右。课堂设在生产队办公室或学生家里，教师由热爱这项工作的农村知识青年担任，不离农，称为"赤脚教师"，大队给予工分补贴，中心校负责管理指导。②

---

① 沈钰浩，费振钟.乡儒们的理想家园 // 黑白江南.杭州：浙江摄影出版社，2002：134—138.

② 金培德.半个世纪的教育生涯回顾（1958—2008）// 回望岁月续集.上海：中国福利会出版社，2008：13.

1965 年秋，时任江苏省教育厅厅长的吴天石（1910—1966）在《对耕读小学的一点建议》中说："我省的耕读小学普遍发展起来了。耕读小学发展得如此之快，说明方向对头，适合农村生产和农民生活的需要。目前大量耕读小学的情况是，只有一、二年级，课程由一个教师担任。以后要有三、四年级，还要有'耕读高小'。这条道路，是加快普及农村小学教育的道路……"①

"耕读小学"的做法，法良意美。这是由旧时代有一定文化水平的乡村知识分子在广大农村施教，实行农闲时多教多学、农忙时少教或临时辍学的学制，以保障乡村学龄儿童的基本文化程度为教学目的。琅琅的念书声，传递出乡人们对知识的追求和文化的渴望。

1. 由"丹桂有根，生于诗书门第；黄金无种，出在勤俭人家"所见的家庭读书观

当前的全民阅读推广工作，应当从"耕读传家"观念中获得有益的启迪。2007 年，中国图书馆学会副理事长、北京大学教授王余光提出，"全民阅读的重点是青少年阅读"，但要高度警惕和坚决扭转"功利性阅读"的实用主义倾向。他呼吁，"要改变这种风气，必须从孩子做起，从家庭做起，让孩子在家庭的良好阅读氛围中自觉养成阅读习惯"，而重建"耕读传家"的优秀传统，需要重视正在不断丧失的家庭藏书和读书的社会风气。

在 2011 年 10 月，王余光教授为《全民阅读参考读本》所作的序文中，再次强调："如果说中国阅读有一种传统的话，那就是'耕读传家'与'诗书继世'……我们推广读书、鼓励读书，希望重建家庭藏书，让书籍走入每个家庭，为儿童营造一个读书的环境，让'耕读传家'的传统在新时代能赋予更丰富的内涵，并得以延续，是重要而有意义的。"②

因此，一个想要营建高雅文化氛围的家庭，要善于把家中的"机房"提升成为四壁琳琅的"书房"，要有基本的纸本藏书，要有几幅字画，要有若干文

---

① 吴天石. 对耕读小学的一点建议 // 吴天石文集. 南京：江苏教育出版社，1991：732.

② 徐雁，陈亮. 全民阅读参考读本. 深圳：海天出版社，2011：6—7.

《全民阅读参考读本》　　　　　《全民阅读知识导航》

玩，因为这是一个家庭"读书种子"发育的人文沃土。在"数字化空间"之外，营造一个"雨余窗竹琴书润，风过瓶梅笔砚香"的传统书香境界，应该成为当代"小康之家""学习型家庭"的基本追求。在多年前，南京大学教授、中国读学研究会会长徐雁先生曾提出过一个家庭培育"读书种子"的中外少儿读物书目（10种），即：《三字经·百家姓·千字文》《圣经故事》《安徒生童话选集》《格林童话全集》《冰心儿童文学全集》、林海音《城南旧事》、沈碧娟《纯真童年》、郑丰喜《汪洋中的一条船》，以及《儿童文学》杂志和"中国儿童文学网"（www.61w.cn），认为这是"一个正常的良好的人家"该为自己的孩子配置的一个基本"知识餐单"。

深圳图书馆程莉女士在《耕读传家》第5章《关于家庭阅读的建议》中写道：

中国有私家藏书的传统，也有"书香世家"的传统，家庭传承着藏书的同时，也传承着书香……书香氛围是可以被感觉到的，是家庭中热爱书籍、热爱阅读，甚至可以扩展到热爱知识、崇尚文化的一种氛围。

家庭的书香氛围最直接的体现，应该是家庭成员之间在读书方面的相互影响、熏陶和互动的关系。长辈对子女的阅读指引和教化，兄弟姐妹之间在读书方面的互相影响等等。就连父母的期望，有时候也是营造书香氛围的一个关键。这种氛围的形成，既可通过"润物细无声"的潜移默化，也可通过耳提面命的严厉教诲甚至直接压力。

一个家庭应把中外经典人文、科普名著和工具书作为常备之物，而"阅读交流"则应成为"优化阅读的家庭氛围""培养家庭的阅读鉴赏力"和"提升家庭的读书方法"的基本方式。她提出："家庭阅读强调分享和交流，使得每个参与的家庭成员获得交叉阅读的效果，有助于拓展单个家庭成员的阅读空间——既有利于保证读书质量，也有助于扩大阅读范围，拓展知识的广度。"[1] 这一番意见，无疑是具有启迪性和建设性的。

2."贫者因书而富，富者因书而贵"所昭示的"读书改变命运"的人生价值取向

"贫者因书而富，富者因书而贵。""耕读传家"的理念中，确实蕴含着不

孟府赐书楼

言恭达书：耕读传家久，
诗书继世长

---

① 何江涛. 耕读传家. 北京：北京图书馆出版社，2008：211—215.

少值得研索的人文底蕴。其中应当包含着若干亟待深入发掘、值得全面弘扬的现代精神文明因子，诸如"读书种子"的养育，"书香氛围"的营造，"精神家园"的重构，"万卷藏书宜子弟，一蓑春雨自农桑"的价值观念建立等，似乎都能够从华夏源远流长的耕读文化传统中，寻找到若干思想文化的因子。

对华夏耕读文化的传统，尤其是对"耕读传家"的人文理念，进行洋溢着温情敬意的具体而微研究，将为中国文化史的研究提供若干实证，并为汉族农耕文化、士人隐逸精神、江南区域文化、乡村教育思想和现代化背景下的精神家园建设诸问题的研究提供启迪。

孟府感恩堂读书楹联

3. 湘乡大界曾氏家族是成功实践"耕读传家躬行久，诗书继世雅韵长"的社会楷模

家庭是社会的细胞，细胞中书香因子含量的大小，直接决定着社会上藏书、读书风尚。作为封建末世的文臣，曾国藩虽然没有如此宏大的想法，但他从阅读和阅历中造就的家教和家风见识，却不仅裨益了自己的家族子弟，而且还在客观上影响了一时一地的风气。

在曾国藩"大房唱之，四房皆和之，家风自厚"的指导下，"曾国藩兄弟的后代都秉承了曾国藩的意愿，做耕读之家，掌握真才实学，做读书明理的君子，涌现出各类人才，尤以教育、卫生、科技界居多。据统计，曾国藩兄弟后人240多人中，仅教授就有90多人，不少人成了出类拔萃的人物，如著名诗人曾广钧、画家曾厚熙，著名教育家曾宝荪、曾约农，著名化学家曾广琦、曾昭抡，著名考古学家曾昭燏，还有大界曾氏后裔中的第一位中共党员、曾任全国妇联副主席的曾宪植，等等”①。

　　曾氏家族的买书、藏书、读书之风，还有益地影响到了当地的书文化价值观和古旧书资源的聚集："曾国藩被涟滨尊经阁的书打开了聪慧之门，由是而诞生了富厚堂求阙斋藏书楼。曾家富厚堂求阙斋带动了湘乡民间藏书的发展。道光末年，刘蓉在家建起了藏书室，取名'养晦堂'，曾国藩得信后，亲自为刘蓉藏书室写了《养晦堂记》。民国三十一年（1942）六月，湘乡建立县立图书馆时，刘蓉的孙子刘遂初将养晦堂藏书及书架折合六万元，全部捐赠县图书馆。这些上至明代、下至清末的珍贵图书至今仍保存在湘乡市图书馆。"②不仅如此，当地东山学校、湘乡各中学的图书馆，以及乡镇文化站藏书都在一二十万册以上，甚至山枣镇有一家私人藏书也有近10万册，"这种藏书之风在湘乡延续不断，由此湘乡文化形成了独特的地方色彩"③。历史的因果和地域文化的关系，原来就是如此这般互相作用。

二、从私人藏书楼到公立图书馆

　　藏书，我国古代文献收藏的总称，是一种由来已久的文化现象，自华夏文明初始即已滥觞。最早使用"藏书"一词，见于《庄子·天道篇》，"孔子西藏书于周室。子路谋曰：'由闻周之征藏史有老聃者，免而归居，夫子欲藏书，则试往因焉'"。

　　传说上古伏羲氏画八卦始有文献，黄帝时已有分掌文献的史官，夏代也有负责图籍的太史。《河图》《洛书》《三坟》《五典》《八索》《九丘》等，都是远古文献的名称。④殷商时代设立"龟室"藏甲骨，《史记·老子韩非列传》称："（老子）周守藏

---

① 林乾.正能量@曾国藩——一个做大事不做大官的典范.上海：复旦大学出版社，2013：214—215.

②③ 谭运良，谭华.曾国藩与湘乡.长沙：湖南人民出版社，2009：85.

④ 吴晞.从藏书楼到图书馆.北京：书目文献出版社，1996：6.

嘉业藏书楼

室之史也。"老子所掌管的周王室藏书室，曾被认为是文献记载中最古老的正式藏书机构。后据考古发现，河南安阳小屯的成批甲骨和陕西岐山县凤雏村的周原甲骨方属国家图书馆、档案馆的雏形。

官府藏书是中国古代藏书事业四大系统之一，其余三种为私家藏书、寺观藏书、书院藏书。四大藏书系统互相补充、互相促进，因着一定的政治、经济、文化等时代背景，呈现各自的特色，都做出了独特的贡献。

"藏书楼"一词晚于"藏书"出现，一般认为其发源于私家藏书。中国私家藏书发轫于春秋战国，该时期社会生产力有所发展，"士"阶层兴起，突破了统治阶级对文化的垄断，思想家、学人涌现。继孔子创立儒学以后，异说涌现，形成了百家争鸣、百花齐放的局面。此时文化、学术、思想共同发展，学人著书立说，促进了私家藏书的出现。

滥觞于春秋战国末期的私家藏书，在魏晋南北朝时期得到蓬勃发展，藏书群体由王公贵族、士大夫阶层扩展至平民。至宋代，雕版印刷的使用促进了私家藏书的迅速发展，蔚然成风。"藏书家"这一固定称谓开始出现。范凤书认为，获"藏书家"这一称号，必须具备三个基本条件：必须是"多书"；其所收藏图书，必具相当的质量；藏书家本人应进行一定的整理和应用。①

无论是收藏宏富的藏书家，还是仅有少量文献收藏的士大夫，都将自己的藏书之所冠以"藏书楼"之名。东晋王嘉《拾遗记》（卷六）中有这样的记录："曹曾，鲁人也。家产巨亿。学徒有贫者皆给食。天下名书，上古以来，文篆讹落者，曾皆刊正，垂万余卷……及世乱，家家焚庐，曹虑先文湮没，乃积石为仓以藏书，故谓曹氏为书仓。"这是文献中对私人藏书楼的最早记载。

《新唐书·李郾传》记载："……家有书至万卷，世号李氏书楼。"《郡斋读书志》记载："（孙长孺）喜藏书，贮以楼，蜀人号书楼孙氏。"这两处唐代私人藏书，是最早被称为藏书楼的文献收藏。直到明清之际，藏书楼才真正在社会上盛行，私家藏书也在晚清之际达到顶峰，产生了四大藏书楼，分别是常熟瞿氏铁琴铜剑楼、聊城杨氏海源阁、归安陆氏皕宋楼、钱塘丁氏八千卷楼。

晚清四大藏书楼中，杨氏海源阁孤悬北方，瞿氏铁琴铜剑楼、陆氏皕宋楼、丁氏八千卷楼均位于江南地区。盖因江南地区自宋代以后，即成为我国的经济文化重心所在地，藏书、读书、刻书的风气特别浓郁，带动了藏书热情以及藏书家的出现，出现了文献资源集中于江南一带的盛况。②例如，杨氏海源阁很大一部分藏书资源，是其第二代主人杨以增（1787—1856）出任江南河道总督时，凭借近水楼台的优势，趁太平天国起义期间江南地区战乱不已藏书大量散出的机会，大量收书，并利用京杭大运河运回山东聊城，贮存于海源阁中。

常熟瞿氏铁琴铜剑楼之藏书资源奠基于瞿绍基（1772—1836），经其子瞿镛（1794—？）而发扬光大，先后历经五代人。先后收得汪士钟（1786—？）艺芸（精）书舍等处的大宗藏书。太平天国动乱期间藏书散失了一部分。民国以后，逐渐无法保有。新中国成立后，瞿家后人秉承先人"书不分散，不能守则归之公"的遗志，将全部藏书捐、售于北京图书馆、山东省图书馆、常熟市图书馆、山海图书馆、南京图书馆等处。

---

① 范凤书.中国私家藏书史（修订版）.武汉：武汉大学出版社，2013：7.

② 郑闯辉.晚清四大藏书楼藏书源流及影响研究.南京：南京大学，2011.

瞿氏铁琴铜剑楼

聊城杨氏海源阁，其藏书奠基于杨兆煜（1768—1838）的"袖海庐"和"厚遗堂"藏书。第二代主人杨以增就任江南河道总督期间，收得了江南地区尤其是汪士钟艺芸（精）书舍的大量藏书，奠定了海源阁文献渊薮的地位。第三代主人杨绍和（1832—1875）就任京官期间，恰逢慈禧太后发动辛酉（1861）政变，顾命大臣之一的端华被诛。端华的乐善堂藏书流散至北京隆福寺旧书摊。杨绍和趁此机会大量收购，使得海源阁藏书有了充实和发展。其藏书前后历经五代人，但在同治年间捻军起事时遭受重大损失，民国时期的军阀混战同样给海源阁藏书造成了巨大损失。其藏书有一部分散失，另外一部分最终保存于国家图书馆与山东省图书馆。

归安陆氏皕宋楼之藏书资源奠基于陆心源（1834—1894）。而其最大宗来源于郁松年的宜稼堂藏书，其余还有吴骞、严元照、钱天树、胡惠铺、刘桐等人的藏书。陆心源去世后，其藏书中的最精华部分于光绪三十三年（1907）售于日本岩崎氏静嘉堂文库。另外有一部分于光绪十四年（1888）捐赠国子监，一部分捐赠吴兴图书馆。

钱塘丁氏八千卷楼之藏书资源奠基于丁国典（1770—1825），后经过丁英（1804—1855）的努力搜集，藏书蔚为大观。但在遭遇了太平天国动乱后，几至全部散失。之后，丁申（1829—1887）、丁丙（1832—1899）两兄弟锐意搜求，除了抄补文澜阁藏书之外，还重建了自家的八千卷楼藏书。第四代主人丁立中（1866—1920）因经商失败，不得已将其书于光绪三十三年（1907）售于江南图书馆（今南京图书馆）。

晚清四大藏书楼的藏书，对我国的文化、经济、政治均有较大影响。在文化方面，对古旧书业、图书馆事业、出版业均有较大影响。晚清四大藏书楼藏书的一个重要来源渠道就是古旧书业，其藏书散出的时候，也很大程度上是通过古旧书业回流的，有相当大的一部分图书辗转到了国家图书馆、南京图书馆、上海图书馆等处。铁琴铜剑楼为商务印书馆影印"四部丛刊"提供了一批底本，其余三家藏书楼也分别有刻书传世。在经济方面，藏书的购进与售出，完成了资金的流转。在政治方面，归安陆氏依靠皕宋楼藏书获得了士绅的功名和地位。

藏书楼文化在中国历史上源远流长，历朝历代私家藏书特色各异。但综观中国藏书楼的发展历史，都离不开一个共同的特性——封闭性。浙江山阴藏书家祁承爜（1563—1628）藏书之所称为"澹生堂"，祁氏为了避免藏书丢失和损害，制定了《藏书训约》：

> 子孙能读者，则以一人尽居之。不能读者，则以众人递守之。入架者不复出，蠹啮者必速补。子孙取读者，就堂检阅，阅毕则入架，不得入私室。亲友借观者，有副本则以应，无副本则以辞，正本不得出密园外。……勿分析，勿覆瓿，勿归商贾手。

浙东范钦（1506—1585）于嘉靖四十年至四十五年间（1561—1566）建成天一阁。1566 年左右至 1909 年间，天一阁均采取封闭式管理：

> 禁以书下阁梯，非各房子孙齐至，不开锁。子孙无故开门入阁者，罚不与祭三次；私领亲友入阁及擅开橱者，罚不与祭一年；擅将书借出者，罚不与祭三年；因而典鬻者，永摈逐不与祭。

清康熙十二年（1673）史学家黄宗羲（1610—1695）登阁读书，作《天一阁藏书记》，有句"读书难，藏书尤难，藏之久而不散，则难之难矣"。由此可见，黄宗羲对"藏之久而不散"秉持着赞赏的态度，对藏书楼封闭丝毫没有责难之意。

封建藏书楼建立于封建制度之上，尽管在发展中受到政治、经济、技术等各方面的影响，仍从单纯的藏书发展到藏书、校书、刻书、用书多位一体，甚至出现了半封闭、半开放式的状态。

浙江秀水（今嘉兴）人曹溶（1613—1685）有静惕堂，好收宋元人文集。他明确主张藏书应广为流传，互借互抄，要力所能及地刊布流传，期望"山潜家秘，羡衍人间"。[①]作为最早明确提出藏书开放主张的藏书家，曹溶在《流通古书约》中悲叹古书的散失："自宋以来，书目十有余种，灿然可观。按实求之，其书十不存四五，非尽久远散佚也。不善藏者，护惜所有，以独得为可矜，以公诸世为失策也。"[②]对于古书秘藏不传，他加以痛斥："特我不借人，人亦决不借我，封己守株，纵累岁月，无所增益，收藏者何取焉？"[③]他期望通过藏书家之间"有无相易"后"精工缮写"，互相交换抄本，抑或"出未经刊布者，寿之枣梨"来达到"古籍不亡"的目的。

继曹溶之后，清乾隆年间又出现了文献收藏史上杰出的藏书家和思想家周永年（1730—1792）。这位林汲山房、水西书屋的主人，参与修订《四库全书》，积藏古今书籍十万卷，与曲阜桂馥筑借书园，供人阅览传抄。他撰有《儒藏说》，提出"天下万世共读之"的主张。他认为，"藏之一地，不能藏之天下；藏之一时，不能藏于万世"。针对藏书散失的问题，他提倡效仿佛藏、道藏，建立"儒藏"。为此，他拟定了《儒藏条约三则》，提出具体建立方法为：

第一，于数百里内择胜地名区，建义学，设义田。凡有志斯事者，或出其家藏，或捐金购买于中，以待四方能读之人，终胜于一家之藏。

第二，藏书宜择山林间旷之地，或附近寺观有佛藏、道藏，亦可互相护卫。

---

① 范凤书.中国著名藏书家与藏书楼.郑州：大象出版社，2013：121.
②③ 祁承爜等.藏书记（图文本）.扬州：广陵书社，2010：97.

第三，凡四方来读书者，如自能供给，即可不取诸此；寒士则供其食饮。……极寒者并量给束脩免其内顾之忧。有余仍贮存之，以为置书增田之费。①

虽然藏书楼有量变的阶段，曾有向社会开放的历史，但却无法摆脱封建统治桎梏而达到质变。藏书楼的一切活动，都是基于"保存"这一中心思想展开的，其开放仅是有限范围内的开放，脱离不开旧时代的烙印。

与古代源远流长的藏书楼历史不同，"图书馆"在中国属于新生事物，是完全的外来词汇和近代文化现象。第一位系统提出新式图书馆思想的是近代启蒙思想家郑观应（1842—1921），他在《藏书》中介绍了西方国家的图书馆情况，揭露了中国藏书楼的弊端，提出了兴建公共藏书楼的必要性和具体主张。虽然他的图书馆思想存在不少局限性，但却是中国图书馆思想形成的一次实质性飞跃。②

近代图书馆最主要的推行者要数梁启超（1873—1929）。图书馆一词即由他自日语**"図書館"**（としょかん）引入。梁启超不仅携手康有为等维新派人士共同创立了强学会书藏，还介绍、宣传西方图书馆学思想，对其进行系统的研究。1896 年 9 月，梁启超在《时务报》上发表了《西学书目表》，介绍了有别于经、史、子、集四部体制的新型图书馆分类法。

19 世纪末是图书馆思想理论的形成与高涨时期，是中国图书馆的萌芽时期。但这一时期文献收藏的主体仍旧是藏书楼和西方传教士创办的图书馆。如明末清初北京著名的"四堂"图书馆（南堂图书馆、东堂图书馆、北堂图书馆和西堂图书馆）、格致书院藏书楼和文华公书林。基督教图书馆是中国土地上第一批新型图书馆，带来了西方式图书馆的思想和模式，使中国人摆脱了传统藏书楼的窠臼，在社会上树立了新式的图书馆思想。③

20 世纪初，中国图书馆事业进入实施阶段。当先的就是 1902 年 10 月建立的京师大学堂藏书楼，1902 年开放的古越藏书楼。前者是大学图书馆的仪刑，后

---

① 祁承爜等.藏书记（图文本）.扬州：广陵书社，2010：134—135.

② 吴晞.从藏书楼到图书馆.北京：书目文献出版社，1996：41

③ 吴晞.从藏书楼到图书馆.北京：书目文献出版社，1996：32.

者开近代图书馆之先河。

京师大学堂既是高等学府，又是教育管理机关，故而京师大学堂藏书楼甫一出现，便成为中国高等学校建馆的范例。1903 年，清政府颁布全国高等教育条例《奏定大学堂章程》，规定全国大学堂的藏书机构称图书馆，其主管人为图书馆经理官。这是我国的官方文件中首次使用"图书馆"的名称。[①]

古越藏书楼由山阴（今浙江绍兴）人徐树兰（1838—1902）创办。他本着传播新知、启迪民智的目的，购入东西方著述和图书馆标本及报章等。收入的藏书既有古人著述，也有近代人著作；既有国人著作，也有西方著作；既有文史书籍，也有时务、实业等新书。他还创立了经、史、子、集、时务五部分类法，后又将藏书分为学、政两大部类，共四十八类，开创了全新的分类法。

古越藏书楼设有 60 个阅览座位，每日发放 60 张"对牌"（阅览证），读者领取对牌后方可进入看书。虽然仍冠以"藏书楼"之名，但其性质已经突破了藏书楼只藏不用的限制，具备新式图书馆的雏形，是公共藏书机构。

然而，中国图书馆事业的真正崛起和形成，还要待到官办公立图书馆的出现。20 世纪初到辛亥革命期间，20 余所官办公立图书馆相继出现。最早的浙江藏书楼于 1903 年建立，此后，湖南图书馆兼教育博物馆、湖北图书馆、福建图书馆、江南图书馆、直隶省城图书馆、黑龙江图书馆、奉天省城图书馆等公共图书馆如雨后春笋般涌现，其中实力最为雄厚的，要数南京的江南图书馆和北京的京师图书馆。京师图书馆的建立及《京师图书馆及各省图书馆通行章程》的正式颁布，标志着中国的图书馆走完了从藏书楼到图书馆的曲折历程，由此完成了从量变到质变的飞跃，中国近代图书馆事业宣告诞生。[②]

---

① 吴晞. 北京大学图书馆九十年记略. 北京：北京大学出版社，1992：14.

② 吴晞. 从藏书楼到图书馆. 北京：书目文献出版社，1996：86.

三、"书香社会"之说的由来

书香社会，听起来让人无限憧憬和向往，为什么要提倡建设书香社会？

《晶报》前总编辑胡洪侠眼中的书香，是和眼光有关的见识，和鉴赏有关的品味，和时间有关的积累，和传统有关的情怀，还有就是和个性有关的风格。书香是有她的脾气的，哪里只是书的数量的简单堆积。①

2015年6月，全国政协副秘书长、民进中央副主席、中国"全民阅读形象代言人"朱永新在接受《大众日报》采访时提到，"一旦社会弥漫着书香，精神就会充盈着芬芳，这样的世界自然就是更为美好的世界。而这样一个过程，将创造着新的历史"。他在《书香，也醉人》中传递出了这样的理念：

> 一个人的阅读史造就着他的精神发育史，一个民族的阅读水平决定着这个民族的精神境界，一个没有健康阅读的学校永远不可能有真正的教育，一个书香充盈的城市才能成为美丽的家园；就一个民族而言，阅读不仅是个体的行为，一个国家、一个民族的共同阅读决定着它的精神力量，而精神力量对于一个国家的软实力和核心竞争力起着关键的培育作用。

那么，怎样的社会才可以被称为书香社会？

近代著名诗人柳无忌（1907—2002）毕生亲近书卷，曾撰《梦里简书香》一文，谈其对书卷的亲情。其中论及"书香"和"书香社会"，颇见其儒雅风范和读书理想：

> 我特别爱好书香这个形容词，它与铜臭作一强烈的对照。……在我的想象中，这个书香社会十分可爱，而且书实在是香的，岂只是在梦里而已……当我捧着一大堆晒好的书，从天井上楼，把它们放回书箱里时，竟是香喷喷

---

① 胡洪侠.书中日月长.北京：海豚出版社，2013：120.

的……书香既然有那么一回事，书香社会也并非是渺茫的、凭空的构想；它有实现的可能。……我们要提倡读书，养成读书的嗜好。这不仅是对进学校的青年人而说，更针对着在社会上做事的中年人，以及数目日益增加的老年人。要消除铜臭，或防止老朽，最好的办法是闻闻书香。我并不反对四圈卫生麻将，却以为更好的消遣是一席清心书品……

在传统的封建社会内，有所谓的书香世家，在现今这个新时代，我们盼望能有无尽数的书香家庭、读书社团、清茶书铺，以及为读者服务的图书馆，联合起来，构成一个理想的、却并非不能实现的书香社会。

倘使在我的梦想中会出现一个理想的世界，它不是柏拉图的共和国、莫尔的乌托邦、培根的新阿特兰提斯岛，而是一个十足中国味道的书香社会……[1]

无独有偶，早在 1980 年，我国台湾著名出版人高希均先生在《书香的社会》这篇文章中提出："财富可以独享，但知识很难独占——如果其他条件一样，一个多读好书，知识较多的人，大概比较容易有客观的态度、开放的胸襟、进取的意愿以及自知之明。为自己、为国家，我们都需要提倡读书的风气！"他更发表了一个包含有 6 项内容的、体现在读书方面的社会进步尺度：

——讨论观念的书，可以变成畅销书。

——书评受到重视，书评家受到尊敬。

——送书变成了最受欢迎的礼物；买书变成了日常支出的一部分。

——青年人关心的不是如何应付考试，而是如何多读好书。

——朋友们聚在一起时少谈牌经、球经，而代之以讨论好书与好文章。

——社会上热门的话题不再是犯罪与离婚，而是新观念与新建议。[2]

---

[1] 柳无忌. 柳无忌散文选 // 古稀话旧. 北京：中国友谊出版公司，1984：20—224.

[2] 高希均. 经济人 社会人 文化人. 北京：国际文化出版公司，1989：64.

书香社会拥有怎样的模样呢?

朱永新勾勒的书香社会美景似这般:

> 我心目中的书香社会,是一个全民阅读的社会,是一个由书香家庭、书香社区、书香学校、书香机关、书香企业、书香乡村组成的社会,是一个领导干部带头读书荐书,亲子共读、师生共读的社会。书香社会有两个最重要的基础:书香家庭和书香校园。因为一旦在家庭和学校里养成了良好的阅读兴趣、阅读习惯和阅读方法,就可能成为终身的阅读者。
>
> 我心目中的书香社会,是一个为全体公民提供良好阅读条件的社会。从出版上,以各项措施激励优秀图书出版;从销售上,以得力政策确保图书顺畅流通;从服务上,在社区、学校、城市、乡村建设合格的图书馆,优质的公共图书馆服务体系基本形成。有官方民间等不同机构和独立书评人发现、推荐好书,有阅读专家研究、推广阅读方法,有国家领导人和社会知名人士身体力行倡导读书、乐于荐书,有各行各业以读书为荣。[①]

"书香社会"这样的提法并非新生事物,无论是古代倡导的"耕读传家"、倚重的"书香门第",引领民国时期阅读推广的"巡回文库""流通图书馆"等,还是当今社会反复提及的"全民阅读推广",均为"书香社会"的题中应有之义。回顾"书香社会"的发展历史,即是中华民族的阅读史和国民的阅读历程。

"耕读传家"和"书香门第"的历史前文已详述,再看民国时期。辛亥革命后,有识之士认识到普通民众阅读习惯的缺失和受教育的困难程度,更认识到启迪民智、改良社会的必要性。启发民智,必须让大众接受启蒙教育,提高国民素质。在这一过程中,教育部认识到图书馆在执行社会教育职能上所起的作用,遂相继颁布了一系列规章制度,其中包括设立巡回文库和流通图书馆等。

在教育救国的号召下,图书馆向普通民众开放,为不同年龄、性别、阶级的

---

① 朱永新.朱永新谈心目中的书香社会.人民日报,2015-04-22.

读者传播知识。当时的巡回文库，分为公立和私立两种类型。前者如奉天、江苏、四川、甘肃、云南等省份设立的巡回文库，后者如平教会、华洋义赈会、韦棣华女士、商务印书馆等在中国农村设立的巡回文库。作为通俗教育的一种，其办法是"须由各县通俗文库总部一所，采集人民必需而易晓之各种图书（图如最简单之世界图、本国图及本省、本县等图；书如各种有益小说及新闻杂志、自治法令等项）。输送城镇各支部，再由支部转送各村落阅览所，限定日期阅毕，由处送回总部收存"①。有针对性地遴选适合农民阅读的图书，如农村经济类、医药卫生类、教育类、小说类、公民自治类，在"扫盲"的同时，积极倡导识字、读书，以便引发民众的读书风气，普及文化知识。

流通图书馆一改一般图书馆被动服务的态度。以私立浙江流通图书馆为例，该馆以到馆借书、通信借书、巡回借书、车送借书及到各学校、团体陈列图书等方式为读者提供服务，方便民众摆脱时间、空间和经济的束缚，以更为灵活的方式，获得宝贵的知识资源。

在一般的图书出借服务之外，流通图书馆还组织图书宣传和阅读辅导活动。利用报纸、广播、标语、幻灯机图书展览等方式劝导人们读书，举办读书会、讲座和研究会，编辑图书馆刊物，刊登新书目录、书评、图书馆消息及文艺作品等，为民众送去书香。

这一系列活动，可以归类为图书馆宣传推广事业，正如黄连琴在《图书馆推广事业》中所言，"图书馆重大使命，在于努力宣传图书馆的功用，引起民众对于图书馆的认识和兴趣，大开图书馆方便之门。使她成为都市、乡村的聚会中心，使每一个居民有进入图书馆阅读的机会，使图书馆所有的书籍易于达到阅者之手，使图书馆费去的每一个金钱，都能收得最大的效果，这便叫作'图书馆推广事业'"②。

根据孟凡美在《民国时期图书馆宣传推广研究》之《民国时期关于图书馆宣

---

① 李希泌，张淑华.中国古代藏书与近代图书馆史料.北京：中华书局，1996：257—258.
② 黄连琴.图书馆推广事业.文华图书馆学专科学校季刊，1932，4（2）：107—108.

传推广文献中宣传推广方式统计表》中所做的统计，民国时期图书馆宣传推广的主要方式有举行讲演、举办展览、传统宣传、推广阅览、各类集会、娱乐宣传、媒体宣传、编印书目、指导阅览、设问讯处、发行刊物、新书介绍、注意环境设置、联络各馆、联络其他机构、服务态度谦恭和善、简化借阅手续、社会调查、口头宣传、图书馆运动、开架阅览、走访宣传、调整开馆时间、广播宣传、馆址选择。[①]上述宣传推广方式，宣传为辅，推广为主，既着重于推介图书馆，更旨在让用户认识图书馆，学会利用图书馆，倡导读书风气，激发民众阅读兴趣，获取新知识。

到新中国成立以后，图书馆作为文化教育机构，为全体公民服务。这一时期，虽然图书馆建设有起伏不定的波折，但还是取得了很大的发展，县以上公共图书馆数量得到了量的提高，服务水平也有了质的提升。此外，图书馆为广大群众服务的工作积极开展起来，以图书展览、报告会、读者座谈会等形式为主的图书馆活动活跃了读书风气，新兴的科技知识得到普及，让民众从扫盲阶段到了接受科技知识阶段，上升了一个层次。尽管后期书香社会建设在"文化大革命"中受阻，但借着改革开放的春风，书香社会建设进入了崭新的时期。

---

① 孟凡美.民国时期图书馆宣传推广研究.保定：河北大学，2011.

一、欧洲读书史的演变

（一）西方阅读文化的渊源

西方社会的阅读起源已久，人们最早的阅读对象可能是结绳、旗语、烽烟或是岩画，它们的功能大多是辅助记忆或是传递某种信号。尽管这种阅读的过程是借用预先规定的代码来传达某种已知意义，却并未构成真正的阅读形态。

新西兰学者史蒂文·罗杰·费希尔（Steven Roger Fischer）认为，真正的阅读是以书写技术为前提的，完全书写需要具备三个条件：一、完全书写必须以交际为目的；二、完全书写必须包含人工图形标记；三、完全书写必须使用习惯上与发音语言有关的标记或电子编程来实现交际。[①]

在完全书写诞生之后，欧洲先民才开始其漫长的阅读旅程。距今 6000 多年前，美索不达米亚的苏美尔人创造出了人类的自然语言，人们的阅读对象由图画变为语言，真正的阅读形态诞生了。苏美尔人用芦苇制成的笔把楔形文字刻进软泥里，主要记录行政、经济等有关方面的内容，还有一部分泥板记载着圣歌、神话、咒语、天文、医药、历史等。人们还在中心城市建起了图书馆，以保存这些档案和文件。

书记员是这些书面文本的创造者，也是其阅读者。书记员的首要职责是记录，即把口头文字转移到书面上。他们必须对重要的社会活动（比如交易中的口头协议）做出准确记录，才能获得权威性。成为一名书记员要经过漫长而辛苦的学习

---

① 史蒂文·罗杰·费希尔.阅读的历史.李瑞林，译.北京：商务印书馆，2009：9.

过程。在古巴比伦，想成为书记员的男孩必须从 6 岁起进入学校，每月上 24 天学，每天从日出到日暮，学习阅读、书写、历史、数学、宗教文学、草拟法律等内容一直到 18 岁。[1]因此，社会上能读写的人极少，书记员作为社会的见证人受到人们的尊重和崇拜。

在另一个古国埃及，阅读同样也是一种口头行为，由书记员通过朗读完成。古埃及人用墨水在莎草

美索不达米亚平原的泥板书

纸上书写，书面文本主要用于行政管理和纪念性陈列。书记员占据了绝大多数行政职位，成为社会的精英阶层。古埃及的庙宇、墓室、纪念碑和雕像上也经常可以看到象形文字，这些文字与莎草纸上的行政文书不同，其主要功能并非传递信息。它们或是献给神灵和逝者的致辞，或是唤醒亡灵的咒语，总之很少是给人看的，因而阅读者寥寥无几，有些为神灵书写的神圣言辞甚至不允许凡人阅读。

新王国时期是古埃及的大繁荣时代，爱情诗、民间故事、教谕性文本等内容出现在莎草纸书卷中，成为读者群较大的文学体裁。[2]值得一提的是，作为古埃及主要文本载体的莎草纸，与美索不达米亚的泥板相比，更加轻薄，方便手持和存放，这为阅读提供了极大便利。

（二）古典时期的阅读文化

欧洲古典时期，书面文字增多，蜡板和莎草纸是主要的书写材料。蜡板耐磨性不强，但突起的边缘和坚硬的蜡面可以保护里面的文字。莎草纸是最便捷省力

① 史蒂文·罗杰·费希尔.阅读的历史.李瑞林，译.北京：商务印书馆，2009：10—18.
② 史蒂文·罗杰·费希尔.阅读的历史.李瑞林，译.北京：商务印书馆，2009：22—28.

的书写材料，尼罗河流域的造纸业促成了古罗马以莎草纸为主的书市的发展。不过，莎草纸在当时仍然是昂贵的书写材料，有能力购买莎草纸书者多为图书馆和富有贵族。①阅读方式决定了书写方式，古典时期的阅读主要靠高声朗读来完成，因此文字是按照连续的方式被书写的，文本中没有标点和大小写的区分，因为这样已完全可以满足朗读的需求。

1. 古希腊社会的阅读

古希腊人的阅读约始于公元前 2000 年，公元前 5 世纪至公元前 4 世纪是口头传统到书写传统的转折时期。这种转折表现为人们对阅读功能认知发生的变化，在这之前，阅读是统治权确证的方式，此时已转而成为人们获取信息的工具。人们普遍认为，书面形式与口头形式相比，能够获取和保存更多信息，阅读可以使人成为"活生生的图书馆"。阅读书卷，获取其中记录的知识并加以阐释，而后把新知识补充到既有的知识体系中，这一系列过程便是阅读的本质所在——理解文本，学习文本，而后构建新文本。②这是西方社会对阅读和写作的全新认识，书面文本的地位获得认可，逐渐代替口头文字成为社会知识和信息传播的决定性力量。

到公元前 3 世纪的希腊社会，以书面文字为基础的学术中心在地中海一带建立起来，亚历山大图书馆是其中的典范。这所图书馆是国有财产，享有皇家资助。停泊在亚历山大港的每艘船只必须交出所带书卷供誊抄之用，在埃及的希腊使者也从别的希腊文图书馆借来书卷供人誊抄。经过 150 年搜访和建设，亚历山大图书馆收藏的莎草纸卷达 50 万部，建立起目前已知世界上最早的分类编目体系。③

已知最早的公共阅读始于希腊人。公共阅读以听文本为主，具有口语交际和

---

① 史蒂文·罗杰·费希尔.阅读的历史.李瑞林，译.北京：商务印书馆，2009：39—40.
② 史蒂文·罗杰·费希尔.阅读的历史.李瑞林，译.北京：商务印书馆，2009：47.
③ 戴维·芬克尔斯坦，阿利斯泰尔·麦克利里.书史导论.何朝晖，译.北京：商务印书馆，2012：173.

娱乐的性质。[1]作者在一个小团体内朗诵自己的作品，他们是作者、读者，也是表演者。听众们并不关注文本的内容，而更在意表演者本身，比如他们的声音、外貌、气质如何，朗读是否充满激情等。

2. 古罗马社会的阅读

古罗马社会仍以口述为主，阅读被认为是一种附属技巧。书写主要限于丧葬铭文、法律契约、物品标记、行政事务等范畴。公开朗读之风在整个古罗马帝国盛行，与古希腊的情况相似，朗读的娱乐性比获得知识更为重要，朗读者的演讲能力比作品内容更重要。在诵读会上，作家介绍自己的新作，观众要喊出声作为赞同，或是在朗读的间隙鼓掌。公元前 2 世纪之初，出现了阅读社团，社团成员见面时，聊琐事，吟小诗。

罗马是整个帝国的书籍出版、销售和发行中心，书店在罗马是很受欢迎的地方。木制的书架上摆放着新出版的莎草纸书卷。书籍的价格不菲，市面上的书卷常常是破旧不堪的，只有元老院议员和富有的贵族才有财力购买质量上乘的版本。[2]

古罗马民主政治的发展使多数公民有机会参加需要读写能力的公共活动，这使得读写在帝国较为普遍。多数贵族、为数不少的自由人和奴隶，每天都在读书写字。到公元后的几个世纪，贵族之外的罗马人中出现了许多有读写能力者。随着读写的发展，古罗马的读者群出现了分化，大部分人仍喜欢传统修辞，少数精英不再追求公共演讲兴盛时代雄辩的演讲风格，开始偏爱学者的简洁求实文风。

（三）中世纪阅读文化

漫长的中世纪，欧洲教会垄断了书籍生产，图书馆大多存在于教会中。文字与权威、法律和宗教相联系，普通农民极度欠缺读写能力，他们视文字为某种魔法，对文字既迷信又恐惧。以听为读是中世纪主要的阅读方式，默读也在此时出现，因此中世纪既是古希腊、古罗马阅读成就的倒退，也被视为阅读从一种表演

---

① 史蒂文・罗杰・费希尔.阅读的历史.李瑞林，译.北京：商务印书馆，2009：50.

② 史蒂文・罗杰・费希尔.阅读的历史.李瑞林，译.北京：商务印书馆，2009：64.

到一种内省式追求的实质转变阶段。[1]

1. 宗教与阅读

中世纪图书的主题都与宗教有关，基督教是一种基于阅读的宗教信仰，这源于犹太人对书面文字的追崇。后世被称为《新约全书》的整套文献是基督教赖以存在的基础。阅读在教会中具有显著的重要性，阅读行为中蕴含着莫大慰藉。阅读神圣的作品，也就获得了掌握神圣知识的工具。每个基督教徒每天要尽可能花上几个小时阅读《圣经》。宗教阅读的目标不是获取知识，而是把自己沉浸在集体灌输的环境中，它是绝对神圣、权威和非自觉的集体仪式。

中世纪早期，由于蛮族入侵、罗马教育等原因，西欧大陆的读写明显衰退，当时书籍稀少，抄本寥寥无几，仅有的抄本也错漏百出。8 世纪末，"加洛林文艺复兴"改变了欧洲的阅读。法兰克王国加洛林王朝国王查理大帝（Charlemagne）为提高整个法兰克王国所有教士的读写水平，颁布了《789 年敕令》，针对教育、阅读和书写提出了改良措施，如每个教堂和修道院只允许存放经过校勘的抄本等。[2]这使得图书馆中出现了准确可靠的抄本，许多经典著作因此得以保存下来。书籍的书写标准也得以改进，通用字体是加洛林小写体，这是后来欧洲大多数字体形成的基础。

2. 阅读的内容

识字是少数人的特权，对于目不识丁的多数民众来说，图像阅读的意义显著。不识字的人可以从图像中读到故事，图像传达着故事情节和文学主题，也展现出基督教信仰的象征意义，绘画构成了基督教认可的宣扬方式。[3]《圣经》故事被画在教堂中，向没有受过教育的信徒传达经书的内容。中世纪后期，绘有《圣经》故事的画册广为流传，最为常见的是《穷人圣经》，大多数人可以辨认出画

---

① 戴维·芬克尔斯坦，阿利斯泰尔·麦克利里. 书史导论. 何朝晖，译. 北京：商务印书馆，2012：174.

② 史蒂文·罗杰·费希尔. 阅读的历史. 李瑞林，译. 北京：商务印书馆，2009：136.

③ 史蒂文·罗杰·费希尔. 阅读的历史. 李瑞林，译. 北京：商务印书馆，2009：137—184.

中的人物、场景以及他们与《圣经》故事的关联。对于普通民众而言,《穷人圣经》意味着他们生平中的第一次"阅读"。这些《穷人圣经》装饰精美,造价昂贵,是传道士布道的重要工具。①

中世纪鼎盛时期,最受贵族读者欢迎的是体积小、易携带的拉丁文"祈祷书",这些书使阅读成为一种个人化的行为,无需教会作为中介,读者就可以实现与神灵的直接接触。大部分祈祷书照搬牧师的"日课",包括各种赞美诗、经文片段、圣徒至爱的祷文等。②

在以听为读继续盛行的中世纪,非宗教的大众文学仍然是口述文学。浪漫诗歌是广受欢迎的文学体裁,通常取材于希腊、罗马和不列颠群岛,由古代神话、传奇和民间故事构成,它们像评书一样被一回一回串联在一起,吸引了许多观众。③

中世纪鼎盛时的阅读经历了一场方言革命,多数阅读仍以拉丁文进行,少数方言作品备受推崇。讲拉丁文的牧师和讲方言的凡人之间论战了几个世纪,越来越多的作家不再口头创作,而是用法语、德语、英语、西班牙语等本民族语言,以书面散文形式创作。许多文人不再去集市等公众场合听书了,转而开始使用本民族语言独自阅读。④

3. 阅读教育及人文主义阅读方法的普及

拉丁文是中世纪学术活动的交流媒介,只有懂得拉丁文的人才可以获取书面知识。文盲不是不识字的人,而是指不能阅读拉丁文的人。中世纪的阅读教育主要在教会学校进行,查理大帝曾颁布法令,要求法兰克王国境内的所有教堂必须设立学校,教授拉丁文阅读和写作。⑤

14 世纪,从贵族、主教手中夺取了政治权利的城镇居民对子女教育提出了

---

① 阿尔维托·曼古埃尔.阅读史.吴昌杰,译.北京:商务印书馆,2002:125—128.
② 史蒂文·罗杰·费希尔.阅读的历史.李瑞林,译.北京:商务印书馆,2009:156.
③ 史蒂文·罗杰·费希尔.阅读的历史.李瑞林,译.北京:商务印书馆,2009:154.
④ 史蒂文·罗杰·费希尔.阅读的历史.李瑞林,译.北京:商务印书馆,2009:155.
⑤ 史蒂文·罗杰·费希尔.阅读的历史.李瑞林,译.北京:商务印书馆,2009:164.

更高的要求，各地办起了公立学校，学习读写几乎成了公民义务。公民教育形成风潮，在欧洲迅速普及开来。尽管如此，中世纪的读者却很少有人能流利地阅读文本。学生们不得不使用佶屈聱牙的拉丁文来进行阅读，少数能流畅阅读的是某一狭小领域内的"专业人士"。每个学科领域都有一套专门的拉丁术语、修辞手段、惯用语、缩略语言和符号，所以苦读数载的教师一般能较流畅地阅读本专业著作[①]，一旦切换到另一个学科，他们就对陌生的文本和语义不能理解了。

两种截然不同的阅读方法在中世纪的欧洲形成对立。"经院主义"的阅读方法曾一度盛行。这种阅读方式将教义作为理解和领会文本的标准，读者只能被动接受，而不需要思考和分析。

与之形成鲜明对照的，是人文学者所倡导的一种阅读方法。这种方法不再将书籍视为不可动摇的权威，而是将其视为可以创造性地重组和利用的宝库。它鼓励读者根据自己的经验，对书本中有价值的部分加以识别和记忆，形成自己的记忆储备，供需要时利用。

中世纪末期，伴随着商业贸易活动的扩大和市民社会的崛起，世俗书写文化不断发展，阅读的范围逐渐扩大，整个社会对阅读的态度发生了翻天覆地的变化。大多数书籍已不再由修道院书记员抄写、供教会专用，而是由书商和出版商雇佣专业抄写员批量复制以赚取商业利润。人们摆脱了口述传统的束缚，逐渐由听者转型为读者，越来越多的人开始独自默默阅读，西欧的精英阶层已经开始将读书视为自己的私事。一场阅读领域的巨变在中世纪的黑暗中无声酝酿，并将在下一个时代奔腾而出。

（四）印本书时代的阅读文化

1450 年，金属活字印刷术在德国问世，羊皮抄本时代宣告结束。自从谷登堡（Johannes Gensfleisch zur Laden zum Gutenberg）首创螺旋式压印机以来，书籍的材质、内容、语言以及阅读方式都开始悄然发生变化。活字印刷带来

---

① 史蒂文·罗杰·费希尔.阅读的历史.李瑞林，译.北京：商务印书馆，2009：165.

了一场阅读领域的革命，也标志了整个欧洲社会的革命。

印刷术实现了书籍的批量复制，成为可替换的商品，书籍内容进入公有领域，这加速了知识的民主化，使知识从封闭的社会圈子走向开放，也为新思想的传播提供了更自由的环境。[①]

除了印刷技术的发明，加速的经济繁荣、古典文献的重新发现和人文主义的成长、宗教改革运动引起的教会分裂、民族国家的巩

谷登堡

固和自我认同、对日常生活的科学探索等都促成了阅读的广泛传播，一个超越了修道院、城镇、封邑的书写王国的新型知识社会团体应运而生。阅读领域和社会领域的变革因素交织在一起，造就和哺育了欧洲历次思想解放运动，推动西方社会打破中世纪思想的禁锢，开始蓬勃发展。

1. 阅读变革与社会变革

伴随着阅读的普及和深入，新一代读者成长起来，书籍成为掌握学问的基本工具，阅读由集体活动变成个人行为，正统观念让位于个人见解，每一位读者都可以对书籍内容提出质疑，创造性地寻求解决问题的途径。文艺复兴时期，西方世界有意识地回归古典，集中表现为阅读古希腊哲学家的希腊文原著，印本书在这场古典文化的重建中功不可没。一些印刷商出版了一批体积小、使用方便、价格低廉的古典作品。他们印书时删除了所谓权威评注，倡导直接阅读古典作家的作品。

从宗教改革开始，直到启蒙时期，印刷一直与激进思想传播和政治觉醒密切

---

① 戴维·芬克尔斯坦，阿利斯泰尔·麦克利里. 书史导论. 何朝晖，译. 北京：商务印书馆，2012：78.

一位艺术家描绘的场景：
谷登堡在他的印刷厂里

相关。①印刷术发明没多久，欧洲的宗教改革就首先在其诞生地德国爆发了。宗教改革领袖马丁·路德（Martin Luther）主张通过虔诚地阅读《圣经》实现个人救赎。印刷术使得改革思想以更快的速度在更大的范围内传播开来，用各国语

言印刷的《圣经》等宗教书籍的数量都得到了增长。铺天盖地的印刷品使路德尽人皆知，他的思想赢得了民众的支持，也鼓励了一大批僧侣思考路德的神学思想。书籍和阅读促进了改革思想的传播，培育出一种崭新形式的虔诚，促使了一个新教会的建立。②

启蒙运动时期，法国思想家D·狄德罗（Denis Diderot）出版了《百科全书》，孟德斯鸠（C.L.Montesquieu）出版了《论法的精神》，卢梭（Jean-Jacques Rousseau）出版了有关新教

马丁·路德

① 戴维·芬克尔斯坦，阿利斯泰尔·麦克利里.书史导论.何朝晖，译.北京：商务印书馆，2012：107.
② 戴维·芬克尔斯坦，阿利斯泰尔·麦克利里.书史导论.何朝晖，译.北京：商务印书馆，2012：96.

育观的《爱弥尔》和政论小册子《社会契
约论》，伏尔泰（Voltaire）写出了《老
实人》，此外英、德等国的大卫·休
谟（David Hume）、约翰·洛克（John
Locke）、亚当·斯密（Adam Smith）、康
德（KantImmanuel）也出版了一大批著作。
这些人们耳熟能详的作品正是通过印刷术，
跨越了国界，将启蒙思想传遍欧洲。理性思
想的传播挑战了既有权威，一个有文化的公
民群体壮大起来。人们对知识的渴求刺激了
新书的创作和发行，反过来也伸张了国民识
字的理念和获取知识的权利。

马丁·路德由希伯来语译为德语的
《旧约》书名页

2. 教育与识字率的发展

16 世纪，多数欧洲农民依然是文盲，
崛起的中产阶级城镇市民则多具有读写能力。印刷品的主要市场在地方学校，通
常是供男孩子读书的语法学校。17 世纪英格兰等发生的教育革命使一些小店主
和自耕农从中受益，他们能够用英语阅读《圣经》和其他通俗文学作品，也可以
自己处理书面账务，但两地的教育革命都受到战争的影响，未能实现全民文化普
及。瑞典的路德教会在这一时期推出了一项禁止文盲参加宗教活动的全国性扫盲
计划，在短短几年之内 80% 的瑞典人具备了初级阅读能力，瑞典成为欧洲识字
率最高的国家。[1]18 世纪，本国语言的基础教育普遍提升了识字率。在 18 世纪
末的英国农村，三分之一以上的人都能阅读，城市居民则已经完全生活在"一个
文字统治的世界"里了。[2]

---

[1] 史蒂文·罗杰·费希尔 . 阅读的历史 . 李瑞林，译 . 北京：商务印书馆，2009：237.

[2] 史蒂文·罗杰·费希尔 . 阅读的历史 . 李瑞林，译 . 北京：商务印书馆，2009：235—
236.

1455年谷登堡《圣经》

工业革命对高文化水平劳动力的需求极大地推进了欧洲教育的发展，初等教育在许多国家成为标准。到 19 世纪末，西欧和北欧国家的识字率已经达到总人口的大约 90%。[①]地区男女间的差距也在缩小，大多数人都成了书籍的消费者，阅读变得越来越容易，阅读也成为儿童教育不可或缺的部分。

此时，阅读终于走下神坛，融入世俗，从中世纪少数人的特权变成一项平民权益。书籍不再凭借其稀缺性彰显主人的财富地位，变成大众获取信息、知识和消遣的工具。

3. 大众阅读

印刷术发明后几十年间，欧洲已拥有 250 多个印刷中心，读者人数由几万骤增至几十万，阅读在欧洲逐渐成为一项稀松平常的能力。用本国语言出版的书籍广受欢迎，拉丁文书籍彻底失去了市场。书籍的生产者不再扮演教化民众的角色，而是顺应市场以获取最大利润，这是与中世纪自上而下灌输文化截然不同的出版方式。

许多识字的人都沉浸在小说的阅读中，这也成为他们获得人生阅历的一条重要途径。现代小说开始走向成熟，这一文学样式可以满足不同阶层、不同口味人

---

① 戴维·芬克尔斯坦，阿利斯泰尔·麦克利里. 书史导论. 何朝晖，译. 北京：商务印书馆，2012：186.

群的需要，有深受中产阶级喜爱的游记历险故事，有颇受女性读者青睐的浪漫爱情故事，也有质疑时代的社会评论等。此外，人们还通过阅读百科全书和其他专业手册来进行自我教育，了解周围的世界，获得在正规教育机构中无法获得的知识。

报纸也开始走入大众的阅读视野。报道新闻的印刷品品种繁多，最流行的是提供地方、国内及欧洲新闻梗概的单页简报。它们多数针对大众读者，往往短小精悍、简明扼要，以低廉的价格在欧洲广泛销售。在收音机、电视机等出现之前，报纸、杂志等定期出版物是人们与外部世界沟通的主要媒介，可提供新闻、公告、普通咨询、广告等多种类型的资讯，使人足不出户便掌握世界动态，因此阅读报刊也成为家庭重要的休闲消遣方式。18 世纪 20 年代，报纸成为各国民众最普遍的读物，堪称报纸发展的"黄金时代"。[1]

"畅销书"应运而生。18 世纪前印刷出版的多数地方新闻、政府及司法文件、教义问答集、教科书、教区使用的礼仪用书等，显然不是普通民众感兴趣的内容。随着 18 世纪大众阅读的发展，越来越多的印刷商开始关注普通民众的购书意愿，调整出版方向。畅销书由此诞生，并成为与神学、学术、管理类书籍截然不同的门类。法国的"蓝皮书库"是其中的著名代表，它们是利用旧字模在廉价的纸张上印制出来的一种小巧的平装书，使用大致相同的版式，用蓝纸装订封面。内容包括寓言、骑士传奇、故事集、学校启蒙读物等，通常是大部头作品的缩写，文字经过简化、切分和配图，更加适合大众读者的口味。书贩们走街串巷地叫卖，把这些小巧便宜的读物送入千家万户。

当书籍成为廉价的日常消费品时，泛读取代了精读。在此之前，读者能获得的印刷品屈指可数，他们反复阅读手头的几部作品，把内容记下来或是背下来，字斟句酌地思考和讨论。[2]到了 17 世纪晚期，普通阶层的读者也已经能买得起几

---

① 史蒂文·罗杰·费希尔.阅读的历史.李瑞林，译.北京：商务印书馆，2009：263.
② 戴维·芬克尔斯坦，阿利斯泰尔·麦克利里.书史导论.何朝晖，译.北京：商务印书馆，2012：185.

本书了，他们开始广泛涉猎，阅读种类庞杂的读物。随着书价的降低，人们甚至放弃了传统书签，开始用书页的折角来标记阅读的位置①，这在"寸纸寸金"的羊皮卷时代简直无法想象。人们通过广泛大量的阅读获取信息，提升文化素养，泛读也成为现代教育的基石。

4. 工业时代的阅读

继谷登堡发明印刷术后，工业革命又为欧洲的阅读带来一次重大改进。蒸汽动力印刷机、机械化铸字排字、铅版印刷等工业化成果带来的是书籍产量的增加和价格的降低。运河、道路和铁路为图书的集散建立起更高效的网络。机器生产需要更多教育程度更高、更有文化的劳动力，大量农村人口涌入城市，政府建立起公立义务教育，文化得到了更大规模的普及和保障，识字率进一步提高。

反过来，工业革命也被视为阅读的直接产物。作为生产、财富和教育合力的结果，工业革命曾使西欧各国和美国迅速走向富强。②国力的强盛又让阅读变得更普遍、更容易，阅读的内容与形式更加丰富，到 19 世纪中期，在大多数发达国家，书面文字已成为人们日常生活的一部分。

具备了阅读能力的工人在劳动之余可以通过阅读来消闲，英国和德国的工人阶层则有很强的自学传统，他们要求学习，要求获得知识和理解力③，这种需求可以通过普遍建立起的公共图书馆体系得到满足，这一点将在后面的章节继续论及。

铁路网的延伸让更多人把时间花费在旅途上，许多人选择用阅读来打发时光，火车站里出现了报刊亭，乔治·路特里奇出版社推出了"铁道书库"，丛书包括 1300 多种小书，每本标价一先令，价格公道，大受旅行者欢迎。④

19 世纪末，初等义务教育在西欧成为标准，社会对教育资料的需求增长，其

---

① 史蒂文·罗杰·费希尔.阅读的历史.李瑞林，译.北京：商务印书馆，2009：214.
② 史蒂文·罗杰·费希尔.阅读的历史.李瑞林，译.北京：商务印书馆，2009：235.
③ 戴维·芬克尔斯坦，阿利斯泰尔·麦克利里.书史导论.何朝晖，译.北京：商务印书馆，2012：188.
④ 戴维·芬克尔斯坦，阿利斯泰尔·麦克利里.书史导论.何朝晖，译.北京：商务印书馆，2012：110.

他形式的儿童读物中也暗藏商机，儿童读物成为出版业的新宠。女性钟爱各类型的小说，她们也独占一方出版市场。畅销书不断涌现，大众读物有了更加多样的主题细分。以小说为例，19 世纪首次出现了犯罪小说、科幻小说等文学类别，到 20 世纪进一步地细化为历史犯罪小说、惊悚犯罪小说、娱乐犯罪小说以及描述太空旅行、电脑世界等的各类科幻小说[①]。报纸和杂志在公众的阅读生活中稳稳占据一席，与图书相比，报刊传递的信息量大、速度快，是图书的强劲对手。

（五）书籍形制的演变

书籍形制在印刷时代经历了变迁，书籍越来越小，越来越轻便，最终变成今天我们看到的样子。在印刷术发明之前，羊皮书是在教堂的缮写室中被抄写出来的，开本巨大，装饰极尽奢华，堪称艺术精品。印刷技术发明后，这一状况很快改变。精美的抄本成本高昂，有能力购买的读者就十分有限。相反，书做得越小就越容易畅销，小书售价便宜，非富非贵的普通人也买得起，出版商为迎合读者的市场需求，将书籍的开本做得越来越小。

15 世纪，意大利人文主义者阿杜斯·马努提斯为了重建古典文化，曾经印行过大量欧洲古典作品，他把这些书做得开本较小，便于携带。读者再也不需要演讲台或是阅读架来支撑阅读了，也不会因为手持书籍而胳膊酸痛。[②]这些印刷清晰、内容准确又小巧廉价的"口袋书"迅速风靡欧洲，历经几个世纪，逐步演化成为现代的平装书。20 世纪 30 年代是西方平装书的黄金时代，英国企鹅出版社的"企鹅丛书"是成功的典型。这套平装书每本仅售 6 便士，版面设计却丝毫并不逊色，被认为"便宜而悦目"，曾创下同时代的平装书销量之最。

平装书从前是成功精装书的翻版，如今是一种司空见惯的书籍形制。优越的性价比使它容易赢得更多的受众，小说的出版商尤其钟爱它。在学术领域，一部

---

① 史蒂文·罗杰·费希尔.阅读的历史.李瑞林，译.北京：商务印书馆，2009：277.

② 戴维·芬克尔斯坦，阿利斯泰尔·麦克利里.书史导论.何朝晖，译.北京：商务印书馆，2012：177.

在缮写室中工作的中世纪僧侣

著作同时出版精装本和平装本也是普遍的做法，精装本供图书馆收藏，平装本则是学生个人阅读的不二选择。①

从古典到现代，阅读在欧洲完成了由口头向书面、由精读向泛读、由少数人向多数人的转变。阅读不再是少数贵族精英确证权力和社会交际的方式，转而成为一项全民化的基本能力，成为普通大众工作生活、获取知识、休闲娱乐的基本途径。阅读构成了欧洲社会运转的前提、文明的基石，可以说，现代欧洲正是一个阅读的社会。

二、美国学人的阅读经验

欧洲的殖民者将阅读传统带到了新大陆。到 19 世纪中期，以纽约、费城、波士顿和巴尔的摩为代表的美国出版业已十分繁荣，形成一个密集的出版网络。②

---

① 戴维·芬克尔斯坦，阿利斯泰尔·麦克利里. 书史导论. 何朝晖，译. 北京：商务印书馆，2012：114.
② 史蒂文·罗杰·费希尔. 阅读的历史. 李瑞林，译. 北京：商务印书馆，2009：260.

美国人对阅读的态度更具实用色彩，大多数美国人认为书籍在用途和重要性方面不及报纸和杂志，这三者又都比不上后来的收音机、电视和个人电脑。尽管如此，从 18 世纪起至今，众多美国学人都用个人的阅读经验不断向世界阐释着阅读于他们个人和美国社会的意义。阅读在欧洲经历了漫长的十多个世纪才逐渐走下圣坛，融入普通民众的日常生活，这个过程在新大陆大大缩短，迅速成为美国这个新生社会的平等和创造力的柱石。①

本杰明·富兰克林（Benjamin Franklin）是费城重要的出版商、美国"宪法之父"，他在 1787 年美国宪法诞生之时坚持认为这份文件应当印刷成千上万份向公众发行。他认为这份关乎人权的根本纲领是他们的基本权利，也是"一个自由国家平等公民的责任"，呼吁尽可能多的美国人民（当时主要指男性白人有产者）阅读。在富兰克林看来，阅读是民主社会的基石，也是未能接受正规教育者自我学习和自我完成的方式。他本人的阅读经验也印证着这一点：富兰克林酷爱读书，常去图书馆，说"图书馆使我得以有恒地研习增进我的知识，每天我都停留在里面一两个钟头，用这个办法补足了我失掉的高等教育，那是我父亲从前所期望的。我自认读书是我唯一的乐趣"。

小说家杰克·伦敦（Jack London）是另一位通过阅读促进自我教育的学人代表。他童年家境困苦，但读书欲望十分强烈。有人形容杰克·伦敦的阅读状态说："他捧起一本书，不是用小巧的撬子偷偷地撬开它的锁，然后盗取点滴内容；而是像一头饿狼，把牙齿没进书的咽喉，凶猛地舔尽它的血，吞掉它的肉，咬碎它的骨头，直到那本书的所有纤维和筋肉成为他的一部分。"他读书力求最大限度地吸取书中的知识，常把书中的重要观点和名词佳句，写在卡片上，有的插在梳妆台上的镜缝里，有的用扣针悬在家中的晒衣绳上。这样他刮脸时，穿衣时，躺在床上时，都可以随时阅读。他还在口袋里装上一沓沓读书卡，外出途中随时拿出来诵读。经过这样的反复琢磨咀嚼，"书骨头"就被咬碎了。这种"嚼书骨"式的阅读方法给杰克·伦敦的学习带来了莫大的帮助。他从小四处流浪，

---

① 史蒂文·罗杰·费希尔.阅读的历史.李瑞林，译.北京：商务印书馆，2009：261.

长期失学，19 岁才进入奥克兰中学读一年级。尽管如此，凭借良好的阅读方法，他很快就在学校成绩名列前茅。从中学退学后，杰克·伦敦把自己锁在屋子里，每天在书桌旁坐 19 个小时，刻苦读书，终于成为加利福尼亚大学的一名新生。[①]

社会学家亚伯拉罕·马斯洛（Abraham Harold Maslow）借助阅读在文化多元的社会环境和冷漠的家庭环境中寻找到价值榜样和精神慰藉。他生于美国纽约市布鲁克林区的一个犹太家庭，父亲酗酒，为人苛刻，母亲极度迷信，并且残酷暴躁，这使得马斯洛在童年时体验了许多孤独和痛苦。由于他们居住在非犹太人的街区，上学后又是学校少有的几个犹太人之一，这都使马斯洛变得害羞、敏感并且神经质。为了寻求安慰，他把书籍当成避难所。后来在回忆童年时，他说："我十分孤独不幸。我是在图书馆的书籍中长大的，几乎没有任何朋友。"他从 5 岁起就是一个读书迷，他经常到街区图书馆浏览书籍，当他在低年级学习美国历史时，托马斯·杰斐逊和亚伯拉罕·林肯就成了他心中的英雄。几十年以后，当他开始发展自我实现理论时，这些人成了他所研究的自我实现者的基本范例。

三、教会图书馆与平民图书馆

（一）中世纪教会图书馆

在对中世纪阅读文化的回顾中我们曾谈到，中世纪的阅读基本上由教会控制，基督教的教会图书馆保存了基督教的书籍与文化，成为中世纪的学术文化中心。

教会图书馆从类型上可以分为罗马教廷图书馆、大教堂图书馆和修道院图书馆。罗马教廷图书馆也称梵蒂冈教廷图书馆，它是中世纪后期一座著名的图书馆，以收藏丰富的手抄本著称于世。大教堂图书馆规模一般比较大，欧洲最大的一座大教堂图书馆是英国坎特伯雷大教堂图书馆，它在 1300 年时拥有 5000 册书。法国巴黎圣母院和德国科隆大教堂的图书馆也都藏书丰富。修道院图书馆可

---

① 王余光，徐雁．中国读书大辞典．南京：南京大学出版社，1989：314．

梵蒂冈教廷图书馆

以称得上中世纪修道院的"标配"，正如1170年一位教士所说，"一所没有图书馆的修道院，就像一座没有军械库的城堡一样"。修道院图书馆的馆藏大约在数百册，不仅藏有宗教典籍，还藏有世俗文化典籍，如本尼狄克特修道院图书馆就藏有一些法学论著，以及维吉尔、特伦西、贺拉斯、路卡努斯、奥维德等人的古典著作。[①]

　　修道院图书馆也是中世纪书籍的生产中心。在印刷本出现以前书籍都是抄写员（通常是修道院的教士）依据一系列复杂的抄写规则进行复制的。他们一方面抄写复制宗教方面的著作，以满足教育新教徒和礼拜活动的需要，同时也复制世俗书籍。书籍被认为是为上帝而制作的，制作尽善尽美的书籍也是教士们的一种奉献。出于宗教的虔诚，抄本被装饰得极尽奢华。这些装饰主要包括手写字母、花边和插图。手写字母可以用花体字或缠绕的枝叶来装饰，有时在环圈形的线条中绘有小的插画。花边有时将一页中的文字整个包围起来，有时用来分割文字和插图。装饰中的绘画或是彩色的，或是用金叶和银叶。文字和装饰一起，构成了

----

① 程德林.西欧中世纪后期的知识传播.北京：北京大学出版社，2009：57.

一件件精美绝伦的艺术品。①

抄写室和图书馆在修道院和教堂的建筑中占有重要的地位。一幅欧洲现存最古老的建筑设计图"圣盖尔方案"描绘了一个 9 世纪修道院的理想图景，代表了当时基督教修道院的活动标准。圣盖尔起初只是个宗教活动中心，后来依靠书籍和文件逐渐发展成为当时罕见的学术、教学和艺术中心。在"圣盖尔方案"中，图书馆被安置在大教堂的北角，位于东唱诗座与教堂袖廊之间。这个地点直接与教堂的精神活动中心相连，享受着充分的阳光，足以说明书籍和制造书籍的人受到何等的尊重。②这个方案印证了瑞士历史学家埃根贝格的观点："书是中世纪文化的中心，教会、修道院、国家、学校都围绕书籍运转。"但图书馆的阅读空间十分狭小，1590 年的《达勒姆礼仪》对英国北部修道院的小书房做了这样的描述："每个小书房内有一张桌子可以放书。小书房的大小，只相当于窗户两边立柱的距离。正对着小书房，在教堂的墙边，立着木板制成的大柜子，里面放满了书籍。"③《照管图书：论图书馆及其设备的发展》的作者约翰·威利斯·克拉克（John Willis Clark）对英格兰格罗斯特大教堂的读书间进行了考察。这里的读书间建于 1370 年至 1412 年间，用来作为读书和思考的场所。每个小房间 4 英尺宽，19 英寸深，6 英尺高（注：1 英尺 ≈ 0.3 米，1 英寸 ≈ 2.54 厘米），有个小窗户，供采光使用。④

在中世纪的大部分时间里，书籍被藏在修道院或大教堂的圣器室和图书馆里，被视为珍宝，只限于有特权的少数人使用。到了 13 世纪，出现了学院与大学，社会对知识的需求空前高涨。为了防止偷盗，教会的图书管理人开始把他们的宝

① 戴维·芬克尔斯坦，阿利斯泰尔·麦克利里.书史导论.何朝晖，译.北京：商务印书馆，2012：82.

② 尼古拉斯·A.巴斯贝恩.为了书籍的人.杨传纬，译.上海：上海人民出版社，2011：37—39.

③ 尼古拉斯·A.巴斯贝恩.为了书籍的人.杨传纬，译.上海：上海人民出版社，2011：48.

④ 尼古拉斯·A.巴斯贝恩.为了书籍的人.杨传纬，译.上海：上海人民出版社，2011：42.

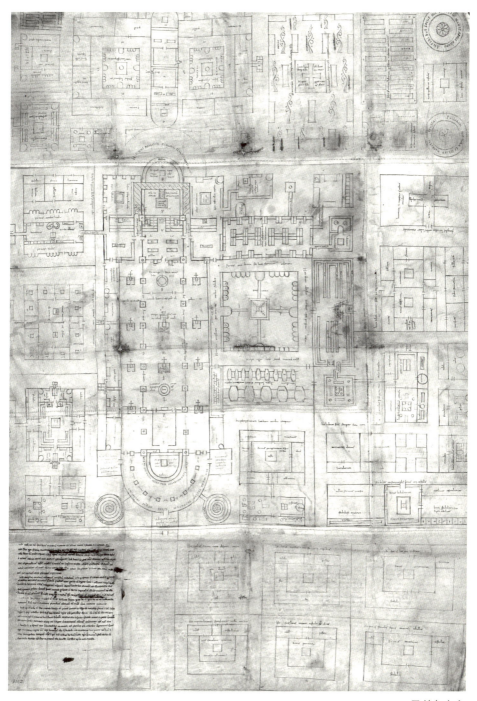

圣盖尔方案

物用铁链拴在木书橱上，这意味着修道院以外的人终于被允许走进修道院来读书了。对于面向公众的图书，修道院采用讲经台式、书亭式和壁式三种方式来安放。"讲经台"有两个斜面，以利于阅读。所有的书籍都用铁链拴在书橱前方的铁杆上，没有阅读的书本都平放在书桌下面的柜子里。"书亭"是一个用来装书的三层柜子。锁书链有能旋转的轴，以防扭断；在书柜上方有一个细横铁杆，书链的末端就用环套在上面。增加什么书，就把脊背上的铁扣解开，再用铁链套在柜前的横杆上，书的名称用卡片贴在书橱的外面。①

教会图书馆抄写纂辑古籍，著书立说，为保存和传播历史文化遗产，乃至造就人才做出了相当大的贡献。西尔多神父这样描述教会图书馆的价值："通过保存知识、保存信仰，我们也保存了自己的身份。我们懂得了自己是什么人。"一位为亨利八世保藏图书和古物的官员 1534 年来到格拉斯顿伯里大教堂图书馆（英国最大的中世纪图书馆）时，发出了这样的赞叹："我径直去了图书馆，为的是仔细考察所有最神圣的古物遗存；其数量之多，不列颠的任何地方都难以相比。我刚跨进门槛，那么多古老的图书的景象就完全占据了我的心。使我产生敬畏，一时止步不前。我首先向此处的神灵表示敬意，然后怀着极大的兴趣考察所有的图书，达数日之久。"②尽管如此，与印本时代相比，中世纪教会图书馆的馆藏规模依然小得可怜，一所修道院或大教堂图书馆的藏书不过数百卷。

另一方面，基督教会又阻碍了进步文化与科学技术的发展。这种现象在早期它对"异端"的排斥中便已有反映，此后逐渐加深。例如，声称"不学无术是真正虔诚的母亲"的教皇格列高利一世（Gregorius I）时，只注意对宗教著作的收集，对于西塞罗、李维等人的希腊、罗马名作则禁止流传，以免影响神职人员攻读《圣经》。许多教会组织敌视古希腊、罗马文化，将很有价值的古籍销毁，或者把羊皮卷上古文献的字迹挖去，致使许多典籍遭受了灭顶之灾。③

---

① 尼古拉斯·A.巴斯贝恩.为了书籍的人.杨传纬，译.上海：上海人民出版社，2011：52.
② 尼古拉斯·A.巴斯贝恩.为了书籍的人.杨传纬，译.上海：上海人民出版社，2011：44.
③ 杨子竞.外国图书馆史简编.天津：南开大学出版社，1990：24—27.

（二）公共图书馆的诞生

真正使阅读在欧洲实现从少数权贵的特权向普通公民权利蜕变的是伴随工业革命而生的现代公共图书馆。最早的公共图书馆发端于 19 世纪的英国。工业革命需要大批掌握知识和技术的工人和普通民众，城市中的工人、中下层资产阶级和其他贫穷阶层的人数不断增加。科学战胜了神学，普通民众的文化水平得到提高，世俗图书发行量和民众的阅读需求快速增长。但此时英国的图书馆主要是为皇室成员、贵族、知识分子、神职人员等上层人士服务的，而社会对面向普通平民的图书馆出现了强烈渴求。[①]1850 年，在当时的下议院议员尤尔特（William Ewart）和图书馆学家 E. 爱德华兹（Edward Edwards）等人的大力推动下，英国议会通过了世界上第一部全国性的《公共图书馆法》，该法规定每 1 万人的地区设一所图书馆，地方政府应对本地区的成人和儿童提供图书馆服务，经费从房地产税中提取。[②]爱德华兹希望通过这个法案建立一种由地方当局授权管理，由地方税收支出支持，对所有纳税人免费开放的真正的公共图书馆。依据这一法案，曼彻斯特公共图书馆于 1852 年在居住着大量下层社会人士的曼彻斯特建成，爱德华兹亲任馆长。此后,19 世纪欧洲公共图书馆开始在数量上有了空前的发展。[③]爱德华兹设想的这种免费的机构使社会能够真正摆脱知识被少数人和少数阶层垄断的局面，为最需要知识的社会底层的人士提供了阅读求知的场所。在免费的公共图书馆中，没有教派、性别、贫富的区别，公共图书馆为公众服务而不为特权阶层服务的观念形成，知识面前人人平等，穷人和富人能够得到均等的图书服务。这种免费、平等、开放和平民化的价值观，构成了公共图书馆基本精神的一部分，

① 华薇娜.英国公共图书馆产生的背景及其历史意义.图书馆杂志，2005（1）：3—9.

② 中国大百科全书总编辑委员会.中国大百科全书 图书馆学·情报学·档案学.北京：中国大百科全书出版社，2002：422.

③ 蒋永福.图书馆学通论.哈尔滨：黑龙江大学出版社，2009：31.

也为阅读在普通民众中的普及铺平了道路。①②③

美国的公共图书馆的制度之前，"读书俱乐部""团体图书馆"遍布全国。城市中一些需要图书资料的牧师、教师、律师和其他专业人员，按照自愿结合的方式将自己的私人图书集中在一起，或出资购买图书供团体中的成员使用。但这些团体图书馆只是为社会名流、学者，以及爱好图书的个人设立的，成员需缴纳费用才能享受使用图书的特权。随着19世纪公共教育的普遍施行，政府和立法机构逐渐认识到图书馆是推广教育、提高选民素养的重要场所，主张建立学区图书馆，并对全体人民开放，这些观念推动了现代公共图书馆概念的形成。1833年新罕布什尔州彼得博罗镇议会通过一项决议，将州政府拨给的教育基金中的一部分用于创办一个镇立公共图书馆，以后每年由镇政府给以资助，该图书馆是美国公共图书馆的发轫。1848年马萨诸塞州议会制定了批准建立波士顿公共图书馆的法案，波士顿公共图书馆是美国最早的依法设立的公共图书馆，也是第一所规模较大的公共图书馆，它于1854年向公众免费开放，提供普及性和专业性的书籍。以波士顿公共图书馆为范本，辛辛那提、底特律、芝加哥等地分别设立了公共图书馆，至19世纪末期，公共图书馆已在美国各州和地区普及。19世纪末20世纪初，"钢铁大王"卡内基（Andrew Carnegie）在全世界捐资建立起2509所图书馆，其中大部分是美国的公共图书馆，卡内基的捐助促使公共图书馆迅速扩展到美国各地。公共图书馆的普及满足了工业革命中的普通市民，特别是从农村涌入城市的大批青年求知学习、提升文化、自我奋斗的需求。④

第二次世界大战结束后，世界经济高速发展，社会民主化的呼声不断高涨，公共性的福利政策在各国普遍推行，世界范围内的公共图书馆事业在20世纪中

① 范并思.维护公共图书馆的基础体制及核心能力——纪念曼彻斯特公共图书馆创建150周年.图书馆杂志,2002(11):3—8.

② 陈克杰.图书馆延伸服务.上海:上海科学技术文献出版社,2009:32—36.

③ 杰西·H.谢拉.图书馆学引论.张沙丽,译.兰州:兰州大学出版社,1986:70.

④ 杨子竞.外国图书馆史简编.天津:南开大学出版社,1990:152—153.

期进入了黄金时期。

　　按照美国图书馆学家谢拉的观点，图书馆作为社会工具，总要与其发生作用的社会环境相符，满足社会需求是图书馆存在的原因，图书馆必须响应社会并对其负责。任何一种类型的图书馆的产生都是为了满足一定的社会需要，公共图书馆的问世是 19 世纪中叶西方社会发展到一定阶段的产物，它是现代社会民主、民权、平等、公正和公民社会的象征，也是社会民主、社会平等、公民权利等现代人文意识成熟的结果。①现代社会既要求公民具备一定知识素养和学习能力，又要为公民提供自由获取信息、接受教育的途径。公共图书馆通过免费和开放的方式，调节了知识和信息的分配，确保每一位社会成员都享有平等地阅读和接受教育的权利，从而为其生存和发展提供了均等的保障，改变了阅读和知识曾为特定人群所垄断的局面，维护了社会公正。

---

① 吴晞.斯文在兹.深圳：海天出版社，2014：8.

第二章

全民阅读的人文内涵

"书犹药也，善读之可以医愚。"阅读，可以修身养性，也可以经世致用，对个人与社会都具有重要价值。国内外学界对于阅读的研究，总体沿着两条基本脉络发展：第一条是作为学习手段、教学手段的形态，第二条是作为文化活动、教育活动的形态。把阅读视为一种文化现象进行研究，有助于我们从更广阔的视野来认识阅读的丰富内涵和意义。

　　阅读文化作为一种社会文化系统，是社会活动中相关阅读现象和阅读规律的总和，主要涵盖阅读环境文化、阅读行为文化和阅读理念文化三个方面的内容。阅读推广是一个多学科交叉的应用研究领域，不仅要研究阅读，更要研究推广。它还涉及人的全面发展理论、生命教育理论、学习型社会理论、接受美学理论、传播学理论等多门学科理论，这都是阅读推广所应借鉴和学习的。

　　在本章中，我们从"阅读"出发，分析了其含义与价值，并引申出"阅读文化"的内涵与影响因素。接着展开对"阅读推广"的内涵剖析，详细阐述了阅读推广的概念、理论基础及相关要素。通过对全民阅读的人文内涵的全面论述，以期对阅读推广的合理性和科学性进行学术理论论证，增强推广全民阅读的决心、信心和使命感。

第一节　阅读与阅读文化概念

一、阅读的含义

何谓阅读？《说文解字》中，"阅（閱）"的解释是"具数于门中也"，即将家庭功名尽数记载于大门的门板，以便浏览。后引申为阅览，亦有查看、经历、观赏等意。"读（讀）"的解释是"诵书也"，即朗诵诗书经文，照着文字用嘴念出声。后引申为观看、上学等意。后世把"阅"和"读"加以结合，如宋代曾巩（1019—1083）在《徐禧给事中制》一文中说："惟精敏不懈，可以周阅读；惟忠实不挠，可以司论驳。"叶圣陶（1894—1988）在《中学国文学习法》一文中说："阅读总得'读'。出声念诵固然是读，不出声默诵也是读，乃至口腔喉舌都不运动，只用眼睛在纸上面巡行，如古人所谓'目治'，也是读。"①

《汉语大辞典》中对"阅读"的解释是："看（书、报、文件等），并领会其内容。"《中国大百科全书》（教育）的"阅读心理"条目告诉我们：阅读是一种"从书面语言中获得意义的心理过程"，"也是一种基本的智力技能"，它是由一系列的过程和行为构成的总和。

一般来讲，阅读是从视觉材料中获取信息，并通过大脑进行吸收、加工、理解的过程。视觉材料主要是文字和图片，也包括符号、公式、图表等。阅读作为一种复杂的智力活动，在人类生活中还有更广泛的应用。

清人张潮（1650—约1709）在《幽梦影》中写道："善读书者，无之而非书，山水亦书也，棋酒亦书也，花月亦书也。"加拿大学者阿尔维托·曼古埃尔（Alberto Manguel）在《阅读史》中将阅读推及了人类的一切视觉行为，认

---

① 张怀涛."阅读"概念的词源含义、学术定义及其阐释.图书情报研究，2013（4）：32.

为但凡人们用眼睛看到的、用心体会的，都是阅读。如天文学家阅读星象图、动物学家阅读动物的臭迹、玩纸牌者阅读伙伴的手势、观众阅读舞者的动作、父母阅读婴儿的表情、算命者阅读龟甲上的标记、渔夫阅读海流、农夫阅读天气，等等。[①]这种阅读不仅需要各种智力因素，比如观察、记忆、思维、想象等的积极参与，而且需要各种非智力因素，比如动机、兴趣、意志、性格等。因此，阅读的基本含义也相应地有所拓展。

我们可以把阅读分为狭义阅读和广义阅读。狭义阅读指我们平常所说的阅读，即以文字符号为主要对象的阅读，人们通过眼睛观看符号，接受符号所代表的意义，然后产生精神上的反应，实现思想交流。而广义的阅读则是人们用各种感官，感受时间、空间，从而获得丰富的认知和体验。法国哲学家笛卡尔（René Descartes）主张"阅读世界这部大书"；我国历史学家张舜徽（1911—1992）也有类似的看法，认为天地间有两种书：一是有字书，二是无字书。有字书，即白纸黑字的书本；无字书，便是万事万物之理，以及自然界和社会上的许多实际知识。除书本外，还应多读"无字书"，以扩大求知领域。

董味甘在其著作《阅读学》中总结："由于把阅读的内涵扩展为观察、考核、阅世、阅历之阅，举凡究音乐之语言，观艺术之珍本，审自然之天趣，察人生之真谛，识物理之奥秘，读社会之活书，所有人类的一切认识活动，都可以称之为阅读。"[②]从学术研究的角度，我们在此不对"阅读"的含义进行无限宽泛地拓展，而是侧重于探讨狭义概念上的阅读。

二、阅读的价值

阅读究竟有什么价值呢？《礼记·大学》中语："物格而后知至，知至而后

---

① 张怀涛."阅读"概念的词源含义、学术定义及其阐释.图书情报研究，2013（4）：32—33.

② 董味甘.阅读学.重庆：重庆出版社，1989：5.

意诚，意诚而后心正，心正而后身修，身修而后家齐，家齐而后国治，国治而后天下平。"古人所说的"修身齐家治国平天下"，是中国人传统的道德理想。阅读，可以修身养性，也可以经世致用，对个人与社会都具有重要价值。

（一）阅读对个人的价值

1. 阅读可以获取知识

知识的来源有两方面：一是自己的经验（直接经验），二是别人的经验（间接经验）。毛泽东在《实践论》中提出："一切真知都是从直接经验发源的。但人不能事事直接经验，事实上多数的知识都是间接经验的东西，这就是一切古代的和外域的知识。"随着社会的发展，书籍的出现，人类的知识储存和传播有了载体。阅读，便成为人类获得知识的重要手段。正如高尔基（Максим Горький）所说："读书，这个我们习以为常的平凡过程，实际上是人的心灵和上下古今一切民族的伟大智慧相结合的过程……"

书籍是人类智慧的结晶，是人类知识的载体，更是传播知识的主要工具之一。今天，我们能够了解中国 3000 多年前的奴隶社会状况，知道 2000 多年前战国时期百家争鸣的情形，读到优美的汉赋、唐诗、宋词、元曲……这一切，都有赖于阅读书籍。人们通过阅读书籍可以迅速汲取几千年进化所积累的知识，阅读是系统地获得知识的方法，它也许慢，效果却最深远。我们的教育也是从阅读训练起步的，阅读是学习各门学科的基础学力，可谓是"学习之母""教育之本"。一个人要积累知识，就必须阅读。

2. 阅读可以开发智力

汉代史学家刘向说："书犹药也，善读之可以医愚。"阅读在本质上是一种极为复杂的智力活动，经常阅读有利于智力开发。国际阅读协会（现更名为国际读写协会）维也纳研究中心主任理查德·巴姆贝尔格（Richard Bamberger）博士，在论述阅读的本质时曾说："人们通过视觉器官认识了语言符号，反映到大脑中转化为概述，许多概念又组成为完整的思想，然后发展成为复杂的思维、联想、评价、想象等。"人的智力结构的核心要素是思维能力，而许多思维活动是通过阅读来实现的。当人在阅读时，不仅仅是视觉和感知活动，还伴随着理解、想象、记忆等思维活动。

据阅读心理学家研究，主动的积极的阅读活动大大增强读者心智活动的能量。阅读心智活动含有三个机能群：一是激活机能群，专事启动、强化和聚发阅读的心理动力，形成专注、期待和灵感；二是操作机能群，完成猜测、确证、提纯、重组、应用、创新、表征和表述等动作；三是定向和调控机能群，朝着阅读目标，有程序有节奏地实现阅读主体的需要。当三个机能群整个地发动起来的时候，就可以全面开发读者的智力。[①]

3. 阅读可以完善人格

伊塔罗·卡尔维诺（Italo Calvino）在《为什么读经典》中说："阅读的目的不是为了记住它的内容，而是为了塑造我们的性格，以及赋予我们某种处理事情的经验，提供一种模式和手段，让我们知晓价值的衡量标准、美的范式。……我们就会重新发现那些现已构成我们内部机制的一部分恒定事物，尽管我们已回忆不起它们从哪里来。"阅读可以塑造一个人的性格，培养正确的人生观和世界观。

读史使人明智，读诗使人灵秀，数学使人周密，科学使人深刻，伦理学使人庄重，逻辑修辞使人善辩，凡有所学，皆成性格。英国哲学家弗兰西斯·培根（Francis Bacon）可谓将阅读对人格的塑造描述得淋漓尽致。在阅读书籍的过程中，我们可以认识大千世界，了解纷繁复杂的思想，历史事理的教育和影响，或角色艺术形象的感染，都有助于树立正确的人生观和世界观，从而塑造自己完美的性格。

4. 阅读可以修身养性

开卷有益，腹有诗书气自华。三毛曾说："读书多了，容颜自然改变，许多时候，自己可能以为许多看过的书籍都成了过眼云烟，不复记忆，其实它们仍是潜在的。在气质里，在谈吐上，在胸襟的无涯，当然也可能显露在生活和文字里。"

[①] 曾祥芹.阅读人文价值论 // 曾祥芹文选·中卷·汉文阅读学研究.北京：高等教育出版社，2010.

人类追求的最高价值是真、善、美，巴金说："我们有一个丰富的文学宝库，那就是多少代作家留下的杰作。它们教育我们，鼓励我们，要我们变得更好、更纯洁、更善良，对别人更有用。"阅读是一种内在的精神需求，虽不能腰缠万贯，但能让人大气、富有。多读书、读好书、善读书，久而久之形成自己丰富的精神世界，心境也随之平顺起来。在纷繁复杂的世俗中，以淡然的心境、平和的心态，来面对世间万物，在读书中陶冶情操、修身养性，这何尝不是阅读带给心灵的一份馈赠与释然？

（二）阅读对社会的价值

1. 阅读可以传承民族文化

人类各个时代的自然科学、社会科学和科学技术的知识，都浓缩在书籍里。英国著名历史学家阿诺德·约瑟夫·汤因比（Arnold Joseph Toynbee）曾说过，中国文化之所以能够在全球各种文明当中历经风雨寒暑，仍保持文化性格的一贯性，其重要原因是中国有丰富的文化典籍和藏书文化。从这个意义上来说，阅读正是传承文化的最有效的途径。

一个民族的文化经典凝结着先贤对于人生、社会、自然社会的文化观念，蕴藏着本民族的文化形态、思维模式和情感表达方式，闪烁着本民族所特有的精神基因。融汇在其中的民族智慧、操守、风骨，是该民族得以发展与进步最重要的精神支撑。中华文化及其中所蕴含的民族精神，正需要通过阅读为大众所认知并践行、传承。阅读承载民族文化的经典书籍是传承文化、建构当下核心价值体系和精神家园的重要思想源泉。

2. 阅读可以提升国民素质

国民素质是国家基础竞争力的重要组成部分，它反映了一个国家人力资本的发展状况和经济长期持续发展的能力。在国民素质的各项含义中，文化素质又被认为是各项素质的关键所在。国民阅读力作为文化软实力的基石，不仅反映出社会的精神面貌，也直接关系到国家软实力和综合国力的强弱。

阅读是实现人的全面发展、人的自由解放、建构完美人性的必经途径，在塑造国民人格、实现自我价值等方面起到潜移默化的作用。阅读有助于增进社会的文明程度，增进民族的文化底蕴和创造力，提升中华民族的整体素养，让中华民族始终充满生机与活力。随着知识经济时代的到来，阅读素养已经成为一个国家软实力的关键指标，成为国家竞争力的重要因素。

3. 阅读可以促进社会生产

阅读作为科学技术和文化教育的能源，已经渗透、融会到精神生产中的各个方面，是一种直接的精神生产力。精神生产往往通过影响人的素质来促进物质生产的进步，阅读又是一种间接的物质生产力。随着社会的进步，精神生产逐渐成为规定物质生产的方向的力量，整个社会生产有着转向以精神生产为先导的趋势。这是知识经济时代的一大特征，阅读将在新时代的社会生产中发挥越来越大的作用。

多年以来，"唯GDP论"的政绩观让经济发展在粗放型的困境里回旋。政府工作报告提出建设书香社会，各级政府不但要关注经济"硬指标"，也要发展文化"软实力"，这是促进转型升级、创新驱动发展的重大思路，也是促进经济发展进入新常态的新举措。

4. 阅读可以发展社会文明

文明以止，化成天下。《论语》云："君子三年不为礼，礼必坏；三年不为乐，乐必崩。"这里的礼乐，即指文化素养。通过阅读优秀书籍，让文化素养内化于心、外化于行，价值观念悄然而变，沉稳大气开始压制浮躁、优雅开始驱逐粗俗。可以这样说，民众热爱读书、崇尚读书，这个社会的文明程度也会比较高。

若书香氤氲，则社会儒雅。近年来，美国、英国、澳大利亚都将阅读作为国家教育评估的主要科目，出台了评估标准和评价项目。李克强总理多次把"全民阅读"写入政府工作报告，认为"我们国家全民的阅读量能够逐年增加，这也是我们社会进步、文明程度提高的十分重要的标志"，阅读作为一种生活方式，与工作方式相结合，"不仅会增加发展的创新力量，而且会增强社会的道德力量"。

三、阅读文化

国内外学界对于阅读的研究，总体上沿着两条基本脉络发展：第一条是作为学习手段、教学手段的形态，第二条是作为文化活动、教育活动的形态。第一条脉络普遍受到重视，研究成果较多，主要侧重于研究读者个体对文本的阐释与交流、阅读原理的分析，以及阅读能力的提高。第二条脉络相对来说研究较少。

汉文阅读学家、中国阅读学研究会前会长曾祥芹（1936—　）教授曾经提出：关于阅读的科学价值，国内外同行已经付出了很大的精力，获得了较多的成果。关于阅读的人文价值，学者们的关注是不够的。长期以来，人们往往热衷于"怎样读"的技法修炼，认为是"硬功夫"；待到发现"阅读浪费"或"阅读中毒"时，才去注意"读什么"的内容选择；至于对"为什么读"的能源开发，觉得是"软指标"，即使务虚，也缺乏力度。在"阅读能力结构"上，存在着"偏重阅读智能""忽略阅读情志"的倾向，表现在教学中只关注阅读的"知识和技能""过程和方法"，而忽略阅读的"情感态度和价值观"。有鉴于此，无论学校的阅读教学还是社会的读书活动，在通晓"阅读的科学价值"的同时，特别需要充分认识"阅读的人文价值"。[①]

把阅读视为一种文化现象进行研究，有助于我们从更广阔的视野来认识阅读的丰富内涵和意义。在很多情况下，第二条线索比第一条线索更值得重视和研究。

（一）阅读文化的内涵

"观乎天文，以察时变；观乎人文，以化成天下。"此处的"人文化成"即是最早的"文化"概念，指典籍和礼仪风俗。西汉时期刘向在《说苑·指武》中说："圣人之治天下也，先文德而后武力。凡武之兴，为不服也，文化不改，而后加诛。"这里的"文化"指与武力相对的文治教化。而在西方，文化一词源于拉

---

① 曾祥芹.汉文阅读学导论.北京：中央文献出版社，2004：640—641.

《中国阅读大辞典》

丁语的 Culture 和 Colere，其基本含义是"培育、修饰、景仰、崇拜、祭祀"。文化是一个宽泛的概念，广义上指人类所创造的物质财富和精神财富的总和，狭义上指意识形态所创造的精神财富。

人类文明史和阅读史发展显示，阅读，不是人类文明进程中偶然发生的社会现象，而是文化自身发展过程中不断创生的必然结果。阅读日益成为一种普遍的文化事实，制约着精神理念、价值信仰的代代相传和文明史的薪火相接，与政治制度、经济体系及社会结构一样，左右着一个社会整体的流行风尚和异类人群的行为方式。[1]关于"阅读文化"的研究发端于 20 世纪 80 年代。由王余光、徐雁等众多专家历时四年编纂的《中国读书大辞典》是中国图书史上第一部以读书为主题的百科辞典，它的编纂标志着中国的阅读研究进入社会学与文化学领域。

对于阅读文化概念的阐述，颇具代表性的见解是王余光、汪琴的论文《关于阅读文化研究的几个问题》。在对文化理论以及阅读、读者和文本的分析基础上，将阅读文化定义为："阅读文化是建立在一定的技术形态和物质形态基础上，受社会意识和环境制度制约而形成的阅读价值观念和阅读文化活动。"[2]阅读文化作为一种社会文化系统，在结构层次上，可分为功能与价值层面、社会意识与时尚层面、环境与教育层面。通俗而言，阅读文化就是社会活动中相关阅读现象和阅读规律的总和。

阅读文化主要涵盖阅读环境文化、阅读行为文化和阅读理念文化三个方面内容。阅读环境文化即阅读文化产生的物质基础，包括经济、技术、教育等条件；阅

---

① 丁云亮.从媒介史看阅读文化的流变.廊坊师范学院学报（社会科学版），2011（3）：58.

② 王余光，汪琴.关于阅读文化研究的几个问题.图书情报知识，2004（5）：3—7.

读行为文化是阅读文化的实践内容，包括阅读方式、阅读指导、阅读推广等；阅读理念文化是阅读文化的精神内核和本质特征，包括阅读价值取向、阅读观念等。

（二）阅读文化的影响因素

阅读文化具有时代性、区域性、民族性、群体性、关联性等特征，其影响因素是复杂多样的，其中，阅读环境、阅读主体和阅读媒介三个方面的因素影响最大。

1. 阅读环境

阅读文化作为一种社会现象，必然要受到社会阅读环境的影响，包含社会政治、经济、文化等因素。

政治环境指一个国家或地区的政治制度、体制、政策、法律等方面的综合反映，其对阅读的影响往往是非常深刻和直接的。政治文明的良性发展为阅读文化提供了良好的政治环境，政府主导的公共文化服务体系为阅读文化提供了直接动力，社会转型时期的文化氛围引导着阅读文化的价值取向。政治环境以主宰的地位控制着阅读内容的取舍，调节着社会的阅读需求，调整着阅读文化的发展方向。近 20 年来，我国建立起比较成熟的国民阅读组织协调机制，引领统筹全国的阅读推广，各级地方政府也将国民阅读活动作为增强地方文化软实力的重要措施，对阅读文化的影响总体上是正面和积极的。

经济环境指一个国家或地区的经济政策与经济状况的背景条件的总和，是阅读文化产生和发展的前提条件。社会经济环境的发展，一方面为阅读文化的发展提供了物质基础。各种类型的资本（经济资本、文化资本和社会资本）对民众掌握阅读技能、获取阅读资源、提高阅读素养具有重要影响，决定着阅读社会化的普及程度。另一方面，经济环境发展状况也会影响社会阅读风气。近年来，受市场经济中"短、平、快"消费模式的影响，阅读也呈现出快餐化、功利化及实用主义趋向，"读书有没有用"的问题往往被简化为"读书能不能帮我迅速成功"。此种阅读取向是需要反思的。

文化环境指从事文化创造、文化传播及其他文化活动的背景和条件，主要由社会意识、思想道德、价值观念及生活方式等内容构成。文化环境为阅读活动提供了永不枯竭的内容来源，并潜移默化地孕育着人们的阅读兴趣和阅读趋向。社会每个时期都有其当时的主流文化，主流文化引领了时代的阅读文化，影响着阅读文化的时代特征。社会文化推崇什么，读者就追着阅读什么。在市场经济的大潮中，国民信奉经济利益，就会去读理财方面的书；大家都想当公务员，公务员考试的辅导书便会销量大增。而近几年，很多人开始注重培养个人兴趣、提高个人文化素养，阅读的目的变得越来越多元化，国学、健康、政治、社会科学、心理等都成为重要的阅读主题。[①]所有这些阅读热点的产生，其背后都有社会文化因素的催化。

2. 阅读主体

阅读的主体是人，即社会大众，其发展状况直接影响着社会整体的阅读文化。

第一，人口结构。人口结构的变化对阅读文化的影响，主要体现在性别、年龄、地域、学历等方面。人口学历水平的提高，尤其是具有初中以上文化程度的人口数的大大增加，意味着具备独立阅读能力的读者基数大大上升，国民阅读水平也会相应提高。而不同人口群体，如农民、工人、知识分子等，由于年龄、职业、收入等的不同，具有不同的阅读兴趣、习惯、数量和方式，进而逐渐形成不同的群体阅读文化。

第二，生活形态。生活形态是人们生活与使用时间、金钱的方式，也是影响阅读文化的重要因素。不同时代人们的生活形态不同，阅读行为也不同。书籍、报纸、杂志曾是人们主要的阅读方式，而随着互联网的普及和传播手段的日新月异，数字阅读迅速在现代人的生活中扎根。另一方面，社会生活节奏加快，休闲娱乐的方式日趋多样化，人们比以往任何时代都拥有更多的选择，多种消遣方式代替了单一的图书阅读。这一切都会导致阅读文化发生改变。

第三，阅读需求。阅读需求反映的是读者在社会发展的客观环境下，对某种知识、信息的需求和向往，从而产生的对此类信息和知识努力探索和利用的兴趣。读者的阅读需求是"与时俱进"的，不同人生阶段的阅读需求也不一样。如中小

---

① 孙颖.阅读文化及其建设策略.图书馆论坛，2010（1）：1—4.

学生有考试压力、大学生有就业压力、成年人有职场压力……都会产生相应的阅读需求。自从人类学会了阅读，总是希望更简便、更快捷、更愉悦地获得信息，更希望能够更自由自在、随时随地可以获得希望获得的信息。[①]这种需求，是阅读文化发展的重要动力，也是阅读文化变化的重要原因。

3. 阅读媒介

人类的阅读媒介一直是不断发展变化的，从甲骨到竹简，从竹简到纸本，从纸本到电子本，由笨重到轻薄、从有形物质到无形物质，每一次变化对阅读行为都是一次冲击。科学技术引起阅读媒介变革，阅读媒介变革导致阅读文化的变化。书籍、报纸、杂志曾经是人们主要的阅读方式，大众传媒普及之后，随着电视业、新闻业、出版业的日益繁荣，今天的阅读已非传统意义上的读书，"视觉文化""网络文化"广泛而深刻地影响着阅读文化。数字阅读降低了读书的门槛，只要一部手机就可以享受到阅读的乐趣。读书人数增多了，读书总体时间也延长了，人们既可以在数字阅读中掌握实用信息，提高工作生活的效率，也能从中汲取更多的文化知识。

从纸张转到屏幕，改变的不仅是我们的阅读方式，还影响着我们投入阅读的专注程度和沉浸在阅读之中的深入程度。我们在感动于阅读媒介的进步给阅读行为带来种种便利时，也不能忽略因此而带给我们的负面影响——阅读耐心的减弱、专注能力的丧失、思维能力的弱化等。每一种阅读媒介都有其适合的人群，每一个人也可以同时采用多种阅读方式加以互补，客观对待，科学选择，以形成更健康的阅读文化。

---

① 李新祥. 数字时代我国国民阅读行为嬗变及对策研究. 武汉：武汉大学，2013.

第二节　阅读推广的文化内涵

一、阅读推广的概念探讨

"阅读推广"是在"阅读辅导""阅读指导""导读"等概念的基础上发展而来的，简单地讲就是推广阅读，也称"阅读促进"。但是目前学界、业界对阅读推广的概念还没有明确而统一的定义。许多研究者都曾对此进行了探讨。

第一种定义是从教育学角度，认为阅读指导是一种教育辅导活动。

魏硕分析民国时期图书馆的阅读推广工作，认为民国时期图书馆进行阅读推广的基本内容可分为"知识的普及、识字教育、读者指导与教育、读书指导、升学指导"，以达到开通民智，提高全民素质，教育救国、教育普及的目的。[①]

《中国读书大辞典》中对"阅读指导"做了如下阐述："指在阅读活动过程中对阅读者施予积极有益的指点和辅导，以加强阅读效益的教育活动。它是培养阅读技能、提高阅读效率的必要手段。从范围上分，有课内阅读指导和课外阅读指导；从对象上分，有集体阅读指导和个别阅读指导。"这是从中小学阅读教育的角度来说。同时，它又提到"图书馆也是阅读指导的重要社会阵地"，作为一种对人们的阅读施以积极有益影响的教育活动过程，阅读指导可"充分发挥其提高阅读认识、扩大文献视野、普及检索方法和掌握阅读技巧以及倡导系统阅读的功能"。[②]

联合国教科文组织自成立之始，就倡导和组织了关于和包含阅读推广的很多活动。诸如扫除文盲、全民教育、终身学习等，这些项目以促进教育为主旨，刘

---

① 魏硕.民国时期图书馆阅读推广活动研究.长春：东北师范大学，2014.
② 王余光，徐雁.中国读书大辞典.南京：南京大学出版社，1999：327.

亮认为，其中"所包含的识字教育、培训阅读技能、激发阅读兴趣、提供阅读材料等实质上就是阅读推广"①。

林翠贤从中学图书馆阅读推广的角度出发，认为阅读推广是"以图书馆资源与服务为主要载体，通过推广阅读的观念和方法，改善青少年的阅读环境，引导他们在阅读中学习和成长，培养终身学习的兴趣与习惯"②。

金立认为，阅读指导是指在阅读活动过程中对阅读者施予积极有益的指点和辅导，以加强阅读效益的教育活动。是针对读者的个人需求，协助读者鉴别和选择适合的阅读素材，指导读者如何阅读，包括阅读内容和阅读方法的指导，以引起读者的阅读兴趣，并提升读者的阅读能力。③

鲁黎明认为，阅读推广的实质是"部分承担文化传承和社会教育职能的机构，通过各种途径和手段唤起国民的阅读意识，培养国民的阅读习惯，为国民提供阅读便利，从而促进全民综合素质的提高"④。

第二种定义是从传播学角度，认为阅读推广是一种文化传播活动。

张超认为："阅读推广就是指把阅读这一富含动态特征的思维活动作为一个作用目标，然后通过某种特定渠道或者方法，改变阅读的作用区域及其影响范围，使它的受众更容易、更简单地接受它、参与它的一种文化传播活动。"⑤

刘开琼认为，推广即扩大事物使用的范围或其作用的范围，阅读推广是将阅读这种认知过程向更广的范围传播，使更多的人参与阅读活动。⑥

谢蓉认为，阅读推广活动从本质上可以归结为一种传播活动，符合传播学的

---

① 刘亮 . 联合国教科文组织的阅读推广活动与图书馆 . 图书与情报，2011（5）：36.

② 林翠贤 . 青少年阅读推广实践研究——以华南师范大学附属中学图书馆为例 . 图书馆论坛，2011（4）：70.

③ 金立 . 近年来国内阅读指导与阅读推广理论研究与实践综述 . [2015–06–12] http://www.worlduc.com/blog2012.aspx?bid=2867106.

④ 鲁黎明 . 论阅读推广内涵与阅读推广工作原则 . 宁波教育学院学报，2015（1）：78.

⑤ 张超 . 基于创新推广理论的青少年阅读网络资源建设 . 山东师范大学，2012：11—12.

⑥ 刘开琼 . 高校图书馆阅读推广模式探究 . 图书馆研究，2013（2）：64—67.

一般原理。根据传播学理论，任何阅读推广活动不外是对推广主体、阅读者、阅读对象以及推广媒介等要素在一定时空范围内进行一定的设计、组合、组织和配置的结果，通过它们之间的相互作用，达成诸如"促进知识分享、提升精神层次、获得有用信息及愉悦身心"等阅读目的。①

方俊琦认为，从文化传播学的角度来说，阅读推介是一种阅读文化传播，因此必须从影响文化传播的要素探析阅读推介，包含文化环境建设、文化的自主性、文化传播的共同语义空间的建构、文化的互动性以及利用多元文化相结合为阅读推介提供平台等多方面要素。②

第三种定义是从社会整体的角度，认为阅读推广是以"阅读"为中心开展的各种以促进全民阅读为目标的活动总和。

胡庆连③、吕学财④认为，阅读推广就是让本地区每一个有阅读能力的人都加入到阅读行列，让阅读成为人们日常生活中不可或缺的一部分，促进全民综合素质的提高，进而构建学习型社会。于群、李国新认为，阅读推广是指通过开展各种阅读活动，向广大市民传播阅读知识，培养市民的阅读兴趣，促进全民阅读。⑤

王辛培⑥、佘起鸥⑦认为，阅读推广是图书馆、出版机构、媒体、网络、政府及社会相关方面为培养读者阅读习惯，激发读者阅读兴趣、提升读者阅读水平、促进全民阅读所开展的有关活动和工作的总称。闻德峰认为，凡是活动的目的在于培养民众的阅读兴趣，鼓励民众从事阅读行为，养成民众的阅读习惯，进而普

---

① 谢蓉.数字时代图书馆阅读推广模式研究.图书馆论坛，2012（3）：23—27.

② 方俊琦.阅读文化传播：高校图书馆阅读推介创意探究.图书馆杂志，2012（3）：110.

③ 胡庆连.公共图书馆致力"社会阅读"推广的逻辑起点.河南图书馆学刊，2009（2）：83—84.

④ 吕学财.图书馆的阅读推广活动研究.长春：吉林大学，2011.

⑤ 于群，李国新.公共图书馆业务培训指导纲要.北京：北京师范大学出版社，2012：121—122.

⑥ 王辛培.阅读推广活动机制创新研究.图书馆界，2013（1）：80—82.

⑦ 佘起鸥.基于CNKI统计的阅读推广论文分析.当代图书馆，2012（3）：64.

及社会风气，均属于阅读推广活动的范畴。①冯留燕也认为，所有以举办各类阅读活动，带动民众与图书直接接触，激发人们对书和阅读的兴趣，提高全民阅读能力和信息素养，实现让人们多读书、读好书、好读书，建立书香社会目标的阅读活动都可成为阅读推广项目。②

张怀涛认为，由于阅读推广活动涉及面广、灵活性强、可拓展空间大，所以有狭义和广义之分。狭义的阅读推广主要指围绕某一主题开展的具体阅读活动，广义的阅读推广包括以"阅读"为中心延展的各类文化活动和事业。"阅读推广"简言之就是社会组织或个人为促进人们阅读而开展的相关活动，也就是将有益于个人和社会的阅读活动推而广之；详言之就是社会组织或个人，为促进阅读这一人类独有的活动，采用相应途径和方式，扩展阅读的作用范围，增强阅读的影响力度，使人们更有意愿、更有条件参与阅读的文化活动和事业。③

从上述的分析可见，阅读推广总体上包含两层含义：一是阅读指导，即阅读能力、阅读技法、阅读心理、阅读理解等中小学课堂阅读教学的相关内容；二是阅读促进，即一种经验式的阅读文化传播，通过多元化的形式和媒介引导社会阅读，培养阅读兴趣，提升阅读素养，建设书香社会。总体而言，全民阅读推广包括三方面人文内涵：（1）对社会群体来说，各行各业、各阶层都应该是阅读推广的对象；（2）对个体来说，阅读是人生全过程的阅读，是终身学习的一种具体形式，学了之后人生才有活力；（3）对于图书馆、书店来说，是对全品种的读物进行推广，它们拥有的所有图书资源都应成为全民阅读推广的对象。④

---

① 闻德峰."国家图书馆文津图书奖"宣传推广活动在黑龙江省图书馆举行.图书馆建设，2010（11）：114.

② 冯留燕.全民阅读推广活动中的阅读推广项目运作策略研究.昆明：云南大学，2011.

③ 张怀涛.阅读推广的概念与实施.河南图书馆学刊，2015（1）：2.

④ 徐雁."新阅读时代"的新挑战和新机遇.图书馆杂志，2012（1）：108.

二、阅读推广的理论基础

（一）人的全面发展理论

人的全面发展理论源于马克思主义理论，马克思在《德意志形态》一书中，正式提出了"个人的全面发展"这一科学概念。人的全面发展具有极其丰富的、多方面的内涵，具体说来，包括以下方面：一是人的体力和智力的充分自由发展；二是人的才能和能力的多方面发展；三是人的社会关系的全面丰富；四是人的个性的自由发展；五是人的主体性的全面发展。①

概括起来主要有两个层面的含义：就整个人类社会而言，人的全面发展实质上就是人类社会从必然王国向自由王国的过渡，它强调的是人的社会化程度，即整个人类社会在经济、政治、文化各方面的全面发展，社会物质文明和精神文明的高度协调的发展。就作为个体的人而言，全面发展强调的是人的个性化程度，即作为个体的人在各个方面的全面发展，物质生活和精神生活的全面协调的发展，世界观、人生观、价值观的全面发展，身体素质和心理素质的全面发展，人格、智力、能力、体力、创造力的全面发展，等等。

个人的全面发展，包含身心两方面的发展。在身心的发展中，精神素质的提高、精神生活的丰富和身体素质的提高，物质需要的满足，都是不可缺的。就人的需要层面而言，人的全面发展是物质生活与精神生活全面发展的高度统一。所谓物质生活的全面发展，是指不断满足人的物质文化需要，实现人的物质文化生活的高质量、高水平的发展，是人的外在发展。所谓精神生活的全面发展，主要是指人的科学文化素质和思想道德素质的全面发展，相对于人的物质生活而言，它是人的内在发展。这种内在发展，既是社会发展的基础和条件，也是人们追求的生命质量和生活质量的更高目标和现代标志。

---

① 宋秀红，郑洁.论人的全面发展理论及其在思想政治教育中的运用.探索，2004（3）：93.

马克思主义关于人的全面发展的理论为我们重新审视新形势下的阅读推广提供了一个更宽阔的视野——阅读是实现人的全面发展的重要途径。精神生活的发展并非完全与物质的发展同步，目前，人们的物质生活水平提高了，而人们的精神生活和价值观念却没有跟进，离一个真正成熟的人的全面发展的社会还有很大差距。在社会现代化背景下，提升人的生活质量，促进人的全面发展，将在更大程度上要通过改善精神生活来实现。只有在进一步提高人们物质生活水平的同时努力提高人的精神素质、丰富人的精神生活、满足人的精神需要，才能更好地促进人的全面发展。而阅读推广即是提升人们精神生活质量的重要途径。

（二）生命教育理论

生命教育理论的兴起，源于人们对现代社会生命价值观失落的反思：一方面，社会高度发展，科学技术日新月异，物质生活极大地丰富；另一方面，人逐步异化为金钱至上的经济动物，人与自我、人与他人、人与自然、人与社会的关系越来越疏远，出现对生命的漠视，进而引发社会的精神危机，并逐渐腐蚀着人的灵魂。

1968 年，美国学者杰 · 唐纳 · 华特士（J.Donald Walters）首次提出了生命教育的思想[①]，他创立的生命教育理念受到了人们的高度重视。生命教育是一个发展的概念，也是一个内涵丰富的概念。广义的生命教育是以学生的生命活力为基础，以承认不同禀赋、性格和能力差异为前提，以倡导人的生命与自身、自然、社会、他人整体和谐为目标，通过良好的教育方式，唤醒人的生命意识，启迪人的精神世界，开发人的生命潜能，构建人的生活方式，激发人的生命活力，提升人的生命质量的活动。

生命教育理念主要包含以下内容：（1）以生命为核心，倡导生命关怀，提升生命价值；（2）以平等为前提，尊重生命的多样性和独特性；（3）以回归生活为基点，坚持生命教育无痕；（4）以和谐为目标，营造健康的生命环境；（5）以自

---

① 郭成，于锡金 . 生命教育的理论渊源与发展进程 . 沈阳师范大学学报（社会科学版），2007（3）：108.

主探究为路径，促进个体生命全面充分、可持续发展。

阅读的过程就是读者与作品的感情内涵产生程度不同的共鸣的过程①，从而改进认知与处世态度，思索生命的意义，明确人生的目标，寻找出自己存在的价值与定位，提升生命的质量，进而提升国民整体素质。这正是生命教育所要达到的目的。阅读推广中的阅读疗法通过阅读促进身心健康，提高应对各种外界影响的能力，其内隐性和保护性方式易于推行和被接受。更重要的是，通过阅读获得生命教育的涵养后，知识技能可以用来服务社会，而不是被拿来戕害社会。

（三）终身教育、终身学习、学习型社会理论

终身教育、终身学习和学习型社会三大理论是人类社会发展的必然产物。②人的一生中，多数时间是在无外界强制下的自主学习，这种自主学习使人的潜能得以激发。古人有言："少而好学，如日初之阳；壮而好学，如日上中天；老而好学，如秉烛夜行。"这里的"好学"，主要指终身的、持之以恒的个人阅读，即终身阅读。

1972 年，联合国教科文组织国际教育发展委员会在《学会生存》一书中，第一次提出了"终身教育"这一概念；其在 1976 年《关于成人教育发展的报告》中，与"终身教育"并列又提出"终身学习"的概念。2002 年，党的十六大提出了"形成全民学习、终身学习的学习型社会"。所谓全民学习，应该是人人学习、处处学习，而所谓终身学习也就是人的一生时时学习。而"终身阅读"作为"全民学习""终身学习"的重要一轴，具有重要意义。学习型社会在某种实际意义上，就是阅读型社会，阅读推广所承担的任务又是何等的光荣和神圣。

阅读能力是获取知识的基本前提，提高阅读能力是终身学习的需要，是建设

---

① 邓莉菊.文艺书刊阅读与大学生健康心理素质教育.广州市经济管理干部学院学报，2001（1）：80.
② 丁林兴.读书论——"营造书香校园"的理论与实践研究.苏州：苏州大学出版社，2011：168.

学习型社会的基础。随着社会环境和阅读形势的变化，目前社会阅读呈现出阅读行为短期化、阅读内容图文化、阅读形式网络化、阅读行为被动化、阅读活动概念化等新特点，更加需要通过有序的文化导向活动有效地组织和指导阅读。

（四）接受美学理论

"接受美学"这一概念是由德国康茨坦斯大学文艺学教授汉斯·罗伯特·姚斯（Hans Robert Jauss）在 1967 年提出的。接受美学有两大研究方向：一是以姚斯为代表的"接受研究"，着重于读者研究，强调读者在阅读活动中的决定性因素，关注读者的期待视野和审美经验；一是以沃尔夫冈·伊瑟尔（Wolfgang Iser）为代表的"效应研究"，着重于文本研究，关注文本的空白点和召唤结构，强调读者与文本的"交流"和"对话"。①接受美学的核心是从受众出发，从接受出发。一个作品，即使印成书，在读者没有阅读之前，也只是半完成品。美学实践应包括文学的生产、文学的流通、文学的接受三个方面。

接受美学反对孤立、片面、机械地研究文学艺术，反对结构主义化的唯本文趋向，强调文学作品的社会效果，重视读者的积极参与性接受姿态，从社会意识交往的角度考察文学的创作和接受。接受美学对文本和读者主体地位的研究理论，为人们认识阅读提供了一个全新的视角，并为阅读推广指明了方向。科学全面的阅读推广工作必须既符合阅读规律和读者身心发展，能激发读者的想象和创造性思维，又能行之有效地影响读者阅读，重视读者信息反馈，加强与读者互动。

（五）传播学理论

传播学理论较具代表性的主要有勒温（Kurt Lewin）的守门人理论、威尔伯·施拉姆（Wilbur Lang Schramm）的传播模式论、哈罗德·拉斯韦尔（Harlod Dwight Lasswell）的五 W 模式理论和霍夫兰（Carl Iver Hovland）的个人差异论等。这里主要根据拉斯韦尔的五 W 模式对阅读推广活动进行解析。

---

① 杨沉，张家武. 接受美学对网络阅读的启示. 图书馆建设，2012（7）：44.

美国学者哈罗德·拉斯韦尔于 1948 年在一篇论文《传播在社会中的结构与功能》中，首次提出了构成传播过程的五种基本要素，并按照一定结构顺序将它们排列，形成了后来人们称之"五 W 模式"或"拉斯韦尔程式"的过程模式①。

这五个 W 分别是英语中五个疑问代词的第一个字母，即：Who（谁）–Says What–（说了什么）–In Which Channel（通过什么渠道）–To Whom（向谁说）–With What Effect（取得什么效果）。这一理论从内部结构上分析了传播过程的诸要素；从外部功能上概括了传播活动的社会作用，它不仅是很多传播学模式的基础，也完全能够用来总结和解释阅读推广的整个过程。

阅读推广活动就其本质而言，是一种传播活动。运用传播学"五 W 模式"理论对阅读推广活动进行解析，可以带来科学、实用的思维，比如阅读推广受众研究、如何推广阅读、如何促进双向互动、推广效果研究等等。参考、借鉴和利用传播学理论指导阅读推广活动的开展，可增强推广效果，更好地实现各类阅读推广活动的目的。

三、阅读推广的相关要素

在阅读推广中，包含以下三大要素：阅读推广主体，即阅读推广者；阅读推广对象，即各类读者；阅读推广客体，即阅读推广的内容。

（一）阅读推广主体

阅读推广主体即阅读推广者，是指在阅读推广过程中发起并承担主要责任与义务的社会组织或个人，包括各种阅读推广活动的倡导者、组织者、实施者、支持者等。研究阅读推广主体，主要是要明确"谁来推广"的问题。

王翠萍等在对中美阅读推广工作进行比较研究中，将阅读推动力量分为五类，即"各级政府机构""专业学会、民间社团等学术团体""教育机构""图书

---

① 姜利华.基于五 W 传播学理论的图书馆阅读推广研究.图书馆学刊，2014（11）：60.

馆、出版、传媒等文化机构""家庭"等。①黄文镝在概述近年来我国社会阅读活动时，提出上自政府，下至出版机构、媒体及社会相关人士都起着积极的作用，成为推动社会阅读活动的主要力量，主要有政府部门、专业学术团体、图书馆与出版团体、教育部门、民间社团五种主要推动力量。②王玉波提出，应引入社会各方力量积极参与阅读推广，他归纳为"政府""文化部""媒体""阅读推广委员会""出版社、书店""企业、协会""各类图书馆""广大民众"八种力量。③张怀涛认为，阅读推广主体涉及不同的社会力量，每一种社会力量都是显在的或潜在的阅读推广力量。从纵向上看，阅读推广主体分布在从国际组织到社会个体的各个层级，有国际组织、国家以及各级政府、社区、家庭、社会个体等；从横向上看，阅读推广主体分布在社会各个行业和领域，有教育机构、出版机构、书店、图书馆、民间组织、虚拟阅读社群、企事业单位、媒体、服务业等。④

　　在学界提出的主要推广力量中，政府、图书馆、出版发行机构、传媒机构出现频率最高；其次是学校、企业、民间阅读组织、专业学术团体；最后是社区和家庭。综上所述，我们将阅读推广的主体归纳为五种：一是政府机构，二是教育机构，三是图书馆、出版社、书店、媒体等文化机构，四是学术团体，五是民间组织。

（二）阅读推广对象

　　阅读推广的对象即阅读推广的目标群体，主要是要明确"向谁推广"的问题。不同的推广对象由于年龄、性别、教育背景、经济水平不同，他们的阅读习惯、阅读能力、阅读方式、阅读需求也不尽相同。因而，有必要清楚地了解不同读者群体的阅读特点，以便开展符合其特点的阅读推广活动。我国阅读推广对象按年

---

① 王翠萍，刘通.中美阅读推广比较研究.情报资料工作，2012（5）：96—101.

② 黄文镝.近年来我国社会阅读活动概述.图书与情报，2010（3）：30—35.

③ 王玉波.我国的阅读推广研究进展.大学图书情报学刊，2012（3）：75—78.

④ 张怀涛.阅读推广的要素分析.晋图学刊，2015（2）：1.

龄和特点大体可分为未成年人群体、成年人群体和弱势群体。

1. 未成年人群体

在我国，未成年人是指未满 18 周岁的公民，可按年龄分为儿童（0—7 周岁）和青少年（7—18 周岁）。长期致力于全民阅读推广工作的徐雁教授提出："阅读推广的前途在少儿。"少儿阅读推广必须成为重中之重。

儿童。儿童时期处于启蒙阶段，是一个人奠定阅读习惯的基础阶段。阅读是儿童进行一切学习的核心和基础，是培育心智的最佳途径。儿童阅读推广的重点在于培养阅读习惯、阅读兴趣和阅读能力，这一时期的阅读推广可着力于绘本阅读和亲子阅读，以书为媒，以阅读为纽带，让孩子和家长共同分享多种形式的阅读过程，循序渐进地培养孩子的阅读兴趣与能力。

青少年。青少年时期是养成阅读习惯的关键期，这一时期正是他们学习科学文化知识与文明道德的黄金时期。在学校课业学习之外，通过开展阅读推荐、阅读方法和技巧教育，可引导青少年发掘阅读乐趣，激发他们的阅读需求，促使他们成为有思考能力的读者，发展多元的文化能力。青少年阅读推广的关键是培育阅读的主体性和自主性，使阅读成为青少年生活学习中的重要组成部分。

儿童读书图

2. 成年人群体

成年人一般指 18 周岁以上的公民。成年人作为社会的主力军，是全民阅读活动的最广泛基础，他们的阅读程度直接影响着社会的进步和发展。因此，开展成年人阅读推广是促进全民阅读的必要手段和途径。阅读推广中需要着力引导他们多读与本行业密切相关的书，提高专业素养，开展经典阅读，培育个人高尚情趣，让"活到老，学到老"成为自觉行动，形成浓厚的社会阅读氛围。

大学生。高校是人才培养基地，承担着为各行各业培育基础力量的重任，但是目前大学生的阅读存在阅读范围窄、阅读层次浅、功利性阅读倾向严重等问题，这些问题影响着其思维方式和行为习惯。高等教育的目标是把普通人培养成有文化修养的、符合时代要求的、德才兼备的社会人，针对大学生群体的阅读推广，应重视和尊重大学生的阅读目的，培养阅读兴趣，引导他们的阅读内容，发挥好自身"第二课堂"的作用，塑造完美的人格和美丽的心灵。

女性。2008 年，《出版商务周报》发表《女性阅读：市场崛起关怀失位》，认为关注阅读、倡导阅读，首先更应该关注和倡导女性阅读。女性阅读在提升自身文化修养的同时，还具有一种传递的作用，直接影响着下一代的阅读习惯好坏和阅读素质高低，在整个阅读活动中的地位是举足轻重的。曾任中国图书馆学会秘书长的汤更生，把"母亲阅读"看作是走向"阅读社会"的第一步。她强调说，如果我们积极关注母亲阅读，关注母亲影响下的孩子和未来的母亲，那么"三代人"之后，我们的"阅读社会"就有希望了。推广女性阅读，不仅可以提升女性自身的素质修养，而且可以推动家庭阅读和亲子阅读的更深层次发展，进而推动全民阅读。针对女性群体的阅读推广，要关注女性文化视角，重视女性阅读倾向，开展女性读者活动等。

老年人。随着老龄人口的快速上升，老年人将成为阅读推广中不能忽视的群体。《国务院关于加快发展养老服务业的若干意见》中提出，到 2020 年，全面建成养老服务体系，其中包括"精神慰藉"等养老服务覆盖所有居家老年人。老年人阅读不仅仅是为了满足文化娱乐需求，他们希望参与社会沟通、了解社会资讯、提升生活情趣和休闲品质，以保障他们充实、健康、有尊严的老年生活。丰富的生活阅历有助于提高老年人阅读的品质，进入老年阶段的阅读不再是达成某种目的的工具，而是丰富生活内容、享受生命愉悦的过程。针对老年人群体的阅读推广，要考虑老年人的生理状况和心理状态，引导他们进入人文阅读、创造性阅读甚至生命阅读的境界，真正做到老有所乐，老有所"读"。

3. 弱势群体

弱势群体，简单地说就是在政治、经济、文化方面处于弱势地位的人群。国际图书馆协会联合会早在 1931 年，也就是国际图联成立 4 年后就成立了"图书馆为弱势群体服务部"，倡导图书馆应为一个地区的所有因为各种原因不能利用正常服务的用户提供信息和服务，并将弱势群体界定为医院病人、监狱犯人、养老院和其他福利设施内的老年人、不能离家外出的人、聋哑人和身体残疾者等。[①]

参考国际图联对弱势群体的理解，并结合我国具体情况，可将我国阅读推广的弱势群体划分为如下三种类型：经济上处于弱势的群体，尤其是贫困人群，主要是城市的三无人员，农村的五保户，城镇的下岗、失业和停产、半停产企业的职工；地理环境处于弱势的群体，主要是指我国的广大农村人口，尤其是西部地区的农民，以及部分少数民族；身体残疾者，主要包括听力语言残疾者、智力残疾者、肢体残疾者、视力残疾者、精神残疾者、多重及其他残疾者等。

弱势群体在社会中处于不利的地位，社会通常更多地注重对他们在物质及经济上的援助，而忽略了他们在精神文化生活上的需求。因而弱势群体是最需要通过阅读获得知识财富和情感慰藉的对象。针对弱势群体的阅读推广，要注意倾听他们的声音，注重他们的需求，采取区别对待的原则，提供不同的阅读推广活动。要平等地对待弱势群体，不能怀着救世主的心态、居高临下地怜悯弱势群体，更不能片面宣传、强化强势群体的价值观，并把这种价值观强加给弱势群体。

（三）阅读推广客体

阅读推广客体是阅读推广的内容，即向读者推广什么。本书将其总结为以下

---

① 谭英 . 弱势群体呼唤公共图书馆服务 . 图书馆建设，2004（3）：10.

三大内容：阅读资源推广、阅读方法推广与阅读理念推广。

1. 阅读资源推广

阅读资源是阅读推广最直接的内容，是阅读推广的物质基础。缺少阅读资源的阅读推广是无源之水、无本之木。进入信息社会以后，除了传统的纸质阅读资源，越来越多的电子阅读资源汇聚成信息海洋，网络阅读、手机阅读日益流行，人们的阅读观念发生了巨大变化，在阅读资源的选择上也出现了多元意见。

（1）纸质阅读 VS 数字阅读

传统纸质阅读作为存在时间最长、影响人类最深远的阅读方式，已有数千年的历史。随着计算机的普及和数字技术的广泛使用，作为时代和技术产物的数字阅读应运而生，传统纸质阅读虽然是重要的阅读方式，却再也不是唯一方式。伴随着数字阅读的出现及迅速发展，人类阅读史上最大的一次变革也随之出现。

有人说纸质文字阅读是一种理性阅读，有着数字阅读所无法比拟的严肃性和庄重感，让你不由自主地肃然起敬，阅读心理也会随之变得严肃。且纸质书的系统性强，认认真真把一本书读下来，相当于接受一套完整信息，这才算得上是深阅读。而随着读"书"转换到读"屏"，人类能接收到的信息量以爆炸性的速度增长，为获知尽可能多的信息，囫囵吞枣式的浏览式阅读逐渐代替以往细嚼慢咽般的传统式阅读，获得的是碎片化的信息，因此从效果上说，数字阅读属于浅阅读。

然而，阅读效果的深浅真的是由介质决定的吗？事实上，关键在于读的人，与介质如何无关。纸本阅读未必是"深阅读"，而网络阅读也未必是"浅阅读"。历史告诉我们，媒介更替与信息的传播总是密切相关，而每一次新媒介的出现，都促进了信息的传播与接受。语言文字之于"结

kindle数字阅读

绳记事"，竹简之于龟甲，纸张之于竹简，莫不如此。①

徐雁教授总结出信息社会"和谐阅读"的新理念——"左书右网，并行不悖；前语后文，流畅对接"。其中"左书右网"就是要把经典性、人文性纸本印刷型读物与网络阅读和谐协调起来。徐教授提倡，一个良好的文化之家，是除了要有"机房"，还该着力布置好一间四壁琳琅的"书房"，因为这才是一个家庭"读书种子"发育的人文沃土。在"数字化空间"之外，营造一个"雨余窗竹琴书润，风过瓶梅笔砚香"的传统书香境界，应该成为当代"学习型家庭"的基本追求。②

提倡全民阅读，阅读资源是什么形式并不重要，重要的是对阅读兴趣的培养和阅读习惯的坚持；而且，阅读推广非但不能只重视纸质阅读的推广，还应为读者提供随时随地可以进行数字阅读的平台。只有让阅读变得触手可及，才能更好地创造全民阅读的氛围和环境。

（2）经典阅读 VS 时尚阅读

网络阅读、手机阅读日益流行，无论中外，经典阅读均受到了严重的冲击，人们对于经典阅读的兴趣越来越弱。

何谓"经典"？经典是经过时间挑选后留存的精品，是打败了时间的文字，经得起不同时代、不同人群从不同的角度去解读，每个人都能够从经典中收获自己的阅读体验。博尔赫斯（Jorge Luis Borges）说："经典是一个民族或几个民族长期以来决定阅读的书籍，是世世代代的出于不同的理由，以先期的热情和神秘的忠诚阅读的书。"卡尔维诺说："经典是每次重读都像初读那样带来发现的书；经典是即使我们初读也好像是在重温的书。"经典一般是经过了历史选择的、最有价值的书，具有权威性或者典范性，且经久不衰。阅读经典有助于从传统文化

---

① 卞清波 . 更有利于深阅读的是数字阅读而不是纸质书阅读 . [2015-06-20] http://www.chinaxwcb.com/2015-01/12/content_309685.htm.

② 徐雁 ."阅读新概念"：左书右网，前语后文 . [2015-06-20] http://szsb.sznews.com/html/2009-06/24/content_672648.htm.

中汲取精神的力量，对于文化传承与人文修养具有重要作用。

何谓"时尚"？时尚就是流行，时尚阅读就是快餐文化的阅读，快餐文化的特点是新鲜、刺激、前卫、时尚、变幻莫测、存在周期短，缺乏对心灵的震撼力及指导性，不注重深厚积累和内在价值，往往缺少实际意义。例如沸沸扬扬的"网络文学"，其实大多数并没有给我们的社会和人生带来多少严肃的、深邃的、全方位的思考，而只是一些私人话语的无序展示和群体语境的重复交流。这当然也是偏激之言，但的确击中要害。大部分与流行、时尚相关的阅读都与精神、灵魂、思想、哲学、生命本质无关，只是一场"瘟疫"，而抵抗的最好方式是重返经典阅读之乡。[①]时尚阅读表现在什么时尚读什么、什么畅销读什么，影响了自身对价值的认知和判断。

经典阅读与时尚阅读并不是水火不相容的。阅读本身是一个渐进的过程，有很多读者正是从时尚阅读开始，慢慢走向经典阅读的。但是，经典阅读必须成为社会阅读的主旋律。人生短促，时间与精力都十分有限，所以读书不能没有选择。读肤浅的书，人会跟着肤浅，其乐短暂；读不朽的经典，获得心灵的震撼，其益无穷。经典之所以成为经典，是因为它是人类最优秀思想的记录与保存，经得起不同时代的不同人群从各自不同的视角去审视、诠释与理解。经典是读不完的，常读常新，它能够把自己的生命延伸到更为久远的历史生活中去。[②]

经济学家路德维希·冯·米塞斯（Ludwig von Mises）曾有一个理论："在一个消费水平不高的社会群体中，如果过度地依赖大众群选，那么自然会诱导生产者顺应消费需要，生产出档次较低但产量较高的批量产品，这对于生产者与流通者来说，都意味着潜藏有灭顶之灾。"[③]这一理论用来反思全民阅读推广的内容，显然有着非常重要的警示意义。文艺接受美学有一个基本原理，在不分众的人群中，一次成功的信息传播必须要以知识结构最底层的受众为标准。简而言

---

① 关耳.经典阅读与"流行阅读".教育艺术，2004（6）：48.

② 崔波.大学生阅读文化经典的意义与途径.天中学刊，2009（2）：127.

③ 韩晗.警惕"全民阅读"走向"全民低俗".出版广角，2013（13）：31.

之，产业化的文学、影视产品在"全民阅读"的口号下，很容易迎合低俗、浅陋的受众需求。

我们必须要直面"全民阅读"背景下的大众阅读倾向，要重视阅读质量，引导"经典阅读"；而非为追求阅读数量，盲目迎合"时尚阅读"。当然，在倡导经典阅读的同时，并不完全排除对流行时尚阅读的选择，而是提高民众对读物的鉴赏能力和审美能力，提升民众自身对庸俗文化的抵抗力，趋利避害。"全民阅读"若是走向"全民低俗"，势必违背了"全民阅读"的初衷。

（3）深阅读与浅阅读

阅读，是人类学习知识的有效方法，获得生命体验的重要方式，传承优秀文化的必要途径，提升人文涵养的关键因素。在进入信息化、网络化的今天，阅读发生着深刻的裂变，以网络浏览为主要手段的"浅阅读"，以图文书刊为主要对象的"轻阅读"，以博览群书为主要特征的"泛阅读"正在取代"深阅读""精阅读"和"经典阅读"，成为当今时代大众阅读的潮流。深阅读、浅阅读问题受到了普遍关注，更多的文化人士则在担心海量阅读背后的肤浅性和功利性。

深阅读一般指知识性、探究性阅读，在阅读中注重个人对文本的理解，注重知识的探究。深阅读能培养人们的思考能力、逻辑能力和感悟能力，能让人们更深刻地领悟知识，汲取营养。浅阅读则是相对"深阅读"而言的一种浅层次的阅读，多是休闲性、实用性阅读，通过阅读获取一些时尚、趣味、新颖的信息，以拓展视野、扩大知识面。虽然"浅阅读"遭到了众学者的否定与摒弃，但它也是一种有效的阅读方式，具有一定的人文价值。"浅阅读"可以激发阅读兴趣，让阅读者发现什么才值得深阅读，而"深阅读"所培养的思考习惯，能使浅阅读的选择更为精细和准确。我们要正视它存在的必然性，挖掘它存在的价值，引导它的发展方向，逐渐将"浅阅读"当作阅读活动中经历的一个趋向高阅读品位的初级阶段，以此来引导大众进入深度阅读、高文化品位的阅读。

正如李晖所说：如果我们一直停留在"浅阅读"的层面，我们这个民族的智力水平、创造能力、审美能力将停滞不前，我们这个民族就难以吸收最有深度、最有价值的思想；如果一味提倡"深阅读"，将提高阅读的门槛，在竞争激烈、快节奏的社会环境下难以激发大众的阅读兴趣，近年来，我国国民阅读率持续走低已证明了这一点。

"深"与"浅"不是我们最该争论的问题，如何培养大众由"浅"入"深"的阅读习惯，激发大众由"浅"入"深"的阅读欲望，才是阅读推广最该深思的问题。"全民阅读"背景下的阅读推广工作，更应重视对大众阅读素养的培养和阅读质量的提高，而不仅仅是对阅读者数量、阅读资源数量的追逐。相信经过多方努力和正确引导，"浅阅读"一定可以延伸为"深阅读"。

2. 阅读方法推广

阅读方法是读者指向阅读并以此获取知识的工具，合适的阅读方法是逾越阅读障碍、取得良好阅读效果的有效措施。阅读方法有很多种，不同的书籍、不同的文体、不同的目的……需要的阅读方法也各不相同。

（1）三大读书方法：悬疑解疑式、结网式、提纲挈领式

古今中外的读书方法多至数十上百种，在如今这个知识爆炸的时代如何读书，我们主推三种读书方法："悬疑解疑读书法""结网式读书法"以及"提纲挈领式读书法"[①]。徐雁教授认为，学贵有疑，学问就是在求疑解疑中不断积累起来的，悬疑解疑读书法因此也被称为"悬测式读书法"。它有两种路径：一是在求学求未知的过程中发现疑问，于是带着求索的精神进一步阅读、思考直至恍然大悟；二是在开卷之初，先对后文描述的书内情节，闭目进行一番预测猜想式的琢磨和推导，然后在实际阅读中再加以对照和修正，从而在获得真正解读的同时实现深度理解。同时，在求解疑问的过程中，必然会产生"学然后知不足"的缺憾状态，这时候更广泛、更深入阅读的内在需求便油然而生，于是"结网式读书法"便浮出水面。徐雁教授说，知识似海，需求如网，借助一环扣一环的阅读，顺线摸鱼，才能在有机的学海中，不断拓展知识面，构架合理的知识结构和学识体系，并捕获真正属于自己的心得和感悟。然而，书富如海，如何才能有效地"化公为私"，

---

① 王萍. 做一个"读万卷书，行万里路"的阅读推广人 . [2015–06–20] http：//xhsmb. com/20140801/news_11_1.htm.

将公共的知识、学识消化并转化成为自己的"真知"和本领？这时，"提纲挈领式读书法"便展现出了其一技之长。所谓"纲"，就是渔网的总绳；"挈"就是提起来的意思。这要求人们在读书时要善于明其宗旨、晓其大义、悉其底蕴，将一部书的要义简明扼要地把握住，这是一种教人把书读细、读薄，进而读"活"的方法。

（2）博览与精读

阅读还要正确处理博览与精读的关系。博与精皆是读书的有效方法。博览即泛读，也指一般性阅读，意在追求对作品的整体理解以及阅读速度，不追求深层次的理解。精读指深入细致地研读，认真读反复读，逐字逐句地深入钻研，透彻理解读物中的语句和思想内容。有人说阅读要"博"，如儒家经典之一的《礼记·中庸》所言，人要"博学之"；有人说阅读要"精"，如宋代朱熹（1130—1200）说，"泛观博取，不若熟读精思"；有时即使在一个人嘴里，却出现似乎截然相反的两种观点，如明代的胡居仁（1434—1484）既说"学贵博"，又说"知贵精"。读书，既要博，又要精。怎样才能做到这一点呢？

梁启超（1873—1929）先生的做法值得借鉴：每日所读之书，最好分两类：一类是精读的，一类是涉览的。因为我们一面要养成读书心细的习惯，一面要养成读书眼快的习惯。心不细则毫无所得，等于白读；眼不快则时间不够用，不能博搜资料。诸经诸子《四史》《通鉴》等书，宜入精读之部，每日指定某时刻读它，读时一字不放过，读完一部才读别部；想抄录的随读随抄。另外指出一时刻，随意涉览，觉得有趣，注意细看，觉得无趣，便翻次页；遇有想抄录的，也俟读完再抄，当时勿窒其机。[①]

而美学家李泽厚的办法是，通过泛览达到博，在泛览的基础上挑几本精深的书来读，达到精。他上中学时，书看得相当杂，最爱读的是文学作品，对鲁迅、冰心的作品尤其感兴趣。但这并不妨碍他对自然科学的爱好。中学数理化考试，他的成绩常常是第一名。但是，仅仅这样广泛的涉猎，还不足以使人成才。于是，

---

① 梁启超．梁启超全集．北京：北京出版社，1999：4243.

他又找来一些与自己研究方向有关的内容精深的书籍，认真地进行研读。他从马列主义著作中学到了研究问题的立场观点和方法，从黑格尔的著作中学到了深刻的思考方式，鲁迅著作更使他得到了莫大教益，对于他研究美学具有巨大的指导作用。李泽厚深有体会地说："这类书不用多，挑几本精读，读了以后顶许多书。正如培根所说，有的书要细嚼，有的书要快读，有的书只要尝尝味就可以了。"

李泽厚的读书方法，对处理博与精的关系颇有帮助。精读就是在博览的基础上，对所选定的作品反复研读。茅盾（1896—1981）在《创作的准备》一书中说："诵读宜博，而研究则宜专。"阅读的经验表明，只有精读才能准确地把握作品或论述的主旨和底蕴，并从中吸取有益的养分，从而达到学以致用之目的。

精读要取得事半功倍之效，还须在阅读时切实做到"精思"。朱熹云："大抵观书先须熟读，使其言皆若出于吾之口。继以精思，使其意皆若出于吾之心。"[1]可见，只有精思才能领悟文意，也才能谈得上真正的精读。

（3）推荐书目、影响书目与畅销书目

从书林学海中筛选出好书佳作和经典名著，进行各界人士皆宜的读物推广，在这方面，推荐书目、影响书目、畅销书目等导读书目有着事半功倍的作用。

"推荐书目"是为指导读者读书治学或普及文化科学知识，选择适合特定读者群所需要的书籍而编制的一种目录。推荐书目通常要有简明扼要的前言或说明，以叙述编制目的、用途、意义、内容、结构和使用方法，此外还应具有以下五方面的特点：有明确的读者群和特定用途，往往具有现实性和针对性；所荐图书的深浅程度，要基本切合当时社会文化教育的水平和读者的知识需求；所荐图书都需经认真比较、仔细筛选，通行性强，便于读者借阅或购买；所荐图书著录项目齐全并具有一定的逻辑顺序，以便读者循序渐进地学习；所荐图书须撰有简明提要，通过介绍每部入选图书的内容特点，实现导读的功能。

"影响书目"是以一部具体图书对人类历史生活的影响程度而遴选出来的书目，是最具社会影响和公众号召力的书目类型，它主要有六大特点：回溯性，必

---

[1] 张运辅.论读书"精读"的妙趣.老人天地，2004（2）：33.

定选材于已经问世并经过一定的时间检验的图书；内涵性，这些图书必须具有深厚的知识内涵，为时人和后人所认同；特定性，遴选主体应设定严格的取舍标准；影响度，对选取的图书所曾有过的影响应做出描述性的衡定或定量化的排比；轰动性，影响书目一经选出，势必会引起文化学术界、大众媒体及社会公众的普遍注意；推荐意义，影响书目一旦向社会发布以后，将对公众产生强大的推荐作用，强化其接受意向。

"畅销书目"，是指在特定时间内以书店或书市等图书营销市场上的销售记录为依据，进行量化统计后公布的行销数量最多的图书。"畅销书排行榜"的统计与排名，多以达到某一最低销售量为标准，按其行销量的多寡为序排列，大多分为"小说类"和"非小说类"。其中，美国《纽约时报》的"畅销书排行榜"最负盛名。"畅销书排行榜"与"影响书目"相比，虽然同样具有对图书的选择性和排比性，但两者的依据却是极不相同的。前者依据的只是市场"营销量"，犹如人们常说的红极一时的"俏书"。而后者所关注的，则是图书的思想内涵及其"影响度"，也就是人们日常所说的是否属于数代读者都推崇的"名著"。

在当今信息网络化时代，学海浩瀚，书林莽苍，信息泛滥，知识爆炸，读者亟须获得有效的检索手段和指导工具，以便在信息海洋和知识山林中寻找到阅读方向。而上述各种书目，常常因时、因地、因对象、因需求的不同而组合性地发生着各种不同的功用。

3. 阅读理念推广

理念是行动的灵魂，正确的阅读理念对人们的阅读起着引导作用。徐雁教授提出的"文学阅读理念"和"大阅读理念"，对于指导全民阅读推广具有重要意义。

（1）文学阅读理念

高尔基于 1928 年提出"文学即人学"这一命题，因其内涵深刻而又表述简明的特质，受到欢迎和认同。文学是一种用文字来描摹、概括和塑造典型人物形象、典型事物场景，以反映或重现人类社会生活中人与人、人与环境的艺术形式。文学创作来源于人类社会生活，又须高于生活，它得力于作者的语文艺术、生活积累乃至思想感情色彩的生动表达，其终极关怀，乃是在于对世道人心发生影响。①早在上个世纪二三十年代，清华大学教授吴宓曾经针对民众中"不习文学"者，提出过文学阅读的十大功用：涵养心性、培植道德、通晓人情、熟谙世事、表现国民性、增长爱国心、确定政策、转移风俗、造成大同世界和促进真正文明。他认为，"一切优秀文学都在宣扬与体现人的规律"，即人性和理性。

文学好书是增知益智的养料。在中外古今林林总总的书籍中，无论是诗歌、散文，还是戏剧、小说，读者的目光都可能被其具体、生动、典型的形象所吸引，并在心灵上发生理解、感染、共鸣、领悟乃至移情等一系列审美情绪。阅读中外文学，尤其是其中经历了一定时间长度和相当空间跨度的检阅过的"文学好书"，读者在人生经验、温情、信念、慧见和启迪等心智上的收益，将是丰富和多元的。在文学作品中，人生的失败教训和成功经验，往往都会得到典型性的文学形象再现，而善读书者，也就是要善于汲取作品所蕴含着的作家想要表达的人生智慧。另一方面，文学好书所宣扬的仁义礼智、宽容博爱、慈善同情，乃至人间稀缺的仗义行侠、拯困救厄、快意恩仇，有可能疗救尘世间不幸遭受创伤的脆弱情感，乃至解放名缰利锁下的凡俗心灵，进而引导和提升人的精神，到一个能够自我抚慰平复的真、善、美家园。

文学好书更是安心宁神良药。当代知名医学人文学者、北京大学医学院教授王一方认为，至少对于一个从事医学工作的人来说，文学阅读具有丰饶的精神收获，因为它是"走向澄澈、走向纯粹，甚至神圣的精神之旅"。借助阅读来疗治人类的某种精神缺失和心理疾患，早已被古今中外的有识之士所体悟和认识，并被当作一种宝贵的精神滋补资源。图书的一些内容信息可对症入药，或转移读者对于病痛的注意力，或调适个人情绪，或抚平内心创伤。"文学阅读"的疗愈功效，主要对症的还是"心病"——即人生世间所难免产生的不快情绪和失意心理。

徐雁教授认为，深入阅读"文学好书"，是提高大众素质，构建一个人"内心和谐"、一个家庭"文教氛围"乃至一个社会"终身学习习惯"和"文化素质教养"的重要精神文明举措，关系到一个时代民众生活的"幸福指数"。因此，

---

① 徐雁.阅读的人文与人文的阅读.北京：科学出版社，2014：154.

我们期待的"书香社会"应该是一个"文学好书飘香"的世界，而可读性洋溢的"文学好书"，应该是全民阅读推广的人文基础和重要理念。

（2）"大阅读理念"

徐雁教授长期致力于全民阅读推广工作，创造性地提出了"大阅读理念"[①]。所谓"大阅读理念"，是指："阅读"包含读"有字书"和"无字书"两个概念，要善于从"无字句处读书"，善于把自己的人生，同自然山川、社会事务的知识与书本知识加以贯通、加以融合。因为书本所记录的，只是人类知识的一部分，而且往往是过去的知识；只有"观无字书，识有字理""读万卷书，行万里路"，才能让人生的见解和见识，随年龄与学识，与时俱进，成为知识经济时代的强者。其中网络浏览和网络阅读是时代赋予我们的一种掌握信息、获得知识的新的先进文化工具，已成为"大阅读理念"中不可或缺的组成部分。

对于"大阅读理念"，徐雁教授提出四大原则：读有字书，识无字理；读万卷书，行万里路；万物皆书卷，天地阅览室；从无字句处读书，与有肝胆人共事。

如何实践"大阅读理念"，徐雁教授将其化为四种阅读方法：

"读万卷书，行万里路"法。倡导读者精读一本好书，体会"读好书"的乐趣，培养"读好书"的经验后，心中自然会涌起再读"万卷书"的波澜。与读书相结合，通过行万里路，阅读无字之书，使学识与阅历相融合。

"读人物传记，得人生启迪"法。通过深入阅读传主的命运，可汲取奋发进取的精神，甚至改变自己的命运。

"看名著影视，悟文艺之道"法。借助观看由文学名著改编的影视剧，可以深入推广阅读相关好书，提高自我的文艺鉴赏能力。

"读乡土人文，得文化之根基"法。从爱乡到爱国，从爱读书到自觉接受文化的熏陶，成为文化传人。

---

① 徐雁.阅读的人文与人文的阅读.北京：科学出版社，2014：290.

第三章

阅读推广的时代背景

"一个人的精神发育史就是他的阅读史，一个民族的精神境界取决于这个民族的阅读水平。"在现代社会，阅读的作用呈现出多元化的态势，但阅读作用于精神的特质，对于学习具有至关重要的作用，使得其在个体成长、民族和国家发展上不可替代。知识经济的发展和国家竞争力的提升依赖于全民文化素质的提高，全民文化素质的提高依仗于社会阅读活动的普及和发展——建立书香社会。

　　总结 1949 年以来中国社会的阅读发展史，可以发现每一阶段的阅读历程都有鲜明的时代烙印。在阅读越来越私人化的同时，阅读的问题却日益社会化。近年来随着阅读危机的浮现，阅读受到了广泛的关注。曾几何时，专家呼吁的还是加强"大众阅读"，而"国民阅读"属于近年来出现频率增加的一个文化关键词，体现出了国家对于国民在阅读方面的导向性，也体现出国家认识到国民阅读素质与社会发展息息相关，全民阅读推广也因此成为国家的一项重要文化发展战略。

　　在本章中，我们梳理了社会阅读的历史变迁，回顾了 1949 年以来的国民阅读历程，探讨了国民阅读素质与社会发展之间的关系，并从公共阅读资源、重点人群阅读、社会阅读氛围、体制机制建设四个方面分析了当前社会的阅读形势。在新的时期，全民阅读推广工作应继续细化和深化，升级到制度的层面加以保障和调节。

第一节　社会阅读的历史变迁

一、1949年以来的国民阅读历程

将阅读历程纳入社会大背景下来考量，可以将 1949 年以来国民阅读的发展历程分为四个阶段。

（一）1949—1966年

这一阶段，阅读情绪空前高涨，但阅读随之逐渐出现禁区。

20 世纪四五十年代，出现了一段几乎人人自觉地更新旧知、追求新知的时期，阅读出现"井喷"。这一阅读热潮，主要由以下两个方面因素促成：

一是 1937 年七七事变以来，在中国本土累计长达 10 余年的战争，人们生活动荡，国内出版业凋零，国外读物进口无门，使得书籍奇缺。这种状况从西南联大图书馆极为苛刻的借阅制度可见一斑。据 1943 年《西南联大图书馆阅读指南》：学生对于馆藏书籍，一般只能在阅览室看，每次只能索书一册，借阅每册书以四小时为限；撰写论文的四年级学生，须凭论文导师书面证明，才能借阅与论题相关的书籍三册一周，若无他人需要，可续借一次。如若到期不还，除了停止借书权利之外，还须按学生管理规则予以处分。

二是社会氛围的裹挟。舒展曾写道："我们这一代人，几乎都受到巴金作品的影响和培育。当这些人写自传为什么参加革命，总会提到两本书：《大众哲学》和《家》。觉慧毅然抛弃旧家庭奔赴革命的行动，成了我们向往的榜样。"[1]正是基于这种经验，新中国特别重视书刊对人的思想、立场的影响作用，将出版活动

---

[1] 舒展 . 热血浇灌的丰碑——送别巴金 . 团结报，2005-10-22.

当作政治思想战线、文化舆论阵地来加以重视和掌握。

这一时期的阅读，明显地打上了政治的烙印，阅读主题突出地表现为三个方面：

一是马列理论著作。"过去没有占重要地位的马克思主义哲学占了主导地位。学术界广大知识分子先后接受了马克思主义的观点和方法。"[1] "学习马列主义理论，是当时每个公民的任务，特别是从事文教工作的知识分子的任务……"[2]据统计，1949 年到 1956 年，马恩列斯等著作出版了 241 种，印行 2700 多万册，毛泽东著作共出版了 48 种，印行了 6200 多万册。为扩大马克思主义经典著作的翻译工作，中央还成立了马恩列斯著作编译局。从 50 年代初开始，马克思主义的各种单行本大量印行。

二是"红色"题材的作品。这一时期，再版或新出的以土改和革命为题材的作品广为传播。例如，丁玲的《太阳照在桑干河上》、周立波的《暴风骤雨》、贺敬之等的《白毛女》、杜鹏程的《保卫延安》、杨沫的《青春之歌》、曲波的《林海雪原》、李英儒的《野火春风斗古城》、刘白羽的《早晨六点钟》、孙犁的《风云初记》《铁木前传》、柯仲平的《从延安到北京》、刘流的《烈火金刚》等。此外，中国青年出版社的"三红一创"（即《红日》《红旗谱》《红岩》和《创业史》）也受到了读者的热烈欢迎。吴运铎的传记文学《把一切献给党》一书，深受青年读者喜爱，流传广泛，作者被誉为中国的奥斯特洛夫斯基。

这些图书发行量巨大，《红岩》发行了 712 万册，《保卫延安》发行了 238 万册，《烈火金刚》发行了 252 万册，《红旗谱》发行了 217 万册。1959 年 3 月，李希凡在一篇文章中说："那时出版的几部优秀小说，像《红旗谱》《林海雪原》《苦菜花》《青春之歌》《红日》等，几乎是人手一册。"李希凡同时也提到阅读这些小说的效果："这次读红色书的运动，从精神生活上，给了我们青年人一次很深刻的阶级教育……吸引青年人以他们作为自己生活的楷模，为伟大的社会主义

[1] 任继愈.念旧企新——任继愈自述.太原：山西人民出版社，1997，12：93.
[2] 肖立，董晓萍.世纪老人的话·钟敬文卷.沈阳：辽宁教育出版社，1999：77.

建设事业而献身。"①

三是苏联文学。苏联文学在中国的传播在 20 世纪 50 年代达到高潮。1950 年新译初版的俄苏文学著作高达 38 种，再版重印的就更多了，其中苏联文学又占绝对多数。苏联文学已经从五四时期作为外来文学中很小的一部分变成几乎唯一的一种。许多苏联作家作品在中国都拥有众多的读者，例如阿·托尔斯泰的长篇三部曲《苦难的历程》、费定的《初欢》和《不平凡的夏天》、爱伦堡的《暴风雨》、盖达尔的《铁木儿和他的伙伴》、卡达耶夫的《团的儿子》和《雾海孤帆》、伊萨科夫斯基的诗集《和平颂》、希巴乔夫的诗集《爱情诗》、巴乌斯托夫斯基的《金蔷薇》、尼古拉耶娃的《收获》、马卡连柯的《教育诗》、波列伏依的《真正的人》、巴甫连科的《幸福》、阿扎耶夫的《远离莫斯科的地方》、潘诺娃的《旅伴》、斯捷潘诺夫的《旅顺口》、冈察尔的《永不掉队》、纳吉宾的《冬天的橡树》、鲍戈廷的《带枪的人》和《克里姆林宫的钟声》。这一状态一直持续到 20 世纪 50 年代苏共二十大之后，中苏关系出现裂痕，国内对苏联文学的介绍与翻译也急骤减少。

如果说，起初人们追求新知尚在自觉认同的范畴的话，那么随着针对知识界的一系列思想改造和整风运动的开展，尤其是对一系列知名学者和作家的点名批判，人们的思想随即被一种无形的力量规定了，由此直接造成了阅读禁忌的产生和治学禁区的存在。

1951 年初，结合文教界资产阶级知识分子的思想改造（俗称"洗澡"），展开了全国范围内的文艺整风运动。这也是新中国成立以来针对知识分子发起的第一个"运动"。1951 年 5 月，随着对电影《武训传》的批判，关于武训的三部书《武训传》《武训画传》《千古奇丐》被全面批判。1954 年在全国范围内展开了对俞平伯在《红楼梦》研究中的所谓"资产阶级唯心论"观点的批判，从而首开了"对复杂的学术文化问题采取群众运动解决的先例"②。

---

① 李希凡.谈谈阅读古典文学作品 // 管见集.北京：作家出版社，1959.9.

② 朱浩熙.蒋天枢传.北京：作家出版社，2002：122.

由批判俞平伯的《红楼梦》研究开始，牵涉到胡适，再到与其交好的学人。同时，胡风等人被打成"反革命集团"，波及 2000 余人。每一位置身其中的学人，或多或少都受到影响。一时间凡是被点了名批判的作家学者的著作，都要从门市和图书馆下架，进入到"禁止流通"的行列，成为人们阅读的禁忌品。甚至涉及这些人物的一些论文集、期刊，也需要经甄别以后才能出售。

20 世纪 50 年代，毛泽东对我国知识分子和青年学生提出"又红又专"的人才价值标准，即政治和专业技术相结合。但是在"宁要社会主义的草，不要资本主义的苗"的社会氛围裹挟下，这一口号和实际执行的情况就出现很大偏差。埋头苦读、钻图书馆常被看成是走"白专道路"而受到批判。

1955 年前后，出版界曾出现了一抹亮色。1954 年 4 月，中央人民政府出版总署发出通知，要求在出版工作中，注意增加书籍品种，重版一些比较有价值的、当时已经"湮没无闻"的新中国成立以前出版的书籍，并特别指出如中华书局、商务印书馆和开明书店过去印行的不少书籍。

1956 年 1 月中旬，在中共中央召开的关于知识分子问题的会议上，周恩来代表党中央郑重宣布，中国知识分子的绝大部分"已经是工人阶级的一部分"。同年 5 月 2 日，毛泽东在最高国务会议第七次会议上正式提出实行"百花齐放，百家争鸣"的方针。于是在随后一个不长的时期内，一度出现了思想活跃的读书新气象，人们阅读、思考的积极性被大大调动起来。这段时间，曾经被誉为知识分子的"早春"季节。

但是，这一态势由于 1957 年春的反右运动，以及知识分子重又被定性为"资产阶级知识分子"而中辍。反右运动的扩大化，更使得当时知识分子的社会地位急转直下，甚至妻离子散，家破人亡。而作为出书的一方，不少出版社几乎自 1964 年起，一直延续到"四清运动"和"文化大革命"结束，在"以阶级斗争为纲"的政治思想指导下，停止出版了一切中、高等文化程度的书籍读物，只出版为政治形势所需要的、以农村居民为主要对象的通俗读物。

（二）"文革"十年

这是一个几乎无书可读，但又暗流涌动的年代。

1966 年 8 月 8 日，新华社发布了《中共中央决定大量出版毛主席著作》的消息，要求全国出版、印刷、发行部门要立即动员起来，全力以赴，把出版和发行毛主席著作作为压倒一切的任务，并宣布在 1966、1967 年两年内要印行 3500 万部《毛泽东选集》的计划。此后，除毛泽东著作、毛泽东像的出版外，其他出版业务基本停顿，不少出版社的所有图书纸型都被一烧了之。在 1966 年至 1970 年间，全国出版物更是锐减到三四千种，造成了中国阅读史上千年罕见的"书荒"现象。全国的新华书店成为一片"红海洋"，除毛主席像、毛主席著作、各种开本的语录和"文革"文件之外，极少有其他图书。图书馆虽有书，却处于封存状态。1971 年被推荐进入北京大学西方语言文学系学习的段晴回忆说，"那时候，北京大学图书馆尽管藏书万卷，却处于封存的状态，特别是西方文学作品被视为洪水猛兽不对学生开放"，当时，"老师不敢教，图书不开放，现在回想起来，在那时的环境中上大学，就好像在大海边的荒滩上漫步……"，以至于当有的老师暗地将私人藏书借给她看时，起初还总是要特别交代一句："你要批判地阅读喔！"[1]

一方面，新书出版受阻，另一方面，原有的旧书不断被化浆或焚毁。

1966 年开始的"破四旧"运动风靡全国以后，一切优秀的文艺作品都沦为"毒草"。诗人屠岸回忆"'文革'开始，一位女同事的公婆因家中藏有外文书，被红卫兵诬为'里通外国'，当场打死"[2]。这样极端的例子，在当时绝非孤例。更多的人是因藏书、因读书获罪。谢兴尧先生在 20 世纪 90 年代初写的《我与书》中专有"焚书"一节，细微地写出了自己当时的真实心态：

---

① 段晴.迎接挑战 // 魏国英主编.她们拥抱太阳——北大女学者的足迹.北京：北京大学出版社，1995：363.

② 屠岸.萱荫阁沧桑 // 董宁文编.我的书房.长沙：岳麓书社，2005：79.

　　"文化大革命"突然开始，扫除"四旧"，疾风暴雨，电闪雷鸣，雷霆万钧之力，使古圣先贤无处藏躲，平常视为所有的财富资本，一夜之间变成严重包袱，此时所要考虑的是平安，顾不得身外之物，这如何是好，如何是好？头脑吓昏了，认为图书是"四旧"的罪证，只有销毁它才能安全。这样的状况从空间上说，不是一家两家，而是遍及全国各个省份；从时间上说，不是一天两天，而是长达数年。由此，不仅直接导致图书资源极度匮乏，更是釜底抽薪地给予古旧书业致命的一击，是近现代数次"书厄"中最严重的一次。

　　"文革""破四旧"之风，不仅殃及千家万户，而且祸连各地各级图书馆、单位图书室。到"文革"结束之际，中国1100处县级或县级以上的图书馆，三分之一已经关门，仅在辽宁、吉林、河南、江西、贵州五省，就有700多万册图书遗失或损坏。①

　　以上所述的状况是那个年代的主流，但是在这无书可读、因书获罪的主流之下，还暗藏着一股鲜为人知的阅读潜流——在天高皇帝远的农村，知青们如饥似渴地阅读。

　　到黑龙江插队的上海知青刘琪回忆说："刚满16岁的我去黑龙江呼玛插队时，行李中最重的一个木板箱里装满了我的主要藏书。……外国文学类有狄更斯（Charles Dickens）的《大卫·科波菲尔》和《双城记》、勃朗特（Charlotte Brontë）的《简·爱》、巴尔扎克（Honoré de Balzac）的《高老头》和《欧也妮·葛朗台》、雨果（Victor Hugo）的《九三年》和《悲惨世界》、司汤达（Stendhal）的《红与黑》、左拉（Émile Zola）的《娜娜》、莫泊桑（Guy de Maupassant）的《漂亮朋友》及载有《羊脂球》在内的中短篇小说集……中国文学类有《三国演义》《水浒传》《红楼梦》《西游记》四大古典名著和《唐诗三百首》……"

---

① 邹华亭，施金炎.中国近现代图书馆事业大事记.长沙：湖南人民出版社，1988：212—231.

北京大学教授陈平原当年在粤东的一个小山村插队，他说："我……出生于教师之家，家里有不少藏书，可以自己读。父母都教语文，'文革'中被打倒，但藏书没有多少损失，先是被封存，后跟着我们到了乡下。"①

中国著名哲学家邓晓芒回忆在插队时的读书生涯："我的涉猎面很广，古今中外的哲学、自然科学、经济学、历史学、文学、艺术、美学、逻辑学等等，只要是字、是书，几乎没有界限……在老家农村的三年中，我彻底静下心来读了一些哲学书，包括西方哲学原著。"②

凤凰卫视时事评论员曹景行回忆起在皖南山区插队十年期间，做工之余，就会找书来读，尤其是放年假的时候，大家都走了，他主动留下来，一个年假便可以读很多书。那时候曹景行不仅通读了《马克思恩格斯全集》与列宁的《哲学笔记》，以及《世界史纲》《哲学史》《政治经济学》等，还重读了《红楼梦》《水浒传》《聊斋》《二十四史》等，并偷偷读了雨果的《九三年》、大仲马（Alexandre Dumas，père）的《三个火枪手》《基度山伯爵》等禁书。正是有了这个丰厚的底子，1978 年，曹景行以上海市文科第二名的成绩考进了复旦大学历史系。

高中毕业后再次回乡插队的福建知青张胜友，"一到农村，我觉得自己的大学梦彻底破灭了。我把所有的高中课本，以及考入清华大学的老乡送的一套数理化参考书，集中起来，在自家的天井里一把火烧了个干干净净。在农村这样的环境里，想搞理工科根本不具备什么条件，但搞文学还是有希望的。……于是，我就在家里自修大学中文系的课程，读《文学概论》啦、《写作教程》啦……"，最终，张胜友走上了文学创作之路，并于 1977 年考进复旦大学中文系。

执着于知青题材的作家叶辛说："我到贵州去插队落户时，两只木箱子里的书中，也选了巴尔扎克的两本小说《高老头》和《贝姨》……大多数时间是翻来覆去地看带下乡去的两箱子书。无奈中的'炒冷饭'还是有收获的，我从反复的

---

① 查建英. 八十年代访谈录. 北京：生活·读书·新知三联书店，2006：124.

② 邓晓芒. 我怎么学起哲学来.（2009-06-13）[2015-12-20] http：//www.xici.net/b254322/d17368609.htm.

阅读中获益匪浅。"

散文家赵丽宏在《读书之乐》一文中记述道："记得当年下乡'插队'时，最美好的时光，是一个人在草屋里读书，窗外蝉鸣萤飞，绿风萧萧，书中美景和身边天籁融合为一体，这时，便忘却了生活的艰辛和前途的渺茫。"①

越压制，对读书越渴望。著名文化学者朱大可曾经在《记忆的红皮书》里回忆了"文革"年代对书的狂热，"我们这帮人有时也聚众打架，不为了别的，就为了一个人不还另一个人书。最激烈的一次，我们甚至动了刀子"。更惊人的是，1972年，他们周围的一个女孩遗失了别人借给她的书，她唯一赎罪的方法就是从楼上跳下去自杀了。

在"知识越多越反动"的年代，这股阅读潜流让人肃然起敬。无论世道如何，总有一批人，将阅读视为生命的必需品。世道是别人的，朝为云，暮可为雨，但知识是自己的。后来的事实也证明：恢复高考后，正是这批没有丢开书本的知青们，第一批圆了大学梦，改变了生命的轨迹。

概括说来，当年私下阅读的书籍有以下几个来源：一是"文革"前出版而又躲过1966年夏秋"破四旧"浩劫的私人藏书；二是从图书馆流失出来的书籍；三是"文革"当中，从干部家庭流失到社会上的"灰皮书""黄皮书""白皮书"，即"文革"前内部发行的外国当代社科和文艺著作。此外，还有痴迷读书的人以低价从废品收购站买来的书籍。

（三）70年代末至80年代末

张立宪（笔名"见招拆招"）在《记忆碎片》一书中写道：曾经见某些人讨论，最希望生活在哪个时代——兼葭苍苍的西周、游侠纵横的先秦、李白生活的盛唐、名士风流建安风骨的魏晋、文艺复兴时期的意大利、大革命时期的法国、拓荒与内战时的美国等等，大家莫衷一是。作者想了又想，他的答案是：在20世纪80年代的中国上大学。

---

① 赵丽宏. 读书之乐 // 玉屑集. 上海：上海人民出版社，2007.

这是怎样的年代？我们可以称其为开放的时代、改革的时代、思想解放的时代、百废待兴的年代，也可以称其为阅读的时代。阅读是那个时代最为色彩斑斓的底色。长期被压抑的读书热情，终于在70年代末等到了宣泄的口子。那时候，一个偏远小城的路边书摊上摆的可能都是《快乐的哲学》；那时候，学生可以在深夜敲开老师家的门，就因为看了一本书激动得睡不着觉；那时候，书店尚未开门，门外已有绵延几百米的人龙；那时候，有人居然肯以一辆凤凰自行车换一套《基度山伯爵》，要知道当时的凤凰自行车，不亚于今天的名牌跑车；那时候，北京的女青年下班，自行车的篮框里会放着李泽厚的《美的历程》和西红柿；那时候，公交车上的中学生的书包里，都有一本海德格尔（Martin Heidegger）的《存在与时间》。凡此种种，俱可见那个时代的阅读风气。

70年代末发生的这样几件事，直接影响了80年代的阅读风气。

首先是，1977年恢复高考，不少昔日的知青成为大学生。那个时候，有一句特别有名的话——"把失去的时间夺回来"。他们如饥似渴的阅读为当时的大学生活打上了底色。1978年考入辽宁大学中文系的马原先生写道：

> 我可以一点都不夸张地说，那些年里，我每天用于阅读的时间不下5个小时，每天每天如此，从无或辍。我的二十几岁到三十几岁就是在这种如饥似渴的情状下走过来的。我没时间（或者说舍不得时间）去学麻将（那也是麻将中兴的年代），没时间去学跳舞（青春期的规定课程），就是在恋爱和婚姻中主要的话题也还是文学的阅读和写作。我逐渐熟悉了海明威（Ernest Hemingway）、爱因斯坦（Albert Einstein）、拉格勒夫（Selma Lagerlöf）、吉卜林（Joseph Rudyard Kipling）、海勒（Joseph Heller）、迪伦马特（Friedrich Dürrenmatt）、奥尼尔（al-Hajj Omar ibn Saïd Tall）、马尔克斯（Gabriel José de la Concordia García Márquez）……阅读他们的系列著作，揣摩和交流，加上吃饭就是我80年代

生活的全部。①

1960 年出生的叙文祥回忆说:"1978 年、1979 年的国庆节,大学里人最多的地方是图书馆。那个时代每个人都像得了知识饥饿症","那个时候,进图书馆读书的人比赶集的都多,用'摩肩接踵'来形容丝毫不为过。我穿的棉衣的扣子被挤掉过好几次!"当院方组织的国庆活动结束以后,同学们都"匆匆跑步去图书馆看书"。②

继而是,1978 年部分中外名著开禁。当年,国家出版事业管理局决定重印35 种中外文学名著,计划每种均印行四五十万册,于当年 5 月 1 日按计划统一分配发行。这一"集中重印,全国统一发行"的出版行动,在中国乃至世界出版发行史上都是破天荒的举措。这一重大文化新闻经媒体报道后,求知若渴的读者不约而同地在全国各主要城市造就了一道风景——

> 北京的王府井书店、西四门市部、花市门市部、海淀门市部,上海的南京东路门市部、淮海路门市部、南京西路门市部等中心门市,从4月30日晚起就有读者排队等候,人数最多的超过1万人。5月1日清晨,全国各个省会、首府新华书店门市部前就已人山人海,排起了长龙。③

紧接着的是,1979 年《读书》杂志创刊,第一期打头的文章题名为《读书无禁区》。今天,这句话是常识,但在那个乍暖还寒的时节,这篇文章不啻平地惊雷,在社会上引起了极大的反响。华东师范大学的陈子善教授说:"读书无禁区虽然只有五个字,但它的内涵非常丰富。我想就算作者本身也没有估计到这句

---

① 马原.每天阅读五小时.南方周末,2000-09-15.

② 叙文祥.知青追忆国庆"加菜".广州日报,2005-10-05.

③ 《新华书店六十年纪事》编委会.新华书店六十年纪事(1937—1997).北京:海洋出版社,2001:254—255.

话的深远意义，到今天为止，有关于读书的话题都可以在这五个字上面找到源头。一个正常的人，有一定思维能力的人，他读书就不能受到限制。这其实是个常识问题。但当时要把它纠正过来，是需要勇气的。"①

这一阶段的阅读主题是格外丰富多样化的，概括起来大致有以下几个方面：

一是文学热。这是一个文学的时代。大学里分数最高的是中文系，许多年轻人的梦想是当作家或者诗人。人们见面，说自己爱好文学或诗歌能马上拉近彼此的距离。征婚启事上打上爱好文学、会写诗歌，收到的来信都会多些。甚至恋爱的双方谈的也是小说，就像现在谈房子车子一样。因为一篇文章、一本书而一夜走红的大有人在。那时候，"伤痕文学""反思文学""改革文学""寻根文学""先锋文学""朦胧诗派"雨后春笋般地冒了出来，形成强大的读书风潮，如刘心武的《班主任》和《爱情的位置》、古华的《芙蓉镇》、卢新华的《伤痕》、蒋子龙的《乔厂长上任记》，等等。

和现代派文学并行不悖的是古典名著，尤其是西方名著。这十来年，从欧洲、英美一直到拉美各个不同地域文化背景下滋育出来的古典名著与现代派文学作品都纷纷登场亮相。发端于 50 年代后期的苏联解冻文学作品，非常适合 80 年代那个"文艺的春天"的阅读口味。许多人都在读索尔仁尼琴的《古拉格群岛》、读《日瓦格医生》、读《方尖碑》。这种阅读，使得 80 年代读书界里始终存在着一种"要讲真话"的呼声。在经历了道德沦丧、黑白颠倒的"文革"后，这些文学作品回归到人本身，关注个人命运和感情，有助于人们重建人性、人道的情感世界。

二是思想阅读热。这十来年出现了"五四"以来最大规模的翻译出版西方学术著作的行动，牵涉到 20 世纪西方的主要思潮。"韦伯热"使韦伯（Max Weber）的《新教伦理与资本主义精神》等著作成为阅读热点。"法兰克福"学派也于此时在中国大规模"登陆"，《单向度的人》《爱欲与文明》《逃避自由》等都畅销一时。最热的是萨特（Jean-Paul Sartre）。在 80 年代青年的心路历程

---

① 田志凌，陈容清．从此，读书无禁区成为思想界的一面旗帜．南方都市报，2008-12-28.

中，萨特抹下了最为浓重的一笔。他把人的个性张扬到极致，引起了曾经个性完全泯灭的那一代青年深深的共鸣。他的作品在一夜之间风靡校园，对青年的影响之大曾令有关部门担心不已。在萨特之后，弗洛伊德（Sigmund Freud）、尼采（Friedrich Nietzsche）迅速联袂登场。此外便是康德（Immanuel Kant）、黑格尔（Georg Wilhelm Friedrich Hegel）、罗素（Bertrand Russell）等，他们的作品不知放在了多少人的床头。在中国学者中，影响最大者莫过李泽厚，堪称一代青年的精神导师。他的《美的历程》《批判哲学的批判》《中国近代思想史论》《中国现代思想史论》对一代人的影响之深，后人恐难以想象。尤其是《美的历程》，当时几乎所有的大学生包括工科的人都看过。在 2008 年"三十年三十本书"的评选中，该书即位列其中。

三是武侠热和言情热，以金庸和琼瑶为代表。从最初的盗版，到后来的正版与盗版、盗印并存，或买、或租、或借，金庸和琼瑶的作品到底在多少人手中流传过已经完全无法考证了。说"有华人处皆有金庸（作品）"，说琼瑶是"一代人的爱情启蒙导师"自不为过。对于刚刚走出"文革"的人们来说，金庸作品的阅读快感，琼瑶作品中的浪漫唯美，无疑都是"心灵鸡汤"，构成了思想解放、人性伸展的另一个维度。除此以外，提及这一时期的阅读，以下几本 / 套书也是绕不过的：《第三次浪潮》和《大趋势》等西方未来主义著作掀起了以控制论、系统论和信息论为主要内容的"新方法论"热，对当时的社会改革造成巨大的冲击；《万历十五年》，作为一本严肃的历史学著作，它是如此好读，颠覆了历史著作的惯常写法，直到今天，我们还能在新出的历史学作品中看到它的影子；《傅雷家书》，没有一本家书像它一样影响了几代人，重版重印十余次，发行百余万册，同类书无以匹敌；《宽容》，房龙在这本书里纵述人类思想发展的历史，倡言思想的自由，主张对异见的宽容，经历了十年"文革"后，宽容是人们必修的一课；《围城》，这本初版于 1947 年的小说，在 80 年代获得的关注远胜于当初，成为知识分子小说的典范；丛书中最有名的是三套——三联书店的"文化：中国与世界"丛书、四川人民出版社的"走向未来"丛书、商务印书馆的"汉译世界学术名著"。这三套书加起来是十分庞大的，上面不少书就出自其中。

我们可以用这样几个词概括这一时期的阅读特质：如饥似渴、思想解放、西风东渐、雅俗并存，还有就是群体性。这一时期的阅读是一种群体记忆，他们往往看同一本书、探讨同一个话题，我们难以从读者中分离出有鲜明阅读行为习惯的个体。像金庸的武侠小说，读者固然是跨越年龄、地域、职业、文化程度而存在，但是，一些严肃的学术著作也能在这一时期成为畅销书，人人都在读——虽然未必人人都能读懂。

这一时期常常被看作是中国第二个五四时期，许多不同年代出生的人是共同从 80 年代的阅读中走过来的，许多人的书架是从那时候开始或重新充实起来的，许多人的人文性格、阅读倾向是从那时候确立起来的。那是读书人的黄金时代。

（四）90年代末至今

这段时间，阅读呈现出"三化"的特点：内容多元化，载体多媒体化，读者分众化。阅读受到前所未有的关注，但是阅读却日益成为社会问题。这一时期的阅读受到以下几个因素的深远影响：

一是印刷技术的变革。宋木文先生在《亲历出版 30 年——新时期出版纪事与思考》一书中举了个例子：《毛主席纪念堂》画册，按第一号任务下达安排生产，也得一年半才能完成，而建纪念堂的时间也只花了半年。90 年代初，激光照排技术逐渐取代原来的铅字印刷术，到 2000 年全部淘汰铅印、铅排技术。激光照排技术被誉为我国第二次印刷技术革命，它大大缩短了出版周期，从原来的一年半到现在最快十天半个月便可出一本书。这使得图书突破生产能力的限制，数量大大增加。全国每年新出书总量从数万种到现在的 20 余万种。同时，随着印刷工艺的提高，印制精美、图文并茂的书也多起来，让读者赏心悦目。

二是市场经济的发展。1992 年，中国共产党第十四次代表大会明确提出，我国经济体制改革的目标是建立社会主义市场经济体制。市场经济的商业法则逐渐深入到社会各个层面。作为读物提供者的出版社从原来享受国家财政补贴的事业单位，逐步过渡到自负盈亏的企业法人。图书出版成为一种商业行为，必须考虑收益。为了使书卖得好，其他商品的营销手段也被一一用在了图书营销上。不少人对 90 年代末科利华公司对《学习的革命》一书的宣传记忆犹新。这当是内地图书营销的开始，以后阅读日渐成为消费的一种。作为消费者的读者，其欣赏口味和阅读层次的多样化，客观上促成了当代阅读文化多样化格局。

三是互联网技术的发展和普及。互联网技术在中国发轫于 20 世纪 80 年代末 90 年代初，90 年代末逐渐进入大众家庭。据中国互联网络信息中心发布的报告《中国互联网络发展状况统计报告》显示，截至 2016 年 12 月底，中国网民规模达 7.31 亿人，互联网普及率为 53.2%。互联网的发展，使得阅读的方式不再局限于书本，电子图书、数字报纸、电子杂志、手机小说等阅读方式极大地冲击着传统阅读。中国新闻出版研究院（前身为中国出版科学研究所）连续多年调查全国国民阅读率，结果图书阅读率持续走低，而网络阅读率却不断走高，有超越图书阅读率之势。随着网络的发展，读者和作者的互动前所未有地增强，网络博客、微博、手机阅读客户端（App）、微信公众号等的先后兴起并广泛流行便是其强有力的佐证。

经历了上一阶段的群体性阅读后，这一时期的个人阅读不断分化。随着出版事业的发展，图书选择的空间越来越大，阅读兴趣逐渐分散，萝卜青菜各有所爱，读书越来越成为个人的选择。在阅读谱系中，以下几类书是以前未曾出现过的：

图文书。"老照片"系列、"几米绘本"、蔡志忠漫画的流行，兴起了读图热潮，这在一定程度上打破了传统的阅读方式，让人惊呼"读图时代"的到来。

明星书。明星出书始于 1995 年刘晓庆的《我的自白录》，短短几年，中国内地更有多达 140 人以上的演艺界明星，出版了其个人自传、随笔和回忆录之类的图书，总印数累计高达 1500 万册以上。明星书不仅带动了出版界的新经济增长点，还对读者的阅读心理也产生了越来越大的冲击——读书不仅可以求知，还是一种娱乐。

管理、励志类图书。这是一个商业图书爆炸性膨胀的年代，《高效能人士的七个习惯》《细节决定成败》《杜拉拉升职记》等书的畅销折射的是阅读的功利性倾向。

青春文学。郁秀的《花季·雨季》是青春文学的先驱，它出版于 20 世纪

90 年代中期。之后十来年青春文学更加兴盛，从韩寒的《三重门》（2000 年）到郭敬明的《梦里花落知多少》（2003 年），80 后、90 后的作家纷纷登场擎起青春文学的大旗。他们的读者群以中学生为主，数量庞大，以至于作为青春文学旗手的郭敬明成为内地最赚钱的作家之一。

生活书。以养生、美容、菜谱等为内容的生活书占据图书消费市场相当大的份额，时常在畅销榜上占据半壁江山。阅读日渐从一种精英行为变为实用行为。

经典作品通俗化。《〈论语〉心得》及《品三国》是于丹、易中天于中央电视台《百家讲坛》栏目掀起"国学热"后趁热打铁出版的作品，两本图书堪称中华经典作品转化为大众所能理解和接受的通俗化作品的代表作。"论语热""于丹热"等反映出广大人民群众对于中国传统文化的巨大现实需求。

在阅读越来越私人化的同时，阅读的问题却日益社会化，除了上面提及的功利性、娱乐化之外，还有这样两个方面：

一是图书阅读率持续下降。中国出版科学研究院从 1999 年开始每两年做一次全民阅读率调查，结果显示，图书阅读率持续下降。全国政协委员朱永新多次提出建立"国家阅读节"的提案，冀以提高大家对阅读的重视。虽然全国性的阅读节没有设立，但各地的读书活动开展很多。据《2008 年全民阅读活动情况调查报告》，2008 年 31 个省、自治区、直辖市（不包含港澳台）都有了属于本地区的读书活动，有 400 多个城市自发开展了读书节、读书月等活动。现在的问题是，如何让这些读书活动对阅读行为起到切实的指导作用，而不是流于表面成为一些部门的形象工程。

二是阅读缺乏相应的指导。在充满选择的时代，人们往往感到选择的困惑。王蒙曾在 2002 年 7 月 19 日的《文汇读书周报》上，以一个作家的敏感，写及此类问题。他举一个喜欢看书读报的成年人"老王"为例道："老王年轻时只有有限的几本书，他把这几本书读了又读。'文革'当中，没有书读，但他已养成了夜读的习惯。他每天把仅有的《人民日报》读得几乎能背诵下来……现在他的书七间屋也装不下，他翻来翻去，手里拿着甲书时心想也许不如乙书好吧，手里拿着丙书时，又想还不如先读丁书呢。"他随后发表议论说："在没有多少书可读的时候，他记得他读了些书，在有大量的书供选择的时候，他读一天书也不记得到底读了些什么。"读书与读网，读文与读图，深阅读与浅阅读，不少人在信息的汪洋中迷失了方向。

我们常说一个人的阅读史就是他的精神史，同样道理，一个国家的阅读史也是它的精神史、成长史。总结 60 多年来新中国的阅读史，我们可以发现，每一阶段的阅读历程都打上了鲜明的时代烙印。可以看出，阅读很脆弱，无论是意识形态的压力还是市场经济的冲击都能影响到它；阅读又很顽强，任何时候总有一批人能顶着压力、抵御着诱惑，坚持纯粹的读书生活。

二、国民阅读素质与社会发展

美国哈佛大学教授约瑟夫·奈（Joseph S.Nye，Jr）认为，一个国家的综合国力，既包括由经济、科技、军事实力等表现出来的"硬实力"，也包括以文化、意识形态吸引力体现出来的"软实力"。

联合国教科文组织科学顾问 E. 拉兹洛（Ervin Laszlo）在《决定命运的选择——21 世纪的生存抉择》中提出了人类在 21 世纪的正确选择，包括普及教育、扩大信息、接受多元文化、建立世界新秩序、转变传统价值观念等。其中普及教育就是要扫除文盲，要求每个成年人有读、写、算技能，这是所有选择的基础，是解决所有问题的基本要求。①

阅读是人类社会不可缺少的精神活动，是人类文明的标志，也是人们认识自然、社会与获取知识的基本途径和手段，是人类生存与发展的基本技能之一。阅读活动是接受教育、发展智力、获得知识信息的最根本途径，知识经济的发展和国家竞争力的提升依赖于全民文化素质的提高，全民文化素质的提高依仗于社会阅读活动的普及和发展——建立阅读社会，即人人都要读书，读书成为人们日常生活中不可缺少的一部分。"在这个时代，国与国之间的经济力、政治力、军事

---

① 袁晞. 新世纪的选择. 文汇读书周报，1997−10−25.

力、文化力等方面的角逐和较量最终将取决于你的国民在多大程度上把阅读作为自己基本生活方式的一部分。"[①]

在现代社会，阅读的作用呈现出多元化的态势，但阅读作用于精神的特质，以及对于学习至关重要的作用，使得其在个体成长、民族和国家发展上不可替代。曾祥芹认为，阅读是学习之母，阅读是教育之本，阅读是生产之力，阅读是治国之术，阅读是强民之法。一个国家的国民阅读能力和水平决定着社会发展的文明程度，决定着民族的基本素质、创造能力和发展潜力。

阅读的社会作用不可小觑，然而，在快速发展的现代社会中，受到互联网、电视、广播和电子科技等的冲击影响，"青灯为伴手握书卷"的美好光景已逐渐淡出了我们的阅读世界。浮躁的社会环境不利于营造浓厚的读书氛围和培养读书习惯，而读书习惯的缺乏又加剧了社会上读书氛围的淡薄，民众的阅读状况堪忧。

自 2007 年始，中国新闻出版研究院每年发布一次《全国国民阅读调查报告》。这一调查每年分为三个阶段展开工作——第一阶段在样本城市开展抽样工作，第二阶段在全国范围内开展入户问卷调查执行工作，第三阶段开展问卷复核、数据录入和数据处理工作。

该报告分为成年人和未成年人两部分。成年人部分从国民对各类出版物（图书、报纸、期刊、电子书）阅读量进行了调查分析，并特别针对近年来势汹汹的电子阅读做细致的调研。例如人均上网时长，在线阅读、手机阅读和电子阅读器阅读的比率，以及成年网民上网所从事的具体活动的调查。在纸质阅读和数字阅读双向并行的时代，国民阅读率的调查就不能不涉及成年人对于两项阅读形式的喜好程度，以及成年国民对自身阅读数量、内容、质量的评价。未成年人调查部分，一般仅针对人均图书阅读量和家长参与亲子阅读的数量做调查。

[①] 王龙 . 阅读研究引论 . 香港：天马图书有限公司，2003：125.

综合阅读率是指我国成年人包括书报刊和数字出版物在内的各种媒介综合阅读率，及阅读图书、报纸、期刊中的一种或几种，或进行过数字阅读的群体占全体国民的比例。①2010 年以来，中国新闻出版研究院均会公布前一年的国民综合阅读率，现综合 7 年数据（2010 年之前调查未涉及综合阅读率），如图 3−1 所示。

图3−1　2009—2015年我国成年国民综合阅读率

如图所示，尽管国民综合阅读率增长甚微或是略有波动，但国人对于自身的阅读行为有清醒的认识，也愿意花时间和精力在阅读上。曾几何时，专家呼吁的还是加强"大众阅读"，而"国民阅读"属于近年来出现频率增加的一个文化关键词，体现出了国家对于国民在阅读方面的导向性，也体现出国家认识到国民阅读素质与社会发展息息相关。因为阅读是关乎民众文化内涵，增强国家竞争力的大事。

（一）国民阅读素质高低深刻影响着社会发展的文明程度

曾祥芹认为，以个体阅读为基础扩展而成的群体阅读，表现为人类社会最普遍的一种社会文化活动。②国民阅读水平越高则社会文明程度越高，这早已被人类社会发展所检验。

---

① 贺巷超.文献价值：理论文献学的价值论解读.成都：电子科技大学出版社，2014：98.
② 曾祥芹.汉文阅读学导论.北京：中央文献出版社，2004：309.

人的本质是社会性，社会的整体环境和人的生存环境决定着人的素质和能力。反之，如果人的素质不断提升，社会整体环境和人类生存环境也会随之优化。国民阅读素养能达到的高度，制约着社会发展文明程度的高低。

国民阅读素质作为社会发展的文明程度的主要特征，作为经济增长、政治民主、社会稳定和发展的重要驱动因素，能更有效整合社会资源、提升综合国力和国际竞争力。一个民族要自立于世界民族之林，必须要全面提高国民阅读素质。

（二）国民阅读素质高低深刻影响着经济发展

经济合作与发展组织提出，国民阅读水平高低深刻影响国家经济表现和社会发展，阅读能力与国家竞争力两者呈现正相关，阅读能力愈高的国家其竞争力也愈高。国民阅读素质反映了社会的文化品质以及人们的价值趋向和心态结构的变化。这种趋向和变化也是社会发展状况的指示器。

现代社会是信息社会，几乎所有的信息和知识都要通过阅读来获取，所以阅读是一项极为重要的能力。国民阅读素质越高，就越能快速、准确获取信息和知识，与社会同步发展、进步。阅读，不再仅仅指的是阅读书本知识，更走向生活化、社会化，充实着人类的精神生活，使得人类迈入知识化社会。当今社会既是信息社会，更是知识经济时代，阅读是学习之母、教育之本，与"知识经济"腾飞关系密切。

一般而言，经济越发达地区的社会阅读风气越好。因为经济发达地区对个体成员的个人素质、能力和知识等方面的要求较高，促使个体通过阅读来提升个人能力和知识修养。此外，经济发达地区教育水平也比较高，具有阅读习惯的个体数量较多。正因为如此，如果社会阅读风气变好，亦能反过来促进经济发展。与此同时，提高人类文化素质是人类共同发展的必然方向，可以促进本民族与国际社会同步发展。

（三）国民阅读素质高低深刻影响着学习型社会、和谐社会的建设

2001 年江泽民在亚太经合组织人力资源能力建设高峰会议上的讲话明确提

出："构筑终身教育体系，创建学习型社会。"2002 年党的十六大报告进一步强调，把学习型社会作为全面建设小康社会的一个重要目标，作为未来的一种社会形态和社会境界，突出地提到了全党全国人民的面前。2012 年党的十八大提出的"完善终身教育体系，建设学习型社会"，是实现全面建成小康社会重大战略任务的根本保障；要从战略高度进一步提高对终身学习重要性、紧迫性的认识，以终身学习理念为指导加强和改进学校教育，大力发展继续教育，高度重视和加快推进教育信息化，切实加强学习型社区、学习型组织和学习型城市建设，全面开创学习型社会建设的新局面。

学习型社会的构建，起点教育、阶段教育很重要，但是更离不开继续教育、终身教育。将学校教育扩展为社会教育、社区教育。把终身教育扩展并提升为终身学习，完成个人同他自身关系的根本转变：把教育的对象变成自己教育自己的主体，受教育的人必须成为教育他自己的人。

学校教育多由老师引导，但继续教育和终身教育更多的必须依靠个人的学习自觉性来完成，而这一过程，正是一个人的阅读过程。国民阅读素质一般包括汲取信息的能力、处理信息的能力、拓展渗透的能力、批判探索的能力、自律调控的能力。

2006 年，加拿大学习委员会创设了综合学习指数（Composite Learning Index，CLI），它是加拿大终身学习进步的年度测量，是世界上目前唯一的报告国家和社会层面学习状况的综合指数。该指数以联合国教科文组织提出的学会求知、学会做事、学会共处和学会生存四个学习支柱为基础，构建了 17 个可测量的统计指标。

表 3-1 加拿大综合学习指数的二级指标体系 [①]

一级指标	二级指标
学会求知	青年素质能力
	高中辍学率
	参加中等后教育
	大学教育成就
	到达学习机构的时间
学会做事	工作场所培训可能性
	参加与工作相关的培训
	到达职业培训机构的时间
学会共处	到达社区机构的时间
	参加社会俱乐部和其他组织
	向他国文化学习
学会生存	接触媒体
	通过文化学习
	通过体育学习
	享有宽带互联网服务
	享有文化资源

学习综合指数指明国民终身学习应该涵盖的内容。一个不断学习的社会才能不断进步，才能真正迈向和谐型社会。国民的素质高低，直接影响着社会的和谐程度。只有每个公民都明确学习的重要性，才能真正促进整个社会向学习型社会迈进，向和谐社会迈进。

（四）国民阅读素质的提高有助于实现中华民族伟大复兴中国梦

2015 年 10 月，党的第十八届中央委员会第五次全体会议胜利召开，"倡导全民阅读""推动国民素质和社会文明程度显著提高"被列为"十三五"时期

[①] 中央教育科学研究所国际比较教育研究中心 . 中国教育竞争力报告 2010. 北京：教育科学出版社，2011：212.

重要工作。2016 年 12 月 27 日，中国首个国家级"全民阅读"规划《全民阅读"十三五"时期发展规划》（以下简称《规划》）印发。

《规划》提出："十三五"时期，是全面建成小康社会的决胜阶段，是实现"两个一百年"宏伟目标、实现中华民族伟大复兴中国梦的关键时期。在新的历史条件下，深入开展全民阅读对于提高公民的思想道德素质和科学文化素质，培育和践行社会主义核心价值观，传承中华优秀传统文化，满足人民群众日益增长的精神文化需求，都具有重大而深远的意义。[①]

全民阅读功在当代、利在千秋，全面提升全民阅读质量和水平，推动国民素质和社会文明程度显著提高，为实现中华民族伟大复兴中国梦提供强大的精神动力和文化支撑。"十三五"时期，全民阅读工作主要围绕以下四项基本原则展开：坚持政府主导，社会参与；坚持重在内容，提升质量；坚持少儿优先，保障重点；坚持公益普惠，深入基层。[②]

上述四项基本原则在提高国民素质，尤其是阅读素质的过程中，起到了显著作用：国民阅读素质的提高，得益于政府的有力指导，更与全民参与密不可分。国民不仅作为参与者享受丰硕成果，更作为推动者发挥积极性、主动性和创造性，推动全民阅读深入开展。在发挥主观能动性的同时，提升自身阅读素质；国民阅读素质的提高，离不开阅读对象内容和质量的提升，于是便有了优秀作品的创作生产和大力推广；国民阅读素质的提高，与国民基本阅读权益的保障息息相关，于是便有了加快全民阅读推广服务体系城乡一体化建设，保障和促进儿童阅读，着力保障农村留守儿童、城市流动儿童和贫困家庭儿童、残疾人、进城务工人员等困难群体、特殊群体基本阅读需求的做法，体现了全民阅读的公益性、基本性、均等性。

---

①② 王志艳.《全民阅读"十三五"时期发展规划》发布 . [2017-02-08] http：//news. xinhuanet.com/politics/2016-12/27/c_129421928.htm.

第二节 当前社会的阅读形势

1968 年，美国教育学家罗伯特·梅纳德·哈钦斯（Robert Maynard Hutchins）出版了《学习型社会》一书，首次提出了"学习型社会"这一概念，系统论述了人类未来社会应该是所有成年男女以学习成长和人格构建为目的的社会。1972 年，联合国教科文组织发表了《学会生存——教育世界的今天和明天》（*Learning to Be*：*The World of Education Today and Tomorrow*）报告书，提出"终身学习""社会化学习""使教育成为一个把个人重新统一于社会并求得社会解放的工具"的理念。1995 年，欧盟发表了《教与学：迈向学习化社会》（*Teaching and Learning*：*Towards the Learning Society*）白皮书，此后学习型社会这一全新的社会发展理念，在国际社会受到更为广泛的重视。1996 年，国际 21 世纪教育委员会提交报告《教育——财富蕴藏其中》（*Learning*：*the Treasure Within*），认为"21 世纪是人类迈向学习型社会的世纪"。

"学习型社会"概念提出以来，美国、日本和欧洲各国先后开始探索建设学习型社会，积极致力于学习型社会的构建。中国共产党第十六次全国代表大会（2002 年）、第十七次全国代表大会（2007 年）报告也连续提出，我们要"建设全民学习、终身学习的学习型社会"。为贯彻落实这一要求，2006 年，国家新闻出版总署提出了"全民阅读"的理念，并联合中宣部等 11 个部门联合发出《关于开展全民阅读活动的倡议书》，开展"全民阅读"活动。活动开展至今已有 10 年，从统计数据可以看出，"全民阅读"在各方面都有很大进展，但同时也有不少问题有待解决。

一、公共阅读资源亟须增加

国际图书馆协会联合会、联合国教科文组织发布的《公共图书馆服务发展指南》（2002 年）[1]规定："通常正规的馆藏应以平均每人 1.5—2.5 册图书为标准。在最小的服务点，最低藏书量应当不少于 2500 册"，"每 5 万人应拥有一座图书馆，图书馆的辐射半径通常为 4 公里"。那么中国情况如何呢？ 2013 年 4 月 27 日发布的我国图书馆界第一份综合性研究报告《中国图书馆事业发展报告 2012》[2]中的调查结果表示："县县有图书馆的目标基本实现，县级以上公共图书馆服务网络基本形成；第一个公共图书馆服务国家标准《公共图书馆服务规范》发布；手机图书馆、24 小时自助图书馆等新的服务形式发展迅速；总分馆、流动图书馆、图书馆联盟等多种图书馆服务体系建设模式日趋成熟；图书馆新馆建设持续升温，出现了一批堪称城市标志性建筑的图书馆"，"各级财政对公共图书馆财政拨款总数达 93.49 亿元，其中购书专项经费 14.13 亿元"，计算可知，全国公共图书馆平均购书经费为 45.93 万元。

2013 年 11 月 6 日，《人民日报》刊登了国家统计局报告《改革开放铸辉煌经济发展谱新篇——1978 年以来我国经济社会发展的巨大变化》[3]，报告显示："2012 年末，全国文化系统共有艺术表演团体 7321 个，比 1978 年增长 1.3 倍；公共图书馆 3076 个，增长 1.5 倍；博物馆 3069 个，增长 7.8 倍；档案馆 4067 个，已开放各类档案 7957 万卷（件），分别比 1991 年增长 13.9% 和 2.8 倍；广播、电视综合人口覆盖率分别为 97.51% 和 98.20%。2012 年，生产故事影片 745 部，而 1978 年仅生产 46 部；出版各类报纸 482.3 亿份，各类期刊 33.5 亿

---

① 国际图书馆协会联合会，联合国教科文组织.公共图书馆服务发展指南.林祖藻，译.上海：上海科学技术文献出版社，2002.

② 周和平.中国图书馆事业发展报告（2012）.北京：国家图书馆出版社，2013.

③ 国家统计局.改革开放铸辉煌 经济发展谱新篇——1978 年以来我国经济社会发展的巨大变化.人民日报，2013–11–06（11）.

册，图书 79.2 亿册（张），分别比 1978 年增长 2.8 倍、3.4 倍和 1.1 倍。"

可以说，2012 年前后是中国图书馆事业发展比较迅速的时期。由于 2006 年国家新闻出版总署联合中宣部等 11 个部门联合发出了《关于开展全民阅读活动的倡议书》，全民阅读推广开始受到重视。在此以 2006 年为节点，根据国家统计局历年《中华人民共和国国民经济和社会发展统计公报》的数据，回顾图书馆事业的发展情况。

根据国家统计局《中华人民共和国 2006 年国民经济和社会发展统计公报》[①]的数据，2006 年年末全国共有公共图书馆 2767 个，出版各类报纸 416 亿份，各类期刊 30 亿册，图书 62 亿册（张）。年末除港澳台之外的全国总人口为 131448万人，平均 47.5 万人拥有一座图书馆。2015 年年末除港澳台之外的全国总人口为 137462 万人，全国共有公共图书馆 3136 个，出版各类报纸 440 亿份，各类

图3-2　2006—2015年公共图书馆个数与平均服务人口

① 中华人民共和国国家统计局 . 中华人民共和国 2006 年国民经济和社会发展统计公报.
[2015−12−22] http://www.stats.gov.cn/tjsj/tjgb/ndtjgb/qgndtjgb/200702/
t20070228_30021.html.

期刊 30 亿册，图书 81 亿册（张），平均 43.8 万人拥有一座图书馆。①简单计算可知，"全民阅读"提出后，全国公共图书馆数量增长了 13%，平均每个图书馆服务人数降低了 7.79%。

图3-3　2006—2015年人均图书拥有量

图3-4　2006—2015年人均报纸拥有量

---

① 中华人民共和国国家统计局 . 中华人民共和国 2015 年国民经济和社会发展统计公报. [2017−02−07] http://www.stats.gov.cn/tjsj/zxfb/201602/t20160229_1323991. html.

从历年数据来看，图书馆数量和人均拥有图书馆个数都有所增长，其中2011年到2013年是公共图书馆数量增长较快的三年，但是人均统计仍然远远低于国际标准。而图书和报纸出版量则分别在2014年和2013年出现下降，表示正式出版物数量在减少。如果细致到图书馆各项硬件软件资源，根据文化部发布的文化发展统计公报，公共图书馆实际使用房屋建筑面积、拥有图书总藏量等多种资源的人均拥有量都不容乐观。[①]

表3-2　2012年、2015年全国公共图书馆资源与人均购书费用[②]

年份	实际使用房屋建筑面积（万平米）	图书总藏量（万册）	阅览室座席数（万个）	计算机（万台）
2012	1058.4	78852	73.46	17.33
2015	1316.76	83844	91.07	21.18
年份	每万人平均建筑面积（平方米）	人均馆藏量（册）	电子阅览终端（万台）	人均购书费（元）
2012	78.2	0.58	10.14	1.09
2015	95.8	0.61	12.67	1.43

可见，虽然总体来说公共阅读资源的各项指标稳步增加，但由于中国人口基数过大，一到人均统计，就显得严重不足。服务机构、服务条件和书籍资源都存在明显短缺，同时还存在资源配置严重不均的情况。《中国图书馆事业发展报告2012》显示，2011年我国人均拥有图书仅为0.52册，其中，人均拥有图书量最高的地区（2.94册）与人均最低的地区（0.19册）之间，前者比后者多14.5倍；

---

① 中华人民共和国文化部.中华人民共和国文化部2012年文化发展统计公报.[2015-12-22] http：//zwgk.mcprc.gov.cn/auto255/201404/t20140421_30288.html.中华人民共和国文化部.中华人民共和国文化部2015年文化发展统计公报.（2016-04-15)[2015-12-22] http：//zwgk.mcprc.gov.cn/auto255/201604/t20160425_30466.html.

② 数据来源于《中华人民共和国文化部文化发展统计公报》。

人均购书费最高的地区（7.65 元）与人均购书费最低的地区（0.27 元）之间，前者比后者多 27 倍。

从地区统计数据来看，即便是发达地区，公共阅读资源也仍然不足。以经济水平位于全国前列的上海为例，根据上海统计局的数据，2013 年上海市常住人口 2415.15 万人，共有公共图书馆（市级和区县级）25 个，总藏量（图书和报刊）7239 万册，即每 96.6 万人才拥有一座大型公共图书馆，平均每馆藏书量 289.56 万册。①人均图书馆拥有量远远低于全国水平。好在上海市已经通过建设社区图书馆，形成了公共图书馆服务体系三级网络全覆盖。上海市文化事业管理处、上海文化研究中心 2014 年初发布的《2013：上海公共文化服务发展报告》②称全市有各级图书馆 238 家，公共电子阅览室终端 305 个。依此计算，则上海市每 10.15 万人拥有一座图书馆。那么这些社区图书馆的资源建设情况又如何呢？2014 年上海博林文化有限公司、上海人民出版社《中外书摘》编辑部对上海 100 家社区图书馆进行了抽样调查，调查人员考察了 10 年中上海公共图书馆的发展状况，发现上海公共图书馆在图书馆服务的许多方面取得了不小进步，藏书总量等多个数据在全国处于领先水平。社区图书馆作为公共图书馆体系中分布最广、数量最多的基层单位，非常有效地提升了上海居民文献信息服务的效率和质量，但同样也存在许多不足。③

100 家社区图书馆样本中，平均每馆藏书量为 31580 册。国际图联、联合国教科文组织《公共图书馆服务发展指南》规定："通常正规的馆藏应以平均每人 1.5—2.5 册图书为标准。在最小的服务点，最低藏书量应当不少于 2500 册。"样本中的 100 家社区图书馆远远超过了《指南》最低藏书量的标准，但这一藏书量

---

① 上海统计局.2014 上海统计年鉴. [2015–12–22] http：//www.stats–sh.gov.cn/data/toTjnj.xhtml?y=2014.

② 上海市文化事业管理处、上海文化研究中心组织.2013：上海公共文化服务发展报告. [2015–12–22] http：//shcci.eastday.com/c/20140120/u1a7897090.html.

③ 上海博林文化，《中外书摘》编辑部.上海社区图书馆成为市民的基础阅读阵地. [2015–12–24] http://blog.sina.com.cn/s/blog_51d5b0650101j7hw.html.

仍显不出上海的优势。对比上海大型公共图书馆平均馆藏 289.56 万册的数据，显然社区图书馆的规模是非常小的。

图书馆建筑面积方面，最大的是杨浦区五角场镇图书馆（1100 平方米），最小的为浦东新区浦南文化馆图书馆（100 平方米），前者是后者的 11 倍，发展极为不平衡。大多数社区图书馆或坐落在居民楼的底楼，或依附在其他建筑里，馆舍面积十分拥挤，100 家社区图书馆平均面积为 430 平方米。采购经费最多的为每年 30 万元，而最少的采购经费仅为每年 2 万元。平均每馆每年采购经费为 8 万元，低于全国平均水平。100 家社区图书馆中，每馆年均购书量为 3200 册，购买的图书均价为 19 元，所采购图书以平装为主。

表 3-3　2013 年上海公共图书馆发展状况（以 100 家社区图书馆为样本）

图书馆（个）	平均服务人数（万人）	平均藏书量（册）	平均馆舍面积（平方米）	最大面积（平方米）	最小面积（平方米）
238	10.15	31580	430	1100	100
平均采购经费（万元）	最多经费（万元）	最少经费（万元）	年均购书量（册）	购买图书均价（元）	
8	30	2	3200	19	

上海尚且如此，欠发达地区的图书馆在发展上更是存在极大限制，县级图书馆经费和人员编制不足的问题尤为突出。以福建省龙岩市为例，2013 年龙岩图书馆图书总量 305090 册，电子图书 150000 种，图书量已经达到国家要求，但其余各县市级图书馆普遍表示购书经费不足，人员编制少，都希望增加购书经费，增加藏书量。2013 年，龙岩下辖上杭县人口约 50 万，一年购书经费只有 20 万元，纸质藏书量只有 10 万册左右，远远达不到公共图书馆要求的藏书量与人口 1.3：1 的比例。武平县图书馆纸质藏书 7 万册，人口 27 万，藏书量与人口比例接近 0.4：1。同时，人员编制也严重不足。20 世纪 80 年代武平图书馆有 8 个人员编制，至今仍

然如此。①

可以看出，全民阅读活动开展以来，全国图书馆数量、藏书量、图书馆经费、馆藏面积等都有所上升，但受限于巨大的人口总量，人均资源拥有量仍然远远低于国际标准。想要建设学习型社会，单单在硬件条件上，都还需要做出不懈努力。目前，全国也在积极建设图书馆，提升人均拥有量。例如 2015 年 5 月 1 日起施行的《广州市公共图书馆条例》规定："公共图书馆的藏书总量应当高于国家标准。以公共图书馆服务范围内常住人口为基数计算，馆藏纸质信息资源人均拥有量到 2020 年应当达到下列要求：（一）市级公共图书馆合计达到一册（件）以上；（二）区域总馆和镇、街道分馆合计达到二册（件）以上。"到 2020 年，广州市计划要实现约每 8 万人拥有一座公共图书馆，人均拥有 3 册公共图书馆藏书。

二、重点人群阅读亟须保障

重点人群主要是指少年儿童、老年人和残障人士。由于我国幅员辽阔，经济文化发展不平衡，因此在中西部地区与沿海发达地区、农村与城市，阅读资源和阅读习惯的地域性差距非常巨大。据媒体称，全国共有 2.9 亿进城务工人员、6100 余万农村留守儿童、8900 万残疾人（其中视障残疾人 1200 万人），对于这些人群，现有公共阅读设施的服务能力明显不足。

1949 年，联合国教科文组织通过了《公共图书馆宣言》，正式表达了世界文化知识界和图书馆界对公共图书馆的基本立场。1991 年，国际图联在莫斯科召开年会，决定修订《公共图书馆宣言》，由国际图联下属的公共图书馆委员会负责起草，1994 年联合国教科文组织通过了该方案。这份宣言明确提出要"从小培养和加强儿童的阅读习惯；既支持各级正规教育，又支持个人教育和自学教育；激发儿童和青年的想象力和创造力"。

---

① 梁熙. 县级图书馆：希望增加购书经费和藏书量. [2015–12–28] http：//www.mxrb.cn/lyxws/content/2013–05/08/content_1234335.html.

2008 年 10 月 28 日，中国图书馆学会正式发布了《图书馆服务宣言》，其中也提到："图书馆在服务中体现人文关怀。图书馆提供人性化、便利化服务，致力于消除公众利用图书馆的困难，保障社会弱势群体获得图书馆服务的权利。"

可见重点人群的阅读权益是国内外图书馆服务的共同重点。

（一）儿童阅读

国家统计局发布的《2013 年〈中国儿童发展纲要（2011—2020 年）〉实施情况统计报告》[1]称："2013 年，全国有少儿图书馆 105 个，藏书量达到 3165 万册，比 2010 年增加 1006 万册。2013 年，全国共有 144 种儿童期刊，3.2 万种儿童图书；共出版儿童刊物 4.1 亿册，儿童图书 4.6 亿册，制作儿童音像制品 3149 万盒，与 2010 年相比增幅均超过或接近 50%。"

联合国儿童基金会、国务院妇女儿童工作委员会办公室和国家统计局共同编辑完成的《中国儿童发展指标图集（2014）》[2]显示，2013 年中国 0—17 岁儿童人口 2.74 亿，占中国人口总数的 20%，计算下来儿童人均藏书量只有不到 0.12 册。与西方发达国家相比，中国儿童接触阅读的年龄和阅读量大大低于西方水平。西方国家儿童接触阅读的年龄在 6—9 个月，4 岁左右进入独立的大量阅读阶段；而我国儿童普遍接触阅读的年龄在 2—3 岁，独立地大量阅读则要到 8 岁左右。[3]

据目前情况而言，在我国图书馆针对重点人群提供的服务中，儿童阅读服务

---

[1] 中华人民共和国国家统计局 .2013 年《中国儿童发展纲要（2011—2020 年）》实施情况统计报告. [2015–12–28] http：//www.stats.gov.cn/tjsj/zxfb/201501/t20150129_675797.html.

[2] 联合国儿童基金会、国务院妇女儿童工作委员会办公室和国家统计局 .中国儿童发展指标图集（2014）. [2015–12–28] http：//www.unicef.cn/cn/index. php?m=content&c=index&a=lists&catid=60.

[3] 赵琳 .公共图书馆儿童阅读推广的分析与实践 .科技情报开发与经济，2011，21（19）：116—118.

的开展情况是最好的。提供服务的场所主要有两种：一是少儿图书馆，专门服务于少年儿童；二是单独开设少儿服务区的大型公共图书馆。现在少儿阅读的推广活动，也是公共图书馆的主要业务之一，尤其寒暑假是少年儿童来馆的高峰。以金陵图书馆为例，2015 年暑假该馆举行"七彩夏日"少儿暑期夏令营，共 65 场少儿活动，种类繁多，受到家长和孩子的广泛欢迎。而在平时的周末，不少家长也会带孩子到图书馆阅读书籍、参加活动，以拓展知识开阔眼界。

在阅读推广活动方面，儿童阅读推广也已经有 10 余年的历史，组织形式和理论体系相对成熟。儿童阅读推广的主要任务是引导儿童阅读，让儿童尽早养成良好的阅读习惯。其倡导的核心理念包括尊重儿童选择读物的权利，鼓励儿童阅读经典作品。中国图书馆学会将 2009 年定为"儿童阅读年"，将 2010 年定为"亲子阅读年"。

当然，现阶段儿童阅读也存在不少问题。人民网援引《光明日报》的报道《中国少儿阅读现状：功利性阅读多，情趣性阅读少》[①]，多位专家学者发表了意见，认为功利主义成了少儿阅读的指挥棒，而功利主义主要是因为应试教育。学生课业负担重，没有充足的精力和时间进行课外阅读，而老师在课外阅读的引导方面，又会受到成绩、升学率的影响，使课外阅读以学习（成绩）导向的书籍为主，变成了应试阅读。浙江师范大学儿童文化研究院院长方卫平教授认为，影响青少年尤其是中小学生阅读生活和阅读倾向的主要因素和力量之一，就是当代的教育环境。例如 2008 年江苏省实施高考新模式，文理科均增设附加题，选考历史者要加考 40 分的语文附加题。这一设置本是为敦促文科生进行课外名著阅读，扩展知识面，展示"特长"，但实际上也不过是为考试而阅读，通过大量做题来"阅读"。

中国海洋大学儿童文学研究所所长朱自强认为，可以用"三多三少"来概括青少年阅读的现状，即功利性阅读多，情趣性阅读少；"浅阅读"多，"深阅读"

---

① 庄建 . 中国少儿阅读现状：功利性阅读多，情趣性阅读少 . [2015–12–28] http: //book.people.com.cn/GB/69361/11734504.html.

少；图像阅读多，文字阅读少。图像阅读的泛滥和质量不高的通俗儿童文学盛行，使得青少年阅读者的阅读水平和艺术欣赏能力很难得到提高。总的来说，儿童阅读存在几个问题：（1）分级意识不强；（2）功利性、娱乐性强，忽视情感、人格世界的构建，深度阅读少；（3）少儿读物出版中同质化严重，良莠不齐；（4）少儿人均图书拥有量还较少，并且城乡差别很大，阅读发展不均衡。

（二）老年阅读

1865 年，法国成为第一个老年型国家。20 世纪 70 年代起，世界范围内的人口老龄化进程加快，几乎所有发达国家都加入了老年型国家的行列，1996 年全球成为老年型世界。而中国则是世界上老年人口最多的国家，也是老龄化速度最快的国家之一，1999 年就步入了老年型社会。为应对广大老年群体的文化需求，主要发达国家的公共图书馆在 20 世纪 40 年代就开始开展针对老年读者的服务工作。1941 年美国克利夫兰公共图书馆成立成人教育服务部门，被认为是老年服务的开端。[①]1964 年，美国图书馆协会发布了《公共图书馆老龄责任书》，并于 1970 年和 1981 年进行了修订。声明明确提出，图书馆要致力于建立将老年人视为资源而非负担的积极态度，并提供了开展服务的十个领域。[②]现在实施的《老年人图书馆和信息服务指引》发布于 1999 年，此前有过 1987 和 1996 年的两次修订。其中规定："由于高龄而引起的社会的、经济的、生物学的诸多问题，所有图书馆、尤其是公共图书馆所担负的责任义不容辞。"

英国图书馆的服务口号是百分之百满足老年人对所需图书的要求，并定期上门服务。开展回忆活动是英国图书馆为老年人服务的一大特色，该活动一般通过图书、写真、音乐、录像、幻灯片、历史性的录音等形式来开展。此外，英国移

---

① Javelin M C.How library service to the aging has developed.Library trends, 1973, 21（3）: 367—389.

② Casey G M. Library services for the aging.Hamden : The Shoe String Press, 1984 : 141—142.

动图书馆广泛采用大型字体书，以方便视力不好的老年人阅读。其他国家如法国、德国、丹麦、瑞典等大都把为老年人服务当作图书馆日常工作规划的一部分。

日本在 1989 年颁布的《公共图书馆的任务和目标》中明确规定："对高龄者来说，由于其比例逐年提高，有必要在资料和设备等方面加以特别的关心。"1996 年的《社会教育主事、学艺员以及司书培养等的改善方案》，规定图书馆学培训的具体内容应包括"为残疾者和老龄者服务等多样化需求的对策"。日本国内有一半的图书馆都设有专门的老年人服务设施，许多图书馆还专门配备了家庭服务员，上门为那些高龄老人提供朗读、交流等服务。此外，国际图联及加拿大、英国、澳大利亚等国图书馆协会也都编制了相关指南文件。这些指南文件对于图书馆制订老年服务规划，如何具体进行老年人服务发挥了指导作用。[1]

目前，我国已有部分公共图书馆开始开展一些针对老年读者的服务项目，但与发达国家相比，我国公共图书馆的老年读者服务工作明显滞后。20 世纪 80 年代，我国图书馆界开始关注老年阅读服务，1982 年上海市黄浦区广东街道图书馆率先成立了老年读书会，1997 年发布的《辽宁省公共图书馆文明服务规范》最早确立了老年服务的制度要求。[2]不少图书馆等也为老年人增设了老年阅览室。广东省立中山图书馆一直坚持为残疾读者和老年读者提供送书上门的服务。但是在全国范围来说，提供专门服务的图书馆仍是少数。纵观全国，图书馆老年阅读活动数量很少，几乎称得上屈指可数。迄今为止，图书馆的老年读者服务工作仍处于自发状态，国家还没有制订专门的服务政策，现有地方图书馆法规中即使有少量描述性规定，也大多语焉不详，与残障人员的相关条例合并在一起，一带而过。并且图书馆在老年群体中的社会认知度较低，很多老年人表示"不知道""没去过"公共图书馆。

老年群体自身的阅读态度也亟待积极引导和改善。《公共图书馆服务与老年

---

① 陈秋燕.公共图书馆为老年群体服务的思考.图书馆论坛，2008（3）：133—135.

② 肖雪.国外图书馆协会老年服务指南的质性研究及对我国的启示.中国图书馆学报，2014（5）：83.

人阅读现状及调查》①的作者对北京市 5 个城区 205 位老人和湖北省十堰市竹山县下辖 6 个乡镇 300 位老人进行了问卷调查，研究表明老年人自身就面临多种影响阅读兴趣的障碍：一是年龄增加带来的身体障碍；二是知识障碍，尤其是文盲群体，甚至没有基本的读写能力；三是观念障碍，老年人趋于保守，抗拒新知识新思想，自然影响阅读兴趣；四是情境障碍，包括老年读物的匮乏和家庭生活的影响。

推广、宣传活动少，阅读资源和设备缺乏，专门服务不完善，都是图书馆老年阅读服务的不足。因此，要改善老年群体阅读状况，建立专门场所、提供机会让老年人展示自我、为老年人的各种需求提供便利服务、加强推广工作等，需要社会和家庭做出共同努力。

（三）残障人士阅读

1931 年，在英国切尔滕纳姆召开的国际图联年度大会上，"医院图书馆分委员会"成立，旨在为病人进行图书馆服务。1984 年，改成现用名"弱势人群服务图书馆专业组"，专门关注那些无法利用常规图书馆服务的特殊人群。它制定了有关老年人、残疾人、病人、监狱犯人等多部服务指南，对这些人群的生理和活动进行中长期关注。

1991 年，国际图联弱势群体服务图书馆专业组制定了《聋哑人图书馆服务指南》，2000 年修订出版了第 2 版，为国际图书馆界的听障群体专门服务提供了政策导向。另一个近年来开始受到国际图书馆界关注的，是诵读困难群体。诵读困难是一种在拼写、阅读语言方面的先天性残疾，又称失读症。1997 年和 1999 年的国际图联大会上，国际图联弱势群体服务图书馆专业组与丹麦图书馆馆外服务专业组、欧洲诵读困难协会联合召开了关于诵读困难群体信息获取的研讨会和展览会。2001 年，弱势群体服务图书馆专业组出版了《诵读困难群体图书馆服

---

① 肖雪，王子舟.公共图书馆服务与老年人阅读现状及调查.图书情报知识，2009（3）：35—57.

务指南》，继续推进对失读症群体的服务。该指南认为图书馆界应当充分了解诵读困难群体的需求，与学校、家庭、诵读协会、政府机构等社会组织合作，为诵读困难群体开辟专门的阅读区域，提供适用的图书资料，以培养他们的阅读兴趣和乐趣，提高和改善阅读技能。[①]

国际图联下属的其他专业组，如盲人图书馆服务专业组、青少年图书馆服务专业组等也都制定有、或正在制定各种面向弱势人群的图书馆服务指南和规范，值得我们进一步研究并借鉴。

相较于西方国家，我国图书馆针对残障人士提供的服务很不完善。目前我国面向弱势群体的图书馆服务仍缺乏相应的政策和制度指导与保证。迄今为止，国家还未制定专门的弱势人群图书馆服务政策，现有地方图书馆法规中的相关内容也并不明晰。例如《北京市图书馆条例》第二十三条"图书馆应当为老年人、残疾人提供方便"，仅仅是提出要重点照顾弱势群体，但并无具体操作规范。20 世纪 90 年代以来，在我国省级和地市级公共图书馆评估标准中分别增加了"为弱势群体服务"指标（见评估标准 327 条），但也仅停留在"设立残疾人专用通道""设立残疾人阅览室或专门阅览坐席""弱势人群专门服务措施"的层次。[②]此外，对于已开展面向弱势群体服务的图书馆来说，图书馆内部对于这方面的专门规划和政策声明还很少。

据统计，我国有 30—40 个省级和市级公共图书馆建立有残疾人阅览室或视障阅览室并提供相应的服务。[③]其服务对象大多是视障群体，面向听障群体、诵读困难者的专门服务还很少。在实际服务中，大多数图书馆所设的残疾人阅览室或盲人阅览室，利用率也并不高。以深圳图书馆的视障阅览室为例，该视

① 王素芳. IFLA 弱势人群服务图书馆专业组制定的服务政策及对我国的启示（上）. 图书馆，2006（6）：21.

② 中国图书馆学会编. 中国图书馆年鉴 2003. 北京：科学技术文献出版社，2004：615—616；628—629.

③ 王素芳. 中外弱势群体图书馆信息服务比较研究. 北京：北京大学信息管理系，2005：131—135.

障阅览室设备先进，除了有盲人书籍，还有盲人专用的电脑。但在开馆初期，人流很少，时常闭门不开。后来因为和深圳市信息无障碍研究会联合对盲人进行免费的电脑培训，门可罗雀的状况才有所改变。[1]金陵图书馆的盲人阅览室因为需求不大，也并不常开。同样，公共图书馆设立的老年人阅览室、外来劳务工阅览室等专门空间，也十分冷清。例如金陵图书馆电子阅览室所设的外来务工人员专区，并无务工人员来享受专门服务。如何使图书馆为重点人群提供的专门服务，与这一群体的需求更好地对接，提高他们的认知，吸引他们主动前来，值得图书馆界思考。

三、社会阅读氛围亟须引领

改革开放以来，经济飞速发展，但读书的人却越来越少。人们的阅读量在降低，质量越来越差，心态越来越浮躁。"读书无用论"等错误思潮蔓延，网络阅读、移动阅读等新方式虽便捷普及，但阅读资源内容良莠不齐。社会阅读氛围堪忧。

湖南省自 2009 年开始举办"三湘读书月"，是较早开展全民阅读活动的省份。为了更加全面了解居民阅读情况，湖南省"三湘读书月"活动领导小组办公室联合省统计局，共同设计并开展了"湖南省城市阅读指数"的调查项目，并于 2011 年第一次发布调查结果。该调查设计了"城市阅读指数及其三大影响因素（阅读满意度、阅读环境、阅读场所）"为核心的阅读指数指标体系，对全省居民阅读情

湖南省"三湘读书月"

---

[1] 陈若韵.公共图书馆弱势群体服务实效及解决方案.图书馆建设，2008（10）：102.

况进行了跟踪调研与分析。2013 年增加了对数字阅读状况的调研力度。到 2016 年时，已进行了 5 次调查。

"城市阅读指数"是从公众的角度出发，将城市居民的阅读量、阅读频率、阅读种类、阅读意识、阅读活动参与状况等指标综合形成。5 年来湖南省整体城市居民阅读指数整体呈现缓慢增长趋势，2011 年 62.92 分，2012 年 65.4 分，2013 年 66.49 分，2014 年达到 68.15 分，2015 年略有下降，为 67.59 分。2013 年是阅读情况调查最为全面细致的一年。在 2012 年 5 月到 2013 年 5 月的近一年中，湖南省城市居民人均阅读了 6.3 本纸质图书，人均购买了 6.1 本图书。但不论是纸质图书、纸质杂志还是电子图书、电子杂志，在"每周的阅读次数"方面选择"不阅读"的受访者比例均达到 40% 以上，说明还有相当多的居民没有日常阅读习惯。各市州阅读指数得分相对于 2012 年，大部分都在上升，但是 2013 年市州最高得分与最低得分之间的差距有所扩大。说明全省居民阅读情况存在不小的区域差异。[①]

表 3-4　2013 年湖南省居民阅读状况

人均阅读纸质图书	6.3本
人均购买图书	6.1本
平均每天阅读纸质媒介	34.21分钟
人均阅读电子图书	6.82本
平均每天电子阅读	84.42分钟

调查显示，全省居民的阅读意愿较好，但 64.52% 的人表示"没时间"阅读。同时，以网络阅读和手机阅读为代表的数字阅读在日常阅读生活中占据了重要位置。

---

① 湖南省第五届"三湘读书月"活动组委会、湖南省统计局 .2013 年湖南省 14 个市州城市阅读指数调研. [2016-12-29] http：//hn.rednet.cn/c/2013/11/25/3207484. htm.

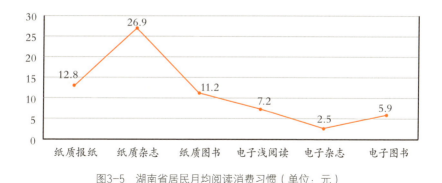

图3-5 湖南省居民月均阅读消费习惯（单位：元）

2013年，湖南省城市居民平均每天阅读纸质媒介（含图书、报纸、杂志）的时长为34.21分钟，而平均每天进行电子阅读（含电子形式的书、报、刊以及网页浏览）的时间已经达到84.42分钟。与此同时，2013年人均电子图书阅读量达到6.82本，超过纸质图书人均阅读量的6.3本。

但是在阅读消费习惯上，纸质载体目前仍旧是居民最愿意付费购买的阅读类型。湖南省个人月均纸质杂志消费为26.9元，纸质报纸消费11.8元，纸质图书消费为11.2元，而包含了电子图书、电子杂志以及电子浅阅读的合计消费仅为15.6元。即纸质杂志的消费优势明显，而数字阅读消费普遍偏低，其中电子杂志消费最少。

而根据2015年的调查计算，湖南省城市居民人均阅读了7.96本纸质图书和1.88本电子图书，阅读总量高于全国7.84本的阅读量，但电子图书阅读量低于全国的3.26本。各种纸质媒介的阅读率均有所下降，阅读纸质报纸的人群比例为51.39%（2014年为60.43%），阅读纸质杂志的比例为57.88%（2014年为63.43%），阅读纸质图书的比例为52.27%（2014年为52.43%）。城市居民的深阅读率也同样下降，数字阅读率则持续上升，近九成居民通过手机阅读电子书，一定程度上反映了全省居民浅层化、碎片化和电子化的阅读趋势。[1]

---

[1] 湖南省新闻出版广电局、湖南省统计局.2015年湖南省14个市州城市阅读指数调研. [2016-12-29] http://lady.gmw.cn/newspaper/2016/ 04/23/content_111968359.htm.

如果简单对比阅读指数指标体系中个体阅读行为、阅读类型的丰富度、阅读意识和阅读资源使用四个维度的评分结果，可以发现，2011年到2015年，湖南省居民阅读状况整体在提升，保持良好态势，其中最为突出的是阅读类型丰富度、阅读选择多元化趋势明显。阅读资源的使用则一直是湖南居民年阅读行为中的短板，存在公共阅读设施使用不足的情况，并且在2015年出现下降，与阅读工具与阅读渠道的多样化不无关系，需要有关部门和场馆进一步对居民进行宣传和引导。

表 3-5　历年湖南省居民阅读状况得分（单位：分）

年份	城市阅读指数	个体阅读行为	阅读类型丰富度	阅读意识	阅读资源使用
2011年	62.92	64.1	63.91	66.17	52.47
2013年	66.49	64.69	69.43	68.22	57.79
2015年	67.59	69.09	74.57	69.35	52.07

再来看看东部发达省份江苏省的全民阅读情况。2014年4月23日的《扬子晚报》刊登报道《江苏居民平均每人每年读7本书》[①]，公布了2013年江苏省居民的阅读调查数据。这是首次对江苏省居民进行全面阅读状况调查，范围涉及13个市，共执行样本21000份，最终回收有效样本20113份，其中18周岁以下未成年人样本为5692份，占总样本量的28.3%，有效接触城乡人口比为2.68∶1。

江苏的全民阅读状况调查有两类测评指标：一是综合阅读率，二是阅读指数。阅读指数指标体系共包含25项单一指标，分为"个人阅读状况"和"公共阅读环境服务"两大类。其中"个人阅读状况"包括个人图书阅读量与拥有量、各类出版物的阅读率以及个人阅读认知与评价等三个方面；"公共阅读环境服务"包括居民对公共阅读设施与服务的认知度、使用情况以及满意度评价三个方面。在

---

① 王赟. 江苏居民平均每人每年读7本书. 扬子晚报，2014–04–23.

测评维度上与湖南的"城市阅读指数"相近。调查显示，2013年度江苏省成年居民综合阅读率为82.2%，报纸、期刊、数字化阅读接触率均高于全国平均水平。居民阅读总指数为68.48点，其中个人阅读指数为73.29点，公共阅读服务指数为64.04点。

具体来看，江苏省成年居民人均纸质图书的阅读量为4.29本，略低于全国平均水平。人均阅读报纸量为98.45期（份），人均电子书阅读量、期刊阅读量均高于全国平均水平。人均纸质图书和电子书合计阅读量为7.01本，略低于全国平均水平7.25本。相比成年人，江苏未成年人更喜欢读书。调查数据显示，未成年人的图书阅读量为8.10本，比全国的6.97本多出了1.13本。同时，江苏省居民亲子阅读水平较高，促进亲子阅读具有较好的基础。91.4%的0—8周岁的儿童家长都会选择陪孩子进行阅读。

图书、报纸等传统出版物阅读时长相对较高，数字媒介阅读时长也处于较高水平。人均每年购书频次为2.99次，四成成年居民表示一年内至少购买过一次图书，也有48.5%的人表示从不买书。对于读书来源，调查显示七成是居民自费购买。而在购书者中，有近八成的居民首选新华书店作为最主要的购书渠道，网上买书的比例占到了23.0%，位列第三。江苏省成年居民能够接受一本200页左右文学简装书的平均价格为14.64元，略高于全国的13.68元。

在数字阅读方面，江苏省成年居民的网络在线阅读、手机阅读、电子阅读器阅读、光盘读取等数字化阅读方式的接触率均高于全国平均水平。虽然江苏省居民对传统出版物的价格承受能力较高，但对数字出版物付费意愿较低。有58.4%的人表示不能够接受付费下载阅读。数字化阅读接触者能够接受一本电子书的价格为1.39元。

此后，江苏省连续进行了全民阅读状况调查。从2013—2015年的阅读数据来看，全省阅读状况整体持续提升，各种资源和媒介的阅读情况基本都高于全国水平。但报纸和期刊的阅读率呈下降趋势，对于公共阅读服务的使用和接受程度仍然有待提高，与湖南省情况相似。实际上报纸期刊的阅读率持续走低，以及以手机为主要媒介的数字化阅读明显增加，是全国的大趋势。另外，江苏省未成年人阅读状况总体良好，高于省内成年人和全国未成年人阅读水平，但存在随着年龄增长阅读量反而下降的情况。而江苏省情况较好的亲子和家庭阅读，3 年中数据基本持平，波动不大，家长平均每天花费 26 分钟左右陪孩子阅读，平均每年带孩子逛书店 3—4 次，仍然有待加强。

调查也提出了这样一个问题："读书人为何少了？"受访者表示，"没时间""书太贵""好书太少"等都是读书时间减少的原因。

表 3-6　2013—2015 年江苏省成年居民阅读率

年份	全国综合阅读率	江苏综合阅读率	图书阅读率	报纸阅读率	期刊阅读率	数字化阅读率
2013	82.2%	76.7%	45.1%	61.9%	42.8%	52.8%
2014	78.6%	86.9%	50.9%	62.1%	45.2%	64.3%
2015	79.6%	88.4%	54.7%	55.3%	34.9%	71.0%

表 3-7　2013—2015 年江苏省成年居民阅读指数得分

年份	成年居民阅读指数	个人阅读指数	公共阅读服务指数
2013	68.48	73.29	64.04
2014	73.19	77.86	68.87
2015	77.51	79.94	75.26

那么，全国的阅读情况又如何呢？

为了全面了解全国国民年度阅读倾向发展趋势和文化消费现状，经新闻出版总署批准，由中国新闻出版研究院自 1999 年起，组织实施大规模的基础性国家工程——全国国民阅读调查，为年度国民阅读情况把脉。

1999 年至 2007 年，全国国民阅读调查每两年进行一次，从时间和空间两个跨度对国民阅读总体状况进行跟踪调查和研究。自 2007 年起，调查周期缩短为年均一次，至 2016 年，已进行了 13 次全民阅读调查。

全国国民阅读调查一般采取个人问卷调查法，分年龄段有针对性地进行调查、统计。以第十三次全国国民阅读调查为例，本次调查对象为我国全年龄段人口，沿用四套问卷进行调查，其中将未成年人按照0—8周岁、9—13周岁、14—17周岁划分，采用三套不同的问卷进行访问。就调查覆盖面而言，全国国民阅读调查覆盖范围广。以第十三次全国国民阅读调查为例，本次调查搭载了江苏、湖北和吉林所有地市（州）的调研，执行样本城市多达81个，覆盖了29个省、区、市。

全国国民阅读调查旨在全面了解我国国民的阅读与购买兴趣、偏好、方式、需求、行为等基本状况和变动情况，分析、总结国民阅读与购买图书、杂志、音像制品、电子出版物等的变化规律和发展趋势。因此，全国国民阅读调查主要涉及下列阅读指标：国民综合阅读率（18—70周岁），图书、期刊、报纸阅读率（18—70周岁），人均纸质书阅读量图书（18—70周岁），数字阅读方式接触率（18—70周岁）等。近5年的具体情况见组图3-6：

组图3-6 2011—2015年我国成年国民阅读状况

　　近5年的数据显示，除国民图书阅读率和国民数字阅读方式接触率呈逐年上升趋势以外，综合阅读率、国民期刊阅读率、国民报纸阅读率等均呈现不规则变化趋势，总体数据走低，国民阅读情况并不乐观。调查也询问了受访者阅读情况的自我评价：一是个人阅读数量的评价，分为自认为阅读数量很多、阅读数量比较多、阅读数量一般和认为自己的阅读数量很少或比较少；二是个人阅读情况总体满意度评价，分为满意（非常满意或比较满意）、不满意（比较不满意或非常不满意）和一般。2011—2015年的详细数据见组图3-7：

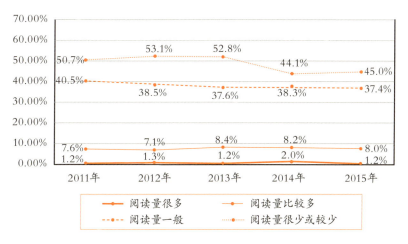

组图3-7 国民个人阅读情况评价

综合 5 次调查结果可以看出，尽管国民对于阅读的重要性有清楚的认识，但是实际阅读情况却不容乐观：认为自身阅读数量很多的人从未超过 2.0%，低迷数据持续数年；五成左右的国民常年认为自己阅读量很少，而对个人总体阅读情况表示满意的也从未超过 30%。由此可见，整个社会阅读习惯仍未养成，十分缺乏良好的阅读氛围。事实上，调查结果也显示国民对社会阅读氛围的构建表达出十分强烈的期望。2011 年有 62.6% 的国民呼吁当地举办全民阅读活动，至 2015 年时达到 67.3%，表明社会对公共文化服务以及全民阅读服务有很大需求。

2014 年 4 月 23 日世界读书日，央视新闻频道、@ 人民日报联合百度、新浪、京东、亚马逊、零点研究咨询，联合推出中国首部《中国网民阅读大数据》。[①]调查表明，2013 年，全国图书整体零售市场继续保持增长，但地面书店图书零售市场自 2012 年首次出现负增长以来，2013 年继续下降，负增长率为 –1.39%，比前年的负增长率有进一步扩大（2012 年为 –1.05%）。而在线图书销售近三年来一直在快速增长。

根据百度指数提供的 2011 年 1 月至 2013 年 12 月的搜索指数显示，网民业

---

① 中国网民阅读大数据：阅读行为功利性，每天总阅读时间为 30 分钟 . [2015-12-29]
http：//www.36dsj.com/archives/7426.

余时间阅读行为呈上升趋势。对于图书品类，不同性别和不同年龄网民表现出不同的搜索偏好。男性搜索艺术类、教材类、科技类、文学类图书的比例均在60%以上；女性搜索社科类图书的比例超过了60%。10—19岁网民搜索最多的是考试类、教辅类图书，20—29岁网民搜索最多的是考试、管理金融、小说、外语类等图书，30—39岁的网民各类图书搜索占比相对均衡。40岁以上网民的图书搜索明显较低，其中40—49岁最热衷于生活类图书，50岁以上网民最热衷于教辅类图书。根据京东提供的大数据，在2013年京东销售图书中，文学类和文教类是图书销售市场的主要组成部分。2013年前50榜单中，主要由少儿、小说、励志与成功、家教与幼儿、文学、管理等品类构成。

表 3-8　各类图书搜索百度指数[①]

品类/年龄	10—19岁	20—29岁	30—39岁	40—49岁	50岁及以上
原版	26.09%	39.92%	28.85%	0.00%	5.14%
生活	10.71%	33.33%	27.38%	28.57%	0.00%
旅游	18.00%	24.00%	58.00%	0.00%	0.00%
心理励志	11.67%	35.33%	45.00%	8.00%	0.00%
管理金融	5.71%	46.19%	48.10%	0.00%	0.00%
艺术	10.51%	29.77%	45.57%	10.06%	2.09%
考试	33.33%	66.67%	0.00%	0.00%	0.00%
教辅	30.16%	20.11%	23.81%	12.70%	13.23%
教材	8.93%	24.64%	40.36%	21.45%	4.64%
外语	18.74%	37.00%	31.50%	11.50%	1.26%
社科	25.29%	28.74%	45.98%	0.00%	0.00%
科技	22.11%	27.14%	50.75%	0.00%	0.00%
少儿	9.59%	27.05%	42.47%	16.44%	4.45%
文学	3.79%	35.05%	44.75%	13.60%	2.81%
小说	16.49%	37.59%	30.85%	10.64%	4.43%

① 数据来源于《中国网民阅读大数据》。

2016 年 5 月 14 日，由北京师范大学、国家互联网信息办公室网络新闻信息传播局指导，中国文化网络传播研究会、北京师范大学新闻传播学院共同主办的中国文化网络传播首届高峰论坛在北京师范大学举行。在论坛现场，北京师范大学新闻传播学院万安伦教授发布《中国网民数字阅读状况调查报告（2016）》。该调查共采集有效调查问卷 24591 份，涵盖全国，涉及"网民数字阅读终端""数字阅读内容来源""数字阅读阅读时长与数量""阅读的题材及对数字阅读是否会取代纸质阅读的态度"5 个方面内容。调查结果显示，63% 的网民使用手机端进行数字阅读，46.9% 使用 PC 电脑端，18.1% 使用平板电脑，17.5% 使用各类电子书阅读器。数字阅读内容来源方面，"微信公众号推送和朋友圈分享"达到 51.8%，是第二、第三名浏览器网页和专门新闻 App 的两倍多。受访网民中，33% 不读电子书，40% 不读纸质书。53% 每天进行一小时以内的数字阅读，35% 每天数字阅读时长为 1—3 小时。总体上电子书阅读量高于纸质书阅读。对于阅读形式的预测，62.7% 的受访网民认为数字阅读迟早会取代纸质阅读；37.3% 认为数字阅读永远不可能取代纸质阅读。[1]

总的来说，网民阅读兴趣较高，而且电子化阅读行为和线上购书行为越来越突出。智能手机的普及，对阅读行为也产生了很大影响。手机端阅读率快速上升，各种类型的阅读 App 也迅速增加，各品牌电子书阅读器的使用表明数字阅读具有媒介专业化趋势。但网民的阅读仍然表现出差异化和功利化的特征。励志、教辅、管理金融等品类图书流行，都说明了阅读行为的功利化。如何引导全民图书阅读行为更加健康、深入，需要社会舆论的正确导向，也需要教育体制的改善。

综合湖南省、江苏省和全国数据，可以看出，中国的全民阅读情况在人均阅读量、人均阅读时间、人均图书拥有量和消费承受能力等方面，都有所提升。但是对于人口众多的中国来说，人均数值仍然偏低，与国际有很大差距。总体而言，

---

[1] 万安伦.中国网民数字阅读状况调查报告（2016）. [2016–12–29] http：//www.wtoutiao.com/p/15bR20E.html.

我国社会阅读环境存在两大问题：一是不爱读书，二是阅读功利化。另外，尽管全国调查数据表明七成以上国民仍偏好纸质阅读，但不可否认的是，以手机阅读为主体的数字图书阅读率和阅读量有明显上升，表明移动端数字化阅读是无法阻挡的趋势。

现代社会生活节奏加快，网络的开放性和便捷性使得数字阅读更适应这种快节奏，让人们的阅读不再受时间和空间的限制，能够更灵活地利用琐碎时间进行阅读。但由于阅读时间、空间的限制，阅读呈碎片化趋势。在上述调查中可以看出，国民对纸质阅读的消费承受能力在上升，电子书付费意愿却仍然较低，国内尚未形成良好的数字阅读环境。

由于网络文本的写作要求低，发表门槛低，其内容质量也引人担忧。2015年10月19日《扬子晚报》刊登《网络写手生存现状：九成人没钱拿》，报道了眼下十分繁荣的网络文学背后的"荒芜"。目前我国网络文学的主要形式，是写手在阅读写作网站进行连载，受欢迎的文字采取收费模式。与传统纸质文字稿费不同的是，网络付费阅读单价低，以量取胜，订阅人数越多作者收入越高。由于入门要求低，写手众多，导致竞争十分激烈，网络写手必须日更千字、万字，高更新才能留住读者。如此功利性的目标，如此快的写作节奏，文本质量自然得不到保障。在这些海量的网络文学中，虽然有精品，更多的却是平庸甚至低俗下流的内容。中国出版传媒商报记者早前曾做过读者调查，近百位受访者中，超过60%表示会通过网站获取图书资讯，但是出于吸引眼球的需要，门户网站"读书频道"往往标注大胆、低俗的关键词，推荐书籍也不乏黄暴低俗内容。而进入大众视野的少数成名网络文学作品，其中也不乏过度模仿、抄袭的不良示范。至于作为数字阅读重要来源的微信公众号和朋友圈荐文，由于无需审核，缺乏监管，也充斥着低下庸俗之作，容易出现文字谬误、内容编造，最终造成以讹传讹的不良影响。

网络文本内容的良莠不齐，加之读者付费意愿低，二者恶性循环，导致网络阅读为主的数字化阅读水平难以提升，大部分是快餐阅读，并不能提升阅读者的各方面素养，即现在的阅读浅层化趋势。若要构建更为积极、良好的社会阅读氛围，这些问题都需要引导改善。

随着数字化阅读的发展，传统纸质出版业、实体书店遭受了冲击，但它们仍在国民日常阅读生活中占据重要地位。如今政府及社会各界在全民阅读推广上也做出了不少努力和探索。根据需要，社会上出现了"24小时书店"。例如台湾的文化地标——诚品书店。2014年4月，北京三联韬奋书店开办24小时服务，也激起了社会强烈反响。此后，全国各地如杭州、广州、深圳、南京、西安等城市纷纷开设了24小时书店，受到市民热烈欢迎。

四、体制机制建设亟须加强

要促进"全民阅读"的健康、可持续发展，必须从体制和机制建设两个层面上进行保障和推广。当前国内全民阅读推广和图书馆服务发展的最大掣肘，就是法律法规的缺失。

《公共图书馆宣言》提出："1. 公共图书馆原则上应该免费提供服务。建立公共图书馆是国家和地方政府的责任。必须专门立法维持公共图书馆，并由国家和地方政府财政拨款。图书馆应该是继承文化、传递信息、扫盲和长期教育战略的基本组成部分。 2. 为保证全国图书馆的协调和合作，必须立法并制定战略计划，来确定并建设同一服务标准的全国图书馆网络。"《图书馆法》的核心内容应是：（1）明确举办者及其责任；（2）保障经费；（3）明确公共图书馆在社会文化教育中的地位；（4）确定服务规范。①

审之中国现行法律法规，关于高校图书馆系统的行政法规要相对完善。早在1956年教育部就颁发了《中华人民共和国高等学校图书馆试行条例（草案）》，1981年又颁发了《中华人民共和国高等学校图书馆工作条例》。1987年7月国家教委颁发了《普通高等学校图书馆规程》，2002年修订为《中华人民共和国高等

---

① 颜务林，李亚芬. 国内公共图书馆与国际标准十个方面的差距. 新世纪图书馆, 2007（2）: 8.

学校图书馆规程》。而关于公共图书馆，1982 年文化部颁布了《省（自治区、市）图书馆工作条例》。1990 年文化部开始启动《公共图书馆条例》的起草工作，并征求图书馆和有关部委意见。但是形成草案后，由于机构改革和意见分歧等原因而搁置。1966 年以来，各地出台了一些地方法规。①然而迄今为止，国家级的《图书馆法》仍然没有制定颁布。公共图书馆立法远远落后于公共图书馆事业的发展，因此图书馆工作尚"无法可依"，使得公共图书馆难以获得良好的发展条件。

江苏省新闻出版（版权）局徐同亮副主任认为，公共阅读服务体系具有两个特性，即：（1）基础性，满足公民基本阅读权益和扎根基层；（2）系统性，多领域服务、多种资源流通和多种主体共同协作。因此，完善公共阅读服务体系的路径有以下四条：（1）建立健全公共阅读服务组织领导体系；（2）建立健全公共阅读服务多元供给体系；（3）建立健全公共阅读服务设施网络体系；（4）建立健全公共阅读服务政策法规体系。②

《光明日报》的《全民阅读在中国》一文提出：全民阅读是一项百年树人的基础工程，需要从以下四点建立长久而稳定的体制机制保障。

一要尽快建立国家层面的全民阅读工作协调机制，引领全民阅读。

二要加大全民阅读工作的财政支持力度和税收优惠力度，转变公共财政投入方式，通过政府购买服务、项目补贴等方式，鼓励和引导全民阅读。

三要全面加强阅读设施建设，创新阅读指导和服务方式，建立阅读推广人队伍，加强阅读推广人才队伍建设，形成科学规划、合理布局、覆盖城乡、便利实用、服务高效的公益性阅读设施体系。

四要保障重点人群需求，突出儿童优先原则，重点扶持老少边穷地区的全民阅读工作，促进全民阅读事业均衡协调发展。③

---

① 毕树芬.中国图书馆法制定之必要性探析.经济研究导刊，2013（22）：207—208.

② 徐同亮.全民阅读背景下我国公共阅读服务体系建设探究.图书馆论坛，2014（8）：28—35.

③ 王赟.全民阅读在中国.光明日报，2015–01–06.

　　可以看出，想要更好地推广全民阅读，一是需要制定法律法规，二是自上至下建立完善的公共阅读服务体系亦是必备基础。这不仅需要国家在大政方针上的倡导指引，也需要具体操作实施的细则。幸而近年来，立法保证并推进图书馆服务以及全民阅读推广活动的工作正在逐步加快脚步。2006年《国家"十一五"时期文化发展规划纲要》已经明确把"抓紧研究制定图书馆法"作为"十一五时期"加强文化立法的重点工作。中国图书馆学会在业界和学界也积极推进了立法研究，2005年受文化部委托主编《公共图书馆建设标准》，2008年颁布执行《公共图书馆建设用地标准》。公共图书馆法为十二届全国人大常委会立法规划第一类项目。该法已列入国务院2011年至2014年立法计划的预备项目。2012年3月13日《中华人民共和国公共图书馆法（征求意见稿）》公布。2014年3月举行的十二届全国人民代表大会二次会议期间，陈国桢、姜健等63位代表提出制定公共图书馆法的议案两件，买世蕊等30位代表提出制定图书馆法的议案。全国人大教科文卫委员会表示，对于代表议案提出的落实财政保障、组建理事会、为特殊群体提供服务、明确建设和服务标准等建议，都将督促有关部门在立法工作中予以认真研究和考虑。

第四章

阅读推广的实践总结

"世慕昔贤境，书爱众香薰。"自从联合国教科文组织将 1972 年确立为"国际图书年"以来，建立阅读社会、促进阅读提升就成了世界文化发展的时代潮流。"世界读书日"的确立使全民阅读推广理念成为世界各国的共识，阅读推广与书香社会的理念在全球落地生根，并取得良好效果。许多国家在"世界读书日"之外也开展了各种形式的阅读推广活动，以不同方式有意识、有目的地引导国民读书、推进全民阅读，共同推进了全球范围内阅读推广的发展进程。

　　我国的全民阅读推广活动正式开始于 1982 年的上海"振兴中华"读书活动，30 多年来，全国的阅读推广活动呈现出一定的规律，并且具有强大的生机，目前已步入正轨并且有条不紊地发展，覆盖范围越来越广、国内影响越来越大。我国的全民阅读推广工作以此为契机，进入了一个丰富多彩、充满活力、共建共享的新时代。

　　在本章中，我们梳理了国际与国内阅读推广的发展历程，分析了阅读推广的多方推广力量，包含政府、图书馆、出版传媒书店业、民间力量以及学术研究等，最后从创造良好阅读环境、推广优秀阅读资源、开展丰富阅读活动、拓展阅读宣传阵地四大方面总结了阅读推广的实践经验，借以探索阅读推广活动在新时期能够完成的转型和升级，以期进一步推动全民阅读事业发展，构建书香社会。

第一节　阅读推广的发展历程

一、国际阅读推广的发展历程

（一）国际组织的号召与努力

阅读推广在全球的广泛开展与诸多国际组织的号召和努力是分不开的，许多国际组织都在其政策文件中阐明了阅读的重要性和阅读推广的必要性。图书馆与阅读有着天然的联系[①]，多个国际图书馆学文件和论著中都出现了关于阅读推广的论述。如 1949 年联合国教科文组织颁布的《公共图书馆宣言》提出，公共图书馆必须"激励阅读兴趣"，"将注意力置于展览、书目、讨论会、个人阅读指导等重要活动"。

1955 年，专业致力于促进国际阅读推广事业的国际阅读协会在美国成立，该协会的宗旨和目标是："借由研究阅读过程及教学方法提升全民阅读质量，使每个人都拥有阅读的能力，并鼓励终身阅读。"协会由阅读专家、大学教师、研究人员、心理学家、图书馆员、学生及家长等组成，成员超过 10 万人，遍布 99 个国家，是目前具有广泛国际影响力的阅读推广的组织与协调者。

联合国教科文组织也出台了一系列举措促进全球范围内的阅读推广。联合国教科文组织第 16 届大会把 1972 年确定为"国际图书年"，其宗旨在于宣传图书在社会发展中的巨大作用，促成人们读书习惯的养成，以协力建设一个人人爱书、个个爱读的"阅读社会"。1995 年，该组织又根据西班牙的提议，将每年 4 月 23 日正式定为"世界图书和版权日"（又称"世界读书日"）。世界各国在"世界读

---

① 范并思.公共图书馆阅读推广的发展趋势.图书馆杂志，2005（4）：11—15.

书日"这一天都会开展丰富的阅读活动，构成一幅全球共读，同时地域特色鲜明的书香图景。

"世界图书之都"评选是每年"世界读书日"活动的重头戏。"世界图书之都"项目启动于 2001 年，被公认为是全世界最成功的阅读推广项目。该项目每年由联合国教科文组织以及国际出版商联合会、国际书商联合会和国际图书协会的代表共同商议评选，旨在促进图书出版及公众阅读，是对一座城市在阅读文化上所做贡献的表彰。该委员会每年都共同推选一座城市作为"世界图书之都"，获选城市将在当年与下一年的"世界读书日"之间享有这一称号。西班牙马德里是首个被评为"世界图书之都"的城市，此后埃及亚历山大（2002）、印度新德里（2003）、比利时安特卫普（2004）、加拿大蒙特利尔（2005）、意大利都灵（2006）、哥伦比亚波哥大（2007）、荷兰阿姆斯特丹（2008）、黎巴嫩贝鲁特（2009）、斯洛文尼亚卢布尔雅那（2010）、阿根廷布宜诺斯艾利斯（2011）、亚美尼亚埃里温（2012）、泰国曼谷（2013）、尼日利亚哈特港（2014）、韩国仁川（2015）和波兰佛罗茨瓦夫（2016）相继获此殊荣。

（二）欧美及亚洲国家的阅读推广历程

自联合国教科文组织将 1972 年确立为"国际图书年"以来，建立阅读社会、促进阅读提升就成了世界文化发展的时代潮流。"世界读书日"的确立使全民阅读推广理念成为世界各国的共识。2016 年，全球迎来第 20 个"世界读书日"。20 年来，阅读推广与书香社会的理念在全球落地生根，并取得良好效果，各国"世界读书日"庆祝活动异彩纷呈。许多国家在"世界读书日"之外也开展了各种形式的阅读推广活动，以不同方式有意识、有目的地引导国民读书、推进全民阅读，共同推进了全球范围内阅读推广的发展进程。本节以部分欧美及亚洲国家的阅读推广为例，简略描绘出阅读推广在全球的发展历程。

1. 美国：官方促进，图书馆主导

美国阅读推广开展时间早，官方促进力度大，法律保障完善，目前在全世界范围内处于领先地位，在项目实施、法律制定、公众参与等方面都已形成一套成

熟的推进体系①，有较强的借鉴意义。

1997 年，克林顿政府为提高儿童的阅读水平而发起"阅读挑战"运动，目标是让所有美国儿童在三年级末达到独立有效的阅读水平。"阅读挑战"的重点是帮助那些有阅读困难的孩子，美国教育部专门成立了"克服儿童阅读困难委员会"，委员会通过多项措施帮助儿童摆脱阅读障碍，并定期发表《排除儿童阅读困难报告》。到 1999 年上半年，1000 多所大学和学院、250 多个组织参加了美国阅读挑战行动。据美国国家教育进步评估委员会在 1999 年 3 月发布的 1998 年度阅读调查报告，这一年度美国公民的阅读水平和 1992 年、1994 年相比，略有提高。

1998 年，美国国会通过了《阅读卓越法》，将阅读教育纳入法制化的轨道，并依照该法对《中小学教育法》第二款的相关内容进行了修改，在其中加入了有关阅读方面的条文。2002 年，布什政府签署了《不让一个孩子落伍》法案，专门就阅读问题制定了两项方案：一是针对学前班到小学三年级儿童的"阅读优先"计划，一是专门针对学前儿童的"早期阅读优先"计划，规定 2002 至 2007 年度每年分别对这两项计划投入 9 亿美元和 7500 万美元。

图书馆是美国阅读推广活动的重要推进者。国会图书馆图书中心（Center for the Book in the Library of Congress）是负责推广全民阅读的专门机构，它成立于 1977 年，核心任务是以国会图书馆的威望与资料激发民众的阅读兴趣。国会图书馆图书中心发起组织了众多阅读推广项目，取得了良好反响，不少活动成为美国极具影响力的阅读

2003美国国家阅读节海报

① 葛茜.美国国民阅读推广活动及对我国的启示.情报杂志，2015（6）：196—199.

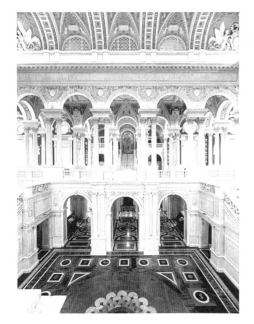

美国国会图书馆托马斯·杰斐逊大楼大厅

美国国会图书馆最负
盛名的主阅读大厅

推广品牌，如国家图书节、"一城一书"活动等。国家图书节由前总统布什的夫人劳拉·布什（Laura Lane Welch Bush）发起，国会图书馆图书中心主办，举办地在国家广场，是美国文学界、出版界和国民阅读的一大盛事。在"一城一书"活动中，某个城市选出一本书，通过读书会、讲座等各类型读书活动，使城市里的人都阅读和讨论这本书，"一城一书"是迄今为止在美国影响最广泛的阅读推广活动。①

2. 英国：从"阅读起跑线"蹒跚起步

"阅读起跑线"计划是英国最具代表性的阅读推广项目，该项目由英国慈善机构图书信托基金会和基层医护服务信托基金会联合伯明翰图书馆服务部发起，

---

① 葛茜.美国国民阅读推广活动及对我国的启示.情报杂志，2015（6）：196—199.

在全英取得了良好效果。

1992 年"阅读起跑线"计划发起之时，是世界上第一个专为学龄前儿童免费提供阅读指导服务的项目，旨在让每一个学龄儿童都在阅读中享受乐趣，培养他们对阅读的终身爱好。项目根据不同年龄段的儿童特点开展服务，内容丰富，针对性强，主要包括：

一、"阅读起跑线"婴儿包。向 0 到 12 个月的婴儿发放，其中包括两本硬皮书、一本介绍与幼儿分享故事的方法和建议的小册子——《婴儿爱阅读》、一个推荐书目——《欢迎参加"阅读起跑线"计划》和一本童谣书。

二、"阅读起跑线"高级包。向 1 岁半到 2 岁半儿童发放，其中包括两本图书、一个涂鸦板、各种彩色蜡笔、一本识数小册子、一本为初学走路的孩子准备的推荐书目、一套藏书标签、一本关于如何培养孩子听说能力的小册子。

三、"阅读起跑线"百宝箱。向 3 到 4 岁儿童发放，其中包括一个 A4 彩色塑料文件袋、两本图书、一本关于儿童教育的书、一本介绍如何获取特定主题图

英国"阅读起跑线"

英国"阅读起跑线"

书的小册子、一套藏书标签、一盒彩色蜡笔和一个卷笔刀。

四、触摸图书包。向 0 到 4 岁全盲和视弱儿童发放，其中包括一本指导家长如何与视障儿童分享图书的小册子——《和孩子分享图书》、一个推荐书目——《欢迎参加"阅读起跑计划"》、一本指导视障儿童进行阅读的小册子——《阅读的方法》以及两本专为视障儿童选取的特制图书。

五、"蹒跚起步来看书"活动。通过为到图书馆阅读的儿童授予阅读证书来鼓励 0 到 4 岁的儿童到图书馆参加活动，图书馆也定期举行各种亲子互动的阅读活动吸引小读者们。

六、"儿歌时间"。为初生婴儿、初学走路的儿童和他们的家长设计的亲子互动活动，该活动一般在图书馆举行，内容包括童谣、儿歌和律动，还有游戏、新奇小说和玩具分享的环节。

七、双语资料。提供多语种免费指导资料，主要的指导资料为《婴儿爱上阅读》，共有 14 个语言版本。此外，此计划的官方网站还提供 9 种语言版本的指导资料下载。

目前，这一计划已被推广到全球。根据现有数据，丹麦每年有近 7000 名儿童从中受益，荷兰约为 7 万人，意大利有 25 万人，德国达 70 万人。[1]参与这一计划的国家还有中国、日本、韩国、泰国、澳大利亚、美国、智利、意大利、德国、墨西哥、波兰、南非、印度等，越来越多的宝宝在"阅读起跑线"上蹒跚起步，开启奇妙的人生之旅。

3. 德国：阅读基金会促进，社会各方合作

大大小小的阅读促进组织在德国的阅读推广中发挥着重要作用。德国有 200 多个进行阅读推广的机构、组织，民间组织更是不计其数，他们的目标都旨在提高民众的阅读热情，促进社会阅读的繁荣发展。[2]德国阅读基金会是其中规模大、运作成功、极具代表性的一个，在德国阅读推广活动中具有广泛的影响力。

---

① http://www.bookstart.org.uk/about/international/current-affiliates/.
② 李蕊.德国社会阅读推广考察及启示.图书馆界，2014（4）：46—49.

2015德国国家阅读奖颁奖仪式

阅读基金会认为在媒介主导、文化多元的当代社会中，阅读是一个人参与其中的先决条件，是个人发展的基石。因此，阅读基金会将其工作目标确立为激发阅读兴趣，提高阅读素养，促进社会各阶层阅读，培育保护与新媒体时代相承接的阅读和语言文化。基金会由联邦总统支持，多家媒体和文化界赞助。自1988年在美因茨成立以来，发起了大量阅读推广项目，重点针对幼儿园、学校、图书馆、书店和媒体。[1]其中较为著名的项目有"阅读起航""全国朗读日"等。

表4-1 德国阅读基金会阅读推广项目一览

项目名称	活动内容
家庭阅读计划	难民子女"阅读起航"计划、"阅读起航"：三个阅读里程碑等
幼儿园阅读计划	全世界的孩子、朗读网络、朗读图书馆、一起探险阅读国、莱比锡阅读指南针、"爸爸为我读！"等
校园阅读计划	小学阅读项目、中学阅读项目、职业学校阅读项目等
青少年与业余阅读计划	运动中阅读、"阅读伙伴"行动、送你一个故事、德铁朗读箱、全国朗读日、阅读童子军、阅读骑行等

---

① ÜBER UNS. [2016−02−05] http：//www.stiftunglesen.de/ueber−uns.

如同英国的"阅读起跑线"计划一样，德国在 2008 年发起的"阅读起航"运动，通过对初生婴儿发送礼包的方式来推动阅读。这项活动进行中，婴儿一出生便会得到当地图书馆赠送的"阅读礼包"。在 0 岁到 10 岁期间，还会经常收到儿科医生或图书馆免费发送的书包，里面包括婴儿书、给父母的指导材料、布置婴儿房间的挂图等。"全国朗读日"由德国阅读基金会和时代周刊发起，将每年11 月中的一天定为全国朗读日。这一天，几千名政治家、社会名流、体育明星、电视主持人、知名作家、演员等，都前往各地的幼儿园、学校、图书馆和其他地方为孩子们讲故事。在这些知名人士的带动下，孩子对于阅读的兴趣更加浓厚。①

德国阅读基金会的阅读推广，目标群体划分精准，影响范围广泛，持续时间长，活动内容丰富有趣、针对性强。阅读基金会不仅积极实施阅读推广项目，也十分关注阅读推广研究，并于 2006 年成立了阅读与媒体研究院。该机构致力于发现阅读与媒体研究领域新的主题与趋势，自成立以来实施了一系列针对阅读推广的调研和评估项目，为阅读推广项目的实施提供了有力的理论支持。开展的研

2015德国"全国朗读日"

① 徐雁.全民阅读推广手册.深圳：海天出版社，2011：95—96.

演员吉米·布鲁·奥森耐特参加2015德国"全国朗读日"

2016德国世界读书日宣传海报

究项目包括：报刊对青少年阅读的促进作用、青少年为何不再利用图书馆、电子阅读在阅读推广中的潜力、科技新闻的科学教育责任及其社会接受度、德国校外阅读推广研究、国民阅读状况调查、家庭阅读的社会化研究、工作场所中的功能性文盲研究等。[①]阅读基金会的成功还离不开广泛的社会合作，在众多委托人、社会机构、企业、项目伙伴和捐赠人的赞助下，基金会成功实施了 140 余个阅读推广项目，塑造了德国特有的阅读风景。

4. 俄罗斯：阅读推广分步走

俄罗斯是个读书大国，涌现了诸如普希金、高尔基、托尔斯泰等许多世界知名文学大师，图书曾经是人们馈赠亲友的最好礼物。然而，随着苏联解体带来的巨大政治动荡和西方思想文化、生活方式的冲击，俄罗斯开始出现公共阅读危机。为了改变这种状况，俄罗斯政府在阅读推广方面展开了不懈努力。

---

① FORSCHUNGSPROJEKTE. [2016-02-05] http://www.stiftunglesen.de/
institut-fuer-lese-und-medienforschung/forschungsprojekte?seite=1#liste.

2006 年 11 月，俄罗斯出版与大众传媒署和俄罗斯图书联盟共同制定并发布了《国家支持与发展阅读纲要》，这一计划得到了时任俄罗斯总统普京的支持，普京要求政府制定具体的落实措施，在财力方面提供大力支持。俄罗斯图书联盟宣布 2007 年为俄罗斯国家阅读年，俄罗斯总统普京宣布 2007 年为世界"俄语年"。

《国家支持与发展阅读纲要》分三个阶段实施：2007 年至 2010 年为第一阶段，建立支持和发展阅读的组织机制与基础设施；2010 至 2015 年为第二阶段，对基础设施进行系统的加强；2016 年至 2020 年为第三阶段，进一步挖掘《纲要》实施的潜力，实现快速增长。《纲要》从图书馆、教育系统、阅读普及系统、书业、人才培养体系、阅读基础设施和管理系统等方面出发，一一做了规划和要求。明确了大众传媒，特别是电视和广播在推动全民阅读中的重要作用，即利用大众传媒使"读书人"在社会舆论中的形象与成功人士的形象联系在一起。榜样的力量是无穷的，通过大众传媒中一个个鲜活的形象让民众意识到："读书人"是聪明的、时尚的、体面的，读书行为更是代表着优质生活的一个重要方面。

《纲要》实施后，俄罗斯出版与大众传媒署支持并推动各地举办了许多丰富多彩的全民阅读活动。例如书展、图书节、读书比赛、出版有关促进阅读的图书、国际书展主宾国活动、"俄语年"等，号召年轻人"放下酒瓶，拿起书本"。[1][2]

5. 日本：阅读"从娃娃抓起"

日本是一个善于学习的民族，日本官方和民间推动读书习惯不遗余力，尤其重视儿童与青少年的阅读推广。

1960 年，日本一位儿童读物作家发起"亲子读书运动"，要求父母每天至少陪同孩子看 20 分钟的书，这个运动带动了"家庭文库"（家庭式图书馆）的发展，也扭转了当时日本儿童把漫画当成"主食"的局面。1988 年，日本千叶县一位老师发起"晨间阅读运动"，每天早上上课前，师生们利用 10 分钟静静地看书，既不要求写心得，也不纳入考试范围，在这种轻松自在的环境下，学生们选择自己

---

① 徐雁. 全民阅读推广手册. 深圳：海天出版社，2011：96.

② 徐雁，陈亮. 全民阅读参考读本. 深圳：海天出版社，2011：90—91.

喜爱的书籍，自由阅读。

日本文部省将 2000 年定为"儿童阅读年"，并拨款充实学校图书馆藏书，资助民间团体举办儿童说故事等活动。在这一活动的督促下，日本建立了"国际儿童图书馆"，并于 2003 年 5 月启动。为了培养婴幼儿的阅读习惯，日本参加了英国"阅读起跑线"计划，鼓励新生代父母说故事给襁褓中的孩子听。同时，日本政府还发布了多项法律和措施，为儿童阅读提供保障。

除了政府，公立图书馆和读书推进协议会也是日本少儿阅读推广的主要推动力量。日本图书馆阅读推广活动大多与都道府县的图书馆振兴策略相结合。日本公立图书馆常与学校图书馆和其他图书馆通力协作，营造良好健康的读书环境，提供良好的读书服务，开展丰富的读书活动。例如 2004 年至 2008 年，日本国家支持的公立图书馆儿童读书活动有以下数种：加强学校图书馆作用项目、儿童读书习惯调研项目、儿童读书援助项目、培养与生活能力相关的读书推进项目等。

"读书周"和"杂志月"也是重要的少儿阅读推广活动。读书周旨在普及文化、鼓励读书。读书周期间，全国的图书馆和教育委员会举办各种各样的阅读推广活动，如面向孩子们的朗读会、旧书交换、阅读讨论等。此外，日本还有专门针对儿童举办的"儿童读书周"活动。"杂志月"每年 7 月 21 日至 8 月 20 日由日本杂志协会主办，每一届"杂志月"都要提出一个口号，例如 1985 年的口号是"喜爱、热爱、杂志！"，1986 年的口号是"我宣布：从今天起属于杂志派！"，2010 年的口号是"先生，请把杂志当教科书！"。

每年的 1 月至 3 月，日本会举行"推荐给年轻人的书籍"的活动。面向将要迈出人生第一步的青少年，在成人仪式和毕

2015年日本儿童读书周宣传海报

业仪式上向他们介绍一些饱含希望的书籍。各个县的读书推进协会，从这一年出版的书籍中推荐三册"年轻人无论如何都要去读的书"，在此基础上，由事业委员会选定 24 册图书，并制作散页宣传印刷品，向公共图书馆和书店发放。[①②]

6. 新加坡：文化熔炉中凝练阅读精神

由于新加坡外籍人士居多，新加坡的阅读活动受欧美各国影响颇深。例如受到 20 世纪 90 年代中期美国、加拿大、英国和澳大利亚等国"一城一书"的启发，新加坡国家图书馆于 2005 年在国内读书活动的经验和链条之上，推出了"Read！Singapore"（读吧！新加坡）运动，是新加坡阅读推广活动的代表。

"读吧！新加坡"活动现场

"读吧！新加坡"之
作者见面会活动现场

---

① 徐雁，陈亮. 全民阅读参考读本. 深圳：海天出版社，2011：88—89.

② 徐雁. 全民阅读推广手册. 深圳：海天出版社，2011：96.

新加坡国家图书馆管理局在 2004 年世界读书日之际推出了全国性的"儿童启蒙阅读计划",旨在培养和鼓励小孩,尤其是低收入家庭的孩子养成爱读书的习惯。由于新加坡是有 4 种官方语言(英语、华语、马来语和泰米尔语)的国家,在首届"儿童启蒙阅读计划"中,组织者挑选出 12 本小说供国民阅读,分为 4 种语言,每种语言 3 本。当年新加坡特选的 3 本中文书分别是:《7 Eleven 狂想曲》(函函)、《希尼尔微型小说》(希尼尔)与《城南旧事》(林海音)。在多元的文化熔炉环境中,这种推广方式使阅读理念得到了更广泛的传播。

二、国内阅读推广的推进历程

(一) 20世纪80年代:从"振兴中华"读书活动出发

我国的全民阅读推广活动始于 20 世纪 80 年代,其背景是全社会对于阅读的热情和关注。在经历了"文化大革命"的十年内乱之后,民众在文化的长久压抑中获得了喘息的机会,社会读书风气由停滞进入到复兴和转型。1982 年,上海市总工会、解放日报社、团市委、市出版局共同酝酿筹划了上海"振兴中华"读书活动,这是我国全民阅读推广的发端。处于"文革"结束不久,步入改革开放初期的特殊时代背景,"振兴中华"读书活动激发了工人群体的强烈求知欲,指引了他们的阅读方向,民众的热情和参与度空前高涨。

至 1983 年,中华全国总工会将上海阅读活动的经验推广至全国,形成了长达 5 年的以"振兴中华"为主旨的全国性读书求知热潮,仅在 1983 年这一年,即有大约 1000 万名群众参加,活动的形式也很丰富多彩,有演讲、征文、知识竞赛、专题讨论、读书笔会、读书诗会、读书联谊会等。1984 年,活动规模更加宏大,全国共约有 3000 万名职工参加了"振兴中华"读书活动。1985 年以后,该读书活动向社会科学、自然科学、管理科学等多学科方向发展,提出了开展读书活动的"四自"原则——自愿报名、自学为主、自由组合、自选书目,标志着读书活动进入了一个全新的领域。以后的三至四年中,各地的"振兴中华"活动不断推出推荐书目，组建读书小组，形成了一种群众自我学习、自我教育的有活力的活动方式；也成立了各种类型的读书研究组织，如读书理论小组、文学社等，开始对读书这一行为本身加以研究。

"振兴中华"读书活动持续时间之长、社会影响之大、参与人数之多都堪称新中国成立以来之最，由职工群体走向全体民众，是一项名副其实的群众性读书和学习活动。其意义不仅仅在于激发了上海职工群体的阅读热情和创造力，而且是"学习型社会"建设的先行者。同时，上海"振兴中华"读书活动也有一定缺陷，它的开展模式有着时代的局限。如以职工群体为单元来组织活动，固然与20世纪80年代上半期直至中期的社会生产组织形式相契合，推广阅读显得颇有效率，但当社会发展越来越多地凸显了个性化需求时，几乎没有针对性强的阅读推广活动来加以引领。这一活动在物质至上的思潮中被冲垮，也正说明了这个以"振兴"为目的、以"中华"为前提的读书活动，目标仍然过空过大，不免形式大于内容，规模重于意义。

（二）20世纪90年代：阅读风气的复醒与转型

20世纪80年代中后期，人们对读书的热情渐渐冷却，社会读书风气进入了低潮期。而瞬息万变的90年代是世界全面迎来全球化的新时代，具有全新的时代特征。自90年代起，我国的全民阅读推广活动开始引入公共图书馆的力量，开始重视导读工作，同时出现了专门研究阅读、推广阅读的组织和人群，在他们的推动下，阅读推广渐趋系统化、科学化。

为了扩大公共图书馆的社会影响，提高服务水平，促进公共图书馆与读者之间的联系，从1989年起，文化部规定将每年5月的最后一周作为公共图书馆"服务宣传周"。这种有组织、有准备地集中于同一个时间在全国范围内开展服务宣传活动，是公共图书馆界的一个创举。自此，公共图书馆有了一个自我宣传并展示服务的窗口，也开始有意识地引导读者走进图书馆、认识图书馆、利用图书馆，开始成为全民阅读推广工作的一个舞台。

作为创立较早的全民阅读推广活动之一，早期的"服务宣传周"活动理念就已经具备了开放性，可以说是如今阅读节活动的雏形，对当时阅读风气的重新凝聚起到了很大的作用，只是规模没有如今的阅读活动大，每年活动开展的时间也不长。随着时间的推进，图书馆服务方式和服务内容的转型，图书馆"服务宣传周"的活动也有与时俱进的改变，不断加强数字资源服务的推广，另外也更注重让全民获得均等的图书馆服务，充分体现了公共图书馆服务的公平和公益，成为社会化的全民阅读推广活动的有机组成部分。

从书籍的匮乏到知识的爆发性增长，人们从无处寻觅的干涸状态到求知若渴的精神解放，进而再到面对茫茫书海不知何去何从，这是 90 年代人们复杂而又纠结的心路历程。出版和阅读重获自由以后，困扰民众最大的问题变成了不确定该读什么和怎样去读。于是，应"导读"的需求，出现了阅读推广的学术性组织与阅读推广人。

1991 年 5 月，一个完全由喜爱阅读的教师等社会成员组成的学术性团体——中国阅读学研究会，挂靠在中国写作学会下正式成立。它专门从事中外阅读基础理论的研究、交流和教学实践，以及国民阅读促进和指导活动，旨在提高公众阅读水平、倡导终身阅读习惯。在众多阅读推广人的参与和支持下，共举办了数百场不同主题的阅读推广讲座，诞生了一系列研究阅读理论和方法的专著。

90 年代，众多的读书报刊早就形成了一道独特的文化景观，20 世纪 70 年代末至 80 年代中后期，在阅读领域就已产生了颇有影响的"五刊三报"——《读书》《书林》《博览群书》《世界图书》《中国图书评论》和《书讯报》(现更名为《读者导报》)、《文汇读书周报》《书刊导报》；90 年代又出现了"新两报四刊"——《中华读书报》《中国图书商报》和《书与人》《书城杂志》《书屋》《书缘》。它们关注公众的读书风气和社会的文化品位，成了一种社会文化现象，让阅读和讨论阅读成了人们生活中很普遍的一项活动。

（三）世纪之交：从"知识工程"到"全民阅读"

20 世纪 70 年代末、80 年代初我国民众的读书热在 90 年代中经历了由停滞、复苏到转型的一个周期，至新世纪之初，又掀起了一股新的热潮。在经济生活更富足、文化生活更繁荣的时代背景下，国民深刻意识到了阅读的重要性，并得到了国家层面文化政策的指引和扶植。

90 年代初，广西壮族自治区首先发起一项"知识工程"，该项工程在创建之始即明确以发展图书馆事业为手段，以倡导读书、传播知识、推动社会进步为目的。从 1994 年至 1997 年，"知识工程"在广西取得了显著的成效，在全区民众中真正兴起了读书藏书热潮，有力地推动了整个区域内各级别尤其是乡镇级图书馆的建设。鉴于既得的成就，1997 年由中央宣传部、文化部等部门联合发出通知，号召在全国组织实施"知识工程"，这标志着阅读推广工作上升到了国家文化政策的层面。2000 年 12 月，全国"知识工程"领导小组在全国范围内展开了首届"全民读书月"活动，旨在"营造全民读书、终身学习的良好社会氛围，提高全民族的思想道德素质和科学文化素质"，并将我国的"全民读书月"暂定为每年的 12 月。

至 2003 年 12 月开展第四届"全民读书月"活动时，"知识工程"领导小组正式将"全民读书月"活动交由中国图书馆学会组织实施，这一举动更加明确了图书馆在全民阅读推广活动中担任组织和引导的任务。至 2004 年初，中国图书馆学会积极响应联合国教科文组织"世界读书日"的号召，将"全民读书月"的时间重新定为每年的 4 月，并且从 2004 年起，在 4 月 23 日前后举办一系列阅读推广活动。

2006 年，中宣部、文化部、教育部等 11 个部委再次联合发出公告，共同向社会发布《关于开展全民阅读活动的倡议书》，明确提出"世界读书日"的精神在于要"让世界上每一个角落的每一个人都能读到书"，让读书成为每个人日常生活中不可或缺的部分，作为一个历史文化悠长、自古热爱读书的民族，中国也要积极加入举办"世界读书日"活动的行列。这是我国首次与世界上的其他 100 多个国家共同庆祝"世界读书日"，在我国"全民读书月"的活动形式中注入了"世界读书日"的精神和灵魂，是第一个真正意义上的全民阅读的活动日。自《倡议书》发布以来，在中宣部、文明办、新闻出版总署等部门的共同推动下，全民阅读推广活动的内容愈加丰富、形式不断创新，其覆盖范围和影响深度不断扩大，协调机制也日益健全。

（四）21世纪以来：社会平台化的阅读推广

进入 21 世纪以来，我国的全民阅读进入社会平台化的推广阶段，全民阅读以此为契机，进入了一个丰富多彩、充满活力、共建共享的新时代。

全民阅读推广的目的是要培养民众的阅读兴趣，使阅读活动逐渐渗透形成一种文化，以进一步提高民族的整体素养。社会平台化的全民阅读主题推广活动通常以读书月、读书节、阅读节等形式设立，覆盖范围广，延续时间长，节日期间举办各种与阅读相关的丰富多彩的活动，力求兼容并包，保证一定地域范围内的各种社会群体都能广泛地参与，享受阅读的快乐。起步较早的该类活动往往在长期的探索中形成了特色和品牌，建立起与地方文化相互渗透的长效发展机制。

我国的"全民读书月"活动发起于 2000 年，而大部分省级（包括自治区和直辖市）全民阅读主题推广活动也在这一年启动。此后，我国的全民阅读活动处于迅速发展的状态，越来越活跃，而在 2005 年又进入了更快速的蓬勃发展态势。2009 年 4 月 23 日，国务院总理温家宝到国家图书馆参加了第十五个世界读书日活动，并发表了一席重要讲话，强调了精神力量对国家和民族未来的重要性，号召推动全民族养成读书的良好习惯，提倡"读书好·好读书·读好书"。在此号召下，2009 年成为我国各省市全民阅读主题推广活动的大发展年。到 2012 年，我国所有省、自治区、直辖市都已经有了属于地方的阅读推广活动。[①]

2012 年 11 月，党的十八大报告历史性地写入"开展全民阅读活动"，标志着全民阅读已经成为党中央的一项重要战略部署。2014 年 3 月，十二届全国人大二次会议期间，李克强总理在政府工作报告中首次提到"倡导全民阅读"，他提出："文化是民族的血脉。要培育和践行社会主义核心价值观，加强公民道德和精神文明建设。继续深化文化体制改革，完善文化经济政策，增强文化整体实

[①] 许琳瑶．从"振兴中华"读书活动到全民阅读推广工作：1982—2012. 南京：南京大学，2013.

力和竞争力。促进基本公共文化服务标准化均等化，发展文化艺术、新闻出版、广播电影电视、档案等事业，繁荣发展哲学社会科学，倡导全民阅读……"社会各界近年来对全民阅读立法呼声也日渐高涨，将全民阅读作为国家重要战略并立法推动，促使全民阅读成为保障公民基本文化权利、提升国民文明素质、提高国家文化创新能力的重要途径。

如今，全民阅读推广正朝着日常化、均衡化、协同化、技术化的方向继续发展提升。阅读推广从早期集中性、节庆化的活动向覆盖时间长、持续性强的日常活动发展；早期阅读推广工作中，东南沿海地区遥遥领先，如今阅读推广在全国迅速推开，东中西部共同涌现出许多优秀阅读推广项目；阅读推广的推动者越来越多元，部门与机构间的服务边界越来越模糊；信息技术为阅读推广提供了有力支持，微博、微信、博客等社交媒体的应用实现了信息的精准推送，也是实现多方互动的强大工具。[①]

---

① 范并思.公共图书馆阅读推广的发展趋势.图书馆杂志，2005（4）：11—15.

第二节 阅读推广的推动力量

一、政府主导的阅读推广

"世界读书日"宣布确立近 20 年来，已有超过 100 个国家和地区对这项活动做出了积极的响应。世界主要发达国家将全民阅读视为国家综合实力的核心要素之一，其推进阅读的方式主要为政府立法保障阅读、设立专门机构推动阅读、国家领导人亲自倡导阅读等。具体诸般促进阅读的举措，如下所示：

第一，以立法的形式促进阅读。如韩国的《图书馆及读书振兴法》（1994），美国的《卓越阅读法》（1998）、《不让一个孩子落后》法案（2002），日本的《儿童阅读促进法》（2001），俄罗斯的《民族阅读大纲》（2012）等。

国家立法，才能为全民阅读提供法律保证。发达国家为全民阅读立法，主要是把全民阅读上升为提高国民综合素质、提高国家综合竞争力的战略工程，明确政府和相关社会组织、图书出版和发行业的职责，约束政府和相关组织为国民阅读提供保障经费，提供阅读平台，提供图书产品，提供优质服务。对公民个人来说，更多的是促进性的，是阅读权利的保障。有了法律保障，不仅政府的责任明确了，而且政府在经费安排、资源配置等方面就有了法律依据。

第二，提供并完备阅读设施以方便阅读。发达国家对图书馆、书店等公共阅读设施建设的重视有目共睹。美国是图书馆最多的国家，有公共图书馆、学校图书馆、专业图书馆、军队图书馆、私立图书馆等多种形式的图书馆，总数超过 12 万个，其中经费由政府保障、免费开放的公共图书馆达 9400 多个，覆盖了 97% 的国民。

第三，设立阅读基金以鼓励阅读。不少国家设立了国家阅读基金，由公共财政提供资金推进国民阅读。如德国于 1988 年成立德国促进阅读基金会，其历任名誉主席都由德国总统担任；英国 1992 年成立图书信托基金会，每年由国家财政投入资金并吸纳社会慈善资金，开展以"阅读起跑线"为核心的全民阅读；俄罗斯也在 1994 年建立俄罗斯读书基金会。此外，美国、保加利亚、日本、韩国和泰国等国家也都设立了各类阅读基金会或国民阅读扶持工程。

第四，开展阅读活动激励阅读。在一些国家，阅读被当作"总统工程"。比如，美国、法国、德国等国家由元首出面倡导阅读；每年的 9 月被韩国称为"读书的时节"，政府和社会团体会举行一系列读书活动。如 2013 年 9 月，"韩国文化体育观光部和各地方政府、图书馆、学校等在全国举行了 6700 多场活动，推广读书文化和营造阅读氛围"。1995 年以来，美国政府陆续推出"美国阅读挑战""卓越阅读方案""阅读高峰会"等阅读计划和活动，从联邦政府到州政府，从出版社到图书馆，从行业协会到民间团体，都有促进阅读的活动：有多个阅读活动日，除"世界读书日"外，还有"阅读遍及全美日""免费漫画日"等多个与阅读相关的纪念日。有"快乐阅读"等阅读活动，以激发阅读兴趣；有"全美图书募捐活动"，倡导出版商和社会各界给学校捐赠图书，丰富学生的阅读书籍。俄罗斯的阅读推广活动形式多样，尤其重视儿童阅读、家庭阅读。政府、图书馆开展了一系列促进儿童阅读、家庭阅读的活动。

由此可见，由政府主导毋庸置疑地对阅读推广运动的展开与成效皆有良善的助益，才能构建全民阅读的支撑体系。全民阅读需要服务平台，需要支撑体系。国外的经验表明，构建全民阅读的支撑体系必须由政府主导。在阅读依然具备立法保障的前提下，由政府主导的阅读推广，主要包括以下四个方面的内容：

第一，政府主导阅读计划制定。各国政府为推动全民阅读，都根据法律、国情和阅读现状，制定了推进全民阅读的规划，明确一定时期的推进目标和措施。

第二，政府主导经费投入。阅读活动的开展、阅读公共设施的建设只有政府财政投入才有保障，才能让全体国民受益。长期以来，美国公共图书馆之所以能够免费开放，就是因为其经费主要来自政府财政，其 80% 的经费由联邦政府、州政府和当地政府共同支付，其余经费则主要来自社会捐助。

第三，政府主导公共阅读设施建设。一方面，政府将公共图书馆等纳入城镇、乡村建设总体规划；另一方面，公共阅读设施建设经费由公共财政承担。所以，美国、德国等公共图书馆是城乡亮丽的风景线，也是居民最方便的去所。

第四，政府主导资源整合。各国政府都认识到推广全民阅读是长期性的艰巨任务，单靠一个部门、一个地方难以收到良好的效果，纷纷整合政府、社会、公众资源，合力推进。

文化发展与全民阅读密切相关。一个尊重知识、鼓励创新的社会，一个追求创意、崇尚文化的社会，其全民阅读的氛围必定是浓郁的。文化创新与发展不仅可以为全民提供新的作品，而且也会激发全民的阅读需求。而由国家政府倡导并主导的阅读社会，才是一个有保障的社会。

在这种世界共识的呼唤下，我国政府表现亦开始施展拳脚于阅读推广中，尤其于阅读资金投入、公共阅读设施建设以及政策扶持上用力最深。

我国政府，尤其是如新闻出版广电总局主管文化的政府机构，在推进全民阅读的职责中，担负和秉持着两项责任和义务：一是服务功能，即服务读者、服务社会、服务群众；二是引导功能，引导群众阅读内容健康向上的好书，引导群众形成健康的阅读方式与习惯。

1997 年 1 月，由中央宣传部、文化部等 9 个部委共同发出《关于在全国组织实施"知识工程"的通知》，提出了实施"倡导全民读书，建设阅读社会"的知识工程。2000 年，全国知识工程领导小组把每年的 12 月定为"全民读书月"，欲将全民阅读推向持续性和制度化。2006 年，中共中央宣传部、中央文明办、新闻出版总署、文化部、教育部、解放军总政治部宣传部、中华全国总工会、共青团中央、全国妇联、中国科协、中国作家协会等 11 个部委联合发出倡议，要求在 2006 年 4 月 23 日"世界读书日"前后，开展"爱读书，读好书"的全民阅读活动，鼓励读者用一年的时间积极参与"我最喜爱的一本书"征文活动。新闻出版总署发出通知，要求"世界读书日"当天，全国新华书店、书城以不高于八五折的折扣价优惠售书。

党的十六大把"建设全民学习、终身学习的学习型社会，促进人的全面发展"作为全面建设小康社会的目标，从而使文化软实力成为经济社会发展的新方向，于是全民阅读自然成为打造学习型社会的载体与基础。2006 年，《国家"十一五"时期文化发展规划纲要》将"积极推进阅读社会的形成"当成文化发展的主要任务之一。党的十七届六中全会通过了《中共中央关于深化文化体制改革、推动社会主义文化大发展大繁荣若干重大问题的决定》，提出"要深入开展全民阅读"。

2009 年 2 月 28 日和 2010 年 2 月 27 日，温家宝总理在新华网与网民的两次交流中都谈到全民阅读，赞成设立"全国读书节"；并强调读书关系到国家兴旺发达。2009 年 5 月 13 日，习近平《在中央党校 2009 年春季学期第二批进修班暨专题研讨班开学典礼上的讲话》中，要求领导班干部要爱读书、读好书、善读书。①

自此之后，中央宣传部、新闻出版广电总局每年皆下发关于推进全民阅读活动的通知，要求各地积极推进全民阅读活动，并对活动进行部署。由此而往，各地纷纷提出阅读规划，长效机制建设取得进展；"书香中国"成为全民阅读活动的品牌；"农家书屋"工程覆盖了全国的行政村，改善了基层群众的阅读条件。

但是，十一部委联合声明，主要是针对宣传、出版部门，对地方党委、政府于其中所担负的责任，依旧不甚明确。

以上事实说明，我国政府已经开始意识到应当把全民阅读提到国家兴旺、民族复兴的战略高度。如此众多的国家文件充分表明，推进全民阅读已然开始进入国家战略层面，是政府的重要工作。如何履行推进全民阅读的职责，实现国家制定的目标，不仅需要各级地方政府在"道"和"术"上有所建树和创新，也需要理论工作者和实际工作者进行探讨。

2012 年，党的十八大第一次历史性地把"开展全民阅读活动"写入了全国

---

① 张文彦 . 助推阅读，分享幸福——2011 年全民阅读活动综述 . [2012–06–18] http://xxgk.genzhou.cn/bngkxx/xwebj.html.

党代会的报告。将"全民阅读"作为行动指南首次写入党的报告，意义深远，表明全民阅读在我国已经成为一项国家战略；同年，我国首部基本公共服务规划——国务院《国家基本公共服务体系"十二五"规划》提出了"全民阅读"的目标任务，《国家"十二五"时期文化改革发展规划纲要》将"全民阅读"纳入了公共文化服务体系的构建；2013 年，"全民阅读立法"已列入当年国家立法工作计划；2014 年，"倡导全民阅读"首次被写入国务院政府工作报告。

自 2014 年"倡导全民阅读"首次被写入政府工作报告后，对全社会、新闻出版广播影视行业产生了巨大影响。一年来，全国 400 多个城市举办读书节、读书月活动，超过 8 亿人次参加。凤凰出版传媒集团承办的江苏书展、海南书香节在当地党委政府、宣传部门的组织下，向社会困难群体发放免费读书券。①

而肇始于 2013 年全国"两会"期间的阅读立法建议，也引起后续如潮的推进立法的热情。2013 年，人大代表提出了阅读立法的建议，115 位政协委员联名签署了《关于制定实施国家全民阅读战略的提案》，建议政府立法保障阅读、设立专门机构推动阅读。2013 年 8 月 5 日，新华社发布消息：全民阅读立法已列入 2013 年国家立法工作计划，全民阅读立法起草工作小组已草拟了《全民阅读促进条例》初稿。

以法律的形式，规范政府和相关组织在全民阅读中的责任和义务，为阅读提供环境和条件保障的阅读立法，无疑对保障全民阅读和推进全民阅读发挥不可估量的作用。

有鉴于此，2015 年 1 月 1 日，我国首部地方全民阅读法规《江苏省人民代表大会常务委员会关于促进全民阅读的决定》开始在江苏省正式实施；《湖北省全民阅读促进办法》也于 2015 年 3 月 1 日起正式实施；《深圳经济特区全民阅读促进条例》已通过深圳市人大常委会审议，自 2016 年 4 月 1 日起施行。

地方全民阅读立法工作的潮流逐渐兴起之时，国家层面的全民阅读立法工作

---

① 凤凰出版传媒集团总经理周斌：我向总理提出三条建议 . [2015-2-09] http：//news.xinhuanet.com/zgjx/2015-02/09/c_133980154.htm

也在稳步推进。《全民阅读促进条例》连续 4 年（2013—2016 年）被列入国务院立法工作计划，2013 年至 2015 年一直属于文化立法的研究项目。2016 年 2 月，国家新闻出版广电总局根据国务院立法工作计划起草了《全民阅读促进条例》（征求意见稿），为增强立法透明度、提高立法质量，向社会公开征求意见。2016 年 4 月 13 日，中国政府网公布国务院 2016 年立法工作计划，《全民阅读促进条例》被列入文化立法的预备项目。

二、图书馆推动的阅读推广

1994 年，联合国教科文组织颁布了《公共图书馆宣言》。宣言提出："每一个人都有平等享受公共图书馆服务的权利，而不受年龄、种族、性别、宗教信仰、国籍、语言或社会地位的限制。"由此可见，阅读被国际社会视作为公民的一项基本权利，并且公共图书馆应该保证市民获取各种社区信息，使社区每一个人都能确实得到图书馆服务。

在这种认知下，图书馆，特别是公共图书馆，在全民阅读活动中自始至终扮演着重要的角色。公共图书馆起初作为西方民主制度的产物，是为保障公民平等阅读权做出的一种制度安排。其通过政府以财政资助和公共立法等方式发展，是政府向社会提供的一种公共物品。其公共物品的性质主要体现在三个方面：第一是公共性，公共财政支持，政府出资兴建并实施监督管理，全体社会成员共同拥有；第二是公益性，取之于民，用之于民，免费为社会公众服务；第三是全民性，其服务对象是全体人民，不应以任何理由排斥任何人。其公益性、专业性和独有的丰富阅读资源决定了图书馆尤其是公共图书馆，成为读书活动的不二阵地，是联系群体阅读和个体阅读的桥梁，在倡导和推动全民阅读中发挥倡导者、组织者和实施者的角色和作用。

从 2003 年开始，中国图书馆学会负责承办每年的"全民读书月"活动，并且于 2005 年成立了"科普与阅读指导委员会"，研究和指导阅读，以期推动全国性的阅读活动。每年 4 月至 5 月，全国各级公共图书馆更是围绕"全民阅读"组织丰富多彩的读书宣传活动。图书馆于阅读推广活动中所处的位置和发挥的作用主要体现在：

第一，公共图书馆是全民阅读的文献资源保障中心。图书馆是公共文化服务体系的重要组成部分，它拥有丰富的馆藏，并以其内容的系统性和多元性、形式的多样性和文献信息的可检索性等诸多不可取代的优势，成为全民阅读的文献资源保障中心。

随着政府对公共文化的投入逐年增加，公共图书馆进入快速发展阶段，馆舍和馆藏资源建设都迈入历史最好时期。根据国家统计局国家数据网（http://data.stats.gov.cn/index.htm）统计数据，截至 2015 年年底，全国公共图书馆业机构数共 3139 个，公共图书馆总藏量 83844 万册，显示我国覆盖全社会的公共文化服务体系已经初步建成，这也预示着全民阅读活动的深入推广更有保障。

第二，公共图书馆是保障公民平等阅读的场所。正如联合国教科文组织和国际图联在 2001 年 8 月第 67 届国际图联波士顿大会上发行的《公共图书馆服务发展指南》中提出的："公共图书馆的一项最基本的原则就是它的各项服务必须对社区的所有成员开放。"公共图书馆是体现社会公平正义的场所，向所有社会成员开放，尤其关注儿童等弱势群体的阅读需求，是实现阅读推广全民性的保障。

第三，公共图书馆利用专业知识指导全民阅读。图书馆传统上都有阅读指导服务，如编制推荐书目、设立专题书架、推荐阅读材料、为有需要的人群提供个性化的服务等。公共图书馆的阅读指导服务是由馆员针对读者个人的需求，给予合理阅读建议。图书馆指导阅读的方式很多，一方面可以通过阅读书目，指导读者有计划有目的地读书；另一方面可以通过书评，增强读者的分析辨别能力；还可以通过组织一系列读书活动，深化读者的读书效果。

在"学习型社会""全民阅读社会"之背景下，"阅读"这一个性化的行为不断发生着变化，作为推广全民阅读的主力军，公共图书馆一直不断调整着推广策略和内容，使得图书馆的全民阅读推广工作与民众更亲近，更加适合读者多样化、个性化的阅读需求。具体而言，公共图书馆的阅读推广活动，按照推广对象群体划分为未成年人推广活动和成年人推广活动。

1. 未成年人阅读推广活动

《国际图联儿童图书馆服务发展指南》描述儿童图书馆之使命提到"公共图书馆负有支持儿童学会阅读、为他们推荐书籍和其他载体资料的特殊责任。公共图书馆必须为儿童开展如讲故事之类的一些特别活动，以及开展与图书馆服务与资源相关的其他活动……"。

目前，我国独立建制的少年儿童图书馆和公共图书馆下设的少年儿童图书室共同为未成年人提供阅读服务。一改往日不分层、不分级，笼统提供单一形式阅读服务的做法，现今公共图书馆逐渐认识到针对婴幼儿群体和青少年群体开展阅读服务的重要性，并在汲取国外未成年人阅读服务先进经验的基础上，以日渐丰富的服务形式，逐步增加针对婴幼儿和学步儿童、13 岁以上青少年读者的服务。此外，家长、教师等与未成年人读者息息相关的群体也被纳入公共图书馆未成年人服务对象之中。具体阅读推广内容和形式如下：

婴幼儿和学步儿童处于语言和思维发展的关键时期，图书馆要利用图书馆、绘画和其他多种形式，引发婴幼儿对书籍、阅读和书写的兴趣；要围绕兴趣原则、视听结合原则、读与玩相辅相成等原则，邀请家长参与、互助阅读，举办"亲子阅读"类活动，例如亲子游戏、绘本阅读、表演、趣味手工等。

对于 13 岁以下学龄儿童而言，图书馆是学习课外知识的第二课堂，起到辅助拓展知识范围、开阔视野的作用。由于课业负担重，这一年龄群体利用图书馆多集中在周末和寒暑假期间，故而图书馆多结合节假日主题，开展阅读与体验相结合的活动，主题涵盖科普、音乐、美术、棋类等，形式则有展览、交流分享会、主题讲座、读书周（月）。

13 岁以上青少年读者具备与成年人相同的阅读能力，且兴趣爱好比较广泛。公共图书馆应该充分了解青少年读者多样性的阅读需求，在图书馆开辟学习空间和交流空间，举办形式各样、主题各异的专题讲座，在教育、艺术、文学等多方面培养青少年读者的情操和适应社会的能力。

2. 针对成年读者开展的阅读推广活动

成年读者是公共图书馆阅读推广的主要目标群体，常规性阅读推广活动和大型活动互相补充，构成图书馆阅读推广网络。成年人阅读推广活动，从活动覆盖范围而言，逐步由馆内扩展至馆外；从活动合作来看，由图书馆主办逐渐演变为引进社会力量联合举办；从活动效能来看，由单一的辅助文献借阅手段向普及信息知识、提倡终身学习等转换；从活动形式来看，常规性活动有图书馆导读刊物编写、图书奖评选、讲座培训、展览和读书会，组织读者协会；大型的阅读推广活动包括举办读书节、读书月、文明服务月等。

此外，近年来针对弱势群体开展阅读推广服务也被纳入日常工作范畴。

三、出版传媒书店业助力的阅读推广

出版社作为阅读内容的生产者，为人类的阅读活动提供精神食粮。依此考量，知识生产和信息组织机构在全民阅读环节的缺失，将会导致阅读活动犹如无源之水无本之木。不重视出版社的信息生产，那么全民阅读活动无异于缘木求鱼。

"全民阅读"的前提是大量水平高、质量优的阅读产品不断涌现，吸引人们的阅读兴趣，提升阅读品位，营造书香氛围。出版社在全民阅读这个需要社会各界联动协作的活动中，扮演着从源头供给知识的角色。因而，在全民阅读活动中，出版社所担负的职责便落在知识生产上。生产什么样的知识，将引领着阅读者的口味与兴趣，左右着阅读的品位和知识前进的方向。

近年来，出版社为推进全民阅读、建立书香社会也做出了自己的努力。例如，中国出版集团公司自 2008 年 4 月在郑州第 18 届全国图书交易博览会上首次发起，至今已经连续举办九届的"读者大会"，就是一项全民阅读推广创新举措。"读者大会"以读者为核心，彰显读者重要地位，强调读者的参与和互动，并一改以往各出版单位沙龙阅读、推销式阅读模式，每次均以近千人的规模，汇聚名家、名人、集团忠实读者、学生读者代表、农民工读者代表、集团所属出版机构负责人、全国几十家出版单位代表，以互动的方式，创造阅读的广场效应，激发大家阅读的激情，打造阅读嘉年华。[①]

北京出版集团不仅重视精品图书和品牌图书的生产，还始终肩负着社会责任和对公众的人文关怀，一直以来非常重视阅读推广工作，充分利用自身和社会的各种资源，用多年的实际行动传播文化知识，推进书香社会建设，如主办开展"世界图书与版权日"纪念活动，举办面向社会大众的京版大众文化讲座，参展 2013 年南国书香节，并积极开展海外阅读推广活动等。凤凰出版传媒将为广大读者提供内容健康、积极向上的精神产品视为自身的责任和义务，在推动文化传承、提供文化精品、推进全民阅读方面，勇于创新，求真务实，策划推出了一系列的优秀出版物，组织了各类阅读推广活动。江苏人民出版社的《只有医生知道！（1）》、江苏文艺出版社的《钱文忠解读〈百家姓〉》入选由中国图书评论学会和中央电视台科教频道联合主办评选的"2013 年中国好书"。[②]

书海茫茫，媒体导航。无论电视、广播、报纸、杂志等传统媒体还是方兴未艾的新媒体，其受众面都广泛，舆论影响效应大，将有效拓展全民阅读宣传阵地。截止到 2013 年 5 月底，全国共有 200 多家报纸、广播、电视、新媒体开辟了读书版、读书栏目。国家新闻出版广电总局从 2010 年起举办了 4 届"书香中国"全民阅读电视晚会，以"阅读点亮中国梦"等为主题，聘请文化名人担任全民阅读形象代言人推广全民阅读。每年"世界读书日"期间，中央电视台《新闻联播》《新闻直播间》等栏目播出"书香中国·走基层"等系列节目，大力宣传报道各地有代表性的基层百姓读书故事。"中国好书"推选活动 2014—2016 年连续三年于"世界读书日"在中央电视台综合频道黄金时段播出颁奖庆典，向社会推荐年度优秀图书。

为更好地聚集媒体的力量来助力全民阅读，2013 年 4 月，由全国 78 家媒体发起，《人民日报》、新华社、《光明日报》、《中国新闻出版广电报》等 200 多家

---

① 聂震宁. 舍不得读完的书. 北京：商务印书馆，2015：328—334.

② 中国出版传媒商报. 全民阅读，出版集团有大空间大作为. [2015-12-02] http://www.cbbr.com.cn/web/c_000000010012/d_36805.html.

媒体共同参与的中国全民阅读媒体联盟在武汉成立，旨在"聚合媒体力量，倡导全民阅读，打造书香中国，建设和谐社会"，并承诺"将共同致力于推介优质阅读内容以引导阅读风向。以负责任的态度，把真正有文化内涵和精神价值的图书介绍给民众。共同致力于全民阅读状况的课题调研和研讨交流。共同致力于建立联盟成员之间的资源共享与业务协作机制，以密切协作、相互支持的实际行动形成协同优势，让'悦读'的声音越来越响亮"。①

书店可分为网络书店和实体书店。网络书店为读者提供了既廉价又便捷的购书渠道。而实体书店存在的意义，一方面在于方便读者购书，另一方面是传播书香，或者说构建一种文化氛围。第二方面的意义尤为重要。在亚马逊、当当等网络书店蓬勃发展的背景下，实体书店文化休闲、阅读体验、交流感等优势使得实体书店传播书香的功能凸显。

为了应对互联网环境下实体书店的发展困境，中央财政出台一系列扶持实体书店政策。2013 年财政部和国家税务总局联合下发《关于延续宣传文化增值税和营业税税收优惠政策的通知》，要求各地自 2013 年 1 月 1 日起至 2017 年 12 月 31 日，免征图书批发、零售环节增值税。②2013 年财政部首次安排实体书店奖励资金，12 个城市的 56 家特色实体书店获得 9000 万元资金支持；2014 年奖励范围扩大到 12 个省市，共获得奖励资金 1.185 亿元；2015 年奖励范围扩大到 16 个省市。③2016 年，中央宣传部、国家新闻出版广电总局、国家发展改革委员会、教育部和财政部等 11 个部委联合下发了《关于印发〈关于支持实体书店发展的指导意见〉的通知》，要大力推动实体书店的发展。

---

① 西安日报社.全国全民阅读媒体联盟成立.[2015-12-02] http://epaper.xiancn.com/xawb/html/2013-04/16/content_198618.htm.

② 财政部,国家税务总局.关于延续宣传文化增值税和营业税优惠政策的通知.[2016-01-26] http://szs.mof.gov.cn/zhengwuxinxi/zhengcefabu/201312/t20131231_1031496.html.

③ 中国出版.中央财政扶持实体书店政策.[2015-12-02] http://www.chuban.cc/yw/201503/t20150309_164744.html.

2015 年 11 月 3 日，全球最大网络电商亚马逊的首家实体书店亮相美国西雅图后，中国国内的图书电商当当网也表示正在执行设立实体书店的计划，预计 3 年内开到 1000 家，书店形式涵盖 MALL 店、超市书店、县城书店等多个类型，支持图书在线上和线下保持相同价格，同时能够借助大数据和网络评论为读者提供增值服务，对读者来说无疑是条好消息。①此外，2015 年 4 月 23 日北京三联韬奋 24 小时书店开业，2015 年 11 月 29 日中国大陆首家诚品书店在苏州开业等事件均在社会上引起了强烈反响。

2015 年 12 月，深圳书城中心城实业有限公司、广州购书中心有限公司等广东省 10 家"全民阅读示范书店"共同向行业发出倡议，积极参加全民阅读推广活动，以服务读者为中心，精心设计书店图书陈列布局，为读者提供免费阅读区，让读者体验书店之美，鼓励和支持实体书店延长营业时间，开展公益性阅读服务；采取多种形式兴建主题书店、特色书店、专业书店、书吧等，促进阅读消费环境和阅读生态建设；积极参与阅读推广活动，通过微信公众号、互联网传播平台等对阅读推广活动进行更为广泛的传播；通过校园书吧、亲子阅读、绘本故事会、校园阅读讲座、图书展销等形式，培养未成年人阅读兴趣，让阅读伴随他们的成长之路。②"全民阅读示范书店"的设立，折射出常态性图书零售终端——书店在阅读推广中无可估量的作用。

无论从以上统计数据，还是书店业的重大事件来看，在政府支持、优秀出版物数量增长、实体书店的创新和努力等多方合力之下，实体书店出现了平稳向好的发展势头。实体书店一改图书销售的单一经营方式，走上转型发展之路。在广泛开展全民阅读的时代氛围下，止跌回暖的实体书店又重新开始影响城市的阅读氛围，充当起城市的书香地标，为公众提供优质便利的文化产品和舒适的消费体

① 刘蓓蓓.当当 3 年内计划开 1000 家书店.[2016-01-30] http：//data.chinaxwcb.com/epaper2015/epaper/d6138/d3b/201511/62066.html.

② 广东设 10 家"全民阅读示范书店"共同倡议推广全民阅读.全民阅读活动简报，2015（57）：14.

验。在全新的市场环境中，书店业通过转变经营方式、支持公益活动、调研市场需求、拓展出版社资源、丰富阅读活动等形式带动了图书零售，也在书香理念的传播、阅读活动的丰富和阅读种子的培育中助力阅读推广。①

四、民间力量协力的阅读推广

推动"全民阅读"活动的普及与广泛开展，不仅需要国家政策的大力提倡和指引、政府相关机构的主导与扶持，也需要全社会的高度认同与积极配合，需要更多的民间努力和阅读者的自愿参与。

民间阅读组织，主要包括热心和积极推动阅读的非政府组织、民间读书会和沙龙、民间基金会、志愿者团体、独立阅读推广人等。民间阅读组织是人们基于共同的阅读爱好与价值判断而形成的一种多向交流式、互动式、推广式的阅读组织形态。

民间阅读组织，从实践层面总结，具有组织结构灵活、内容形式多样、覆盖范围广、影响深远、持续性强等诸多特点。相比以政府及其职能部门为推广主体的阅读推广运动，民间阅读组织在深入基层、挖掘并发挥阅读个性上更胜一筹，更加贴近群众阅读生活，也更具活力和生命力。它对于提升国家或地区的阅读风气具有重要作用，在一定程度上是建设全民阅读社会的重要推动力。

近年来，在政府对阅读持续地倡导与推动下，我国民间阅读的热情逐渐被激发起来，随之而来的是民间读书会的蓬勃兴起，全国各地涌现了诸多民间自发组织的读书活动。在实践中，这些读书活动逐渐形成了大大小小各种类型的民间读书会。这股来自民间的力量，对于推动全民阅读的具体落实，促进更多同类阅读活动的开展，为全民阅读的活动目的达于现实之境，注入了强大的力量。

民间读书会作为一种读书形态，其中不少组织的雏形源于知识分子聚集的社

---

① 陈贝贝. 书店出招推广校园阅读. [2016-01-26] http：//www.openbook.com.cn/Information/0/3578_0.html.

雨枫书馆内景

区、志趣相投的网络小组等，通过相近的阅读兴趣、知识背景、地域趋近等现实因素群聚而成。比如"阅读邻居"，便是三位同住一个小区的爱书人绿茶、杨早、邱小石三人于 2011 年发起的读书会，以图书和电影为内容，通过在社区书店读易洞的面对面茶话，分享各自的私人阅读体验。这一由学者、媒体、书店三种专业力量共同构筑的"阅读邻居"读书会，以其公益性、别开生面的活动、深刻的阅读内容剖解，成功吸引了一大批读者的关注，成为北京知名的社科类读书会。

民间读书会的自我定位也各有差异。民间阅读组织的成员来源广泛，具有不同的专业背景，从事不同的行业，由其策划的阅读活动，往往寻求一种自我的认同，彰显内在的价值取向。如创办于 2007 年的雨枫书馆，是国内首家会员制的女性书馆；举行定期的读书会，以关注、服务女性阅读生活为企业愿景，倡导"做书女"。对于一些意欲深造的读者而言，Open Academy 则是最理想的高端读书会；Open Academy 以自主和互助学习的模式为主，结合线上的各类公开课等学习资源，为进取型的职业人士提供最高品质的顶级名校课程，立志成为终身求知的先锋性典范。而深圳读书会和后院读书会，则是深圳民间发起的阅读组织。深圳读书会致力于成为"每个阅读者共享的舞台"，提倡人人分享的理念，主张让每一位读者都成为活动的主角，学以致用，鼓励普通人参与文化活动。后院读书会由媒体人发起，开始只是小圈子活动，现在发展到有数百位资深会员，到后院参加过阅读活动的达数万人。

此外，为低幼儿童阅读服务的民间阅读组织也比比皆是。如创办于 2011 年的苏州市"蝴蝶妈妈读书会"，宗旨在于在自己组织的亲子互动阅读活动（每月组织两次以上的活动，活动分为亲子手工制作类、趣味科学、关爱弱势群体三大类）和其他的社会实践活动的引导下，让小朋友爱上阅读和手工制作。参与活动的儿童辐射至苏州近 50 所学校，志愿者则从最初 30 多位陪读母亲，发展到 2015 年的 2000 名成员。[1]

2011 年 6 月，中国民间图书馆协会在北戴河成立，召开了"中国首届民间图书馆论坛"，标志着民间组织已经凝聚成为我国全民阅读推广的一支有生力量。

不同受众、不同阅读趣味、不同规模、不同地域分布的民间阅读组织，在全民阅读的大环境中宠辱不惊，默默发挥着力所能及又一定程度上振聋发聩的作用，某种程度上甚至左右着全民阅读活动的荣辱和格局。开展全民阅读不能忽视社会与民间的力量。充分调动企业、阅读推广人、书评人、志愿者、读书俱乐部、民间基金会的积极性，是落实全民阅读战略的重要环节。毕竟，民间力量担负着常态化的阅读推进任务，发挥着从最基层凝聚和影响民众阅读趣味和阅读兴趣的作用。

五、学术研究推进的阅读推广

从统计数据看，在 2005 年之前，关于阅读推广的研究文献寥寥无几，之后则逐年增多。尤其是 2010 年之后，文献量显著上升。联系现实可知，这主要源于国家对于阅读推广活动的重视升级，由此引发研究热情。2013 年，国家社科基金资助立项的课题中，阅读推广的课题共有 9 项，内容涉及全民阅读活动、数字阅读、少儿、老人、少数民族、抑郁症患者、阅读困难症患者及其他阅读困难人

---

[1] 读书会：来自民间的阅读推广力量. 中国出版传媒商报，2015-05-12.

群的阅读推广研究。学术界对阅读推广问题的研究，随时间而日渐升温，投入阅读推广问题领域的研究也与日俱增。

相伴之的是，2004 年中国图书馆学会开始积极参与"世界读书日"的宣传，参与举办形式多样的阅读推广活动；2005 年，中国图书馆学会将"社会阅读"作为新年峰会的会议议题之一，并成立了与"学术委员会"并列的"科普与阅读指导委员会"；2008 年，中国图书馆学会将"促进全民阅读"写进了《图书馆服务宣言》；2009 年，中国图书馆学会将"科普与阅读指导委员会"更名为"阅读推广委员会"。作为我国图书馆学界的学术交流组织，中国图书馆学会的上述系列举措，凸现出阅读推广在图书馆学领域日渐重要的地位。

此外，图书馆学会通过每年召开的学术年会，和定期召开的学术峰会，凝聚了图书馆学界以及其他业界的人士广泛参与和对阅读推广议题的讨论和研究，为我国的阅读推广事业做出了重要的贡献。比如 2014 年于厦门举行的"中国图书馆学会·青年学术论坛"便以"科学数据共享""全民阅读立法""图书馆服务均等化"等关乎阅读的多方面议题作为会议研讨的主题。[①]另外，中国阅读学研究会举办的"华夏阅读论坛"，每年结合一个特定阅读主题，更是为阅读推广锦上添花。除却作为学术交流分享平台的中国图书馆学会，阅读推广研究的重镇集中在高等院校和图书馆，其次的研究力量集中在出版界。高校的研究群体则集中于信息资讯和信息管理方向的研究人员。[②]

以上学术会议和论坛讲座，为阅读推广的学术研究贡献了参与讨论共享的互动与进步的平台。首先，阅读推广的研究文献呈大幅度上升趋势，主要围绕图书情报与数字图书馆进行研究；其次，对出版的书籍研究也占有一席之地。其中，"图书馆开展阅读推广的意义和作用""阅读推广的模式与对策""针对不同对象开展阅读推广研究""推介及比较研究港澳台及国外阅读推广经验"等议题为最

---

① 中国图书馆学会举办青年学术论坛.图书馆理论与实践，2015（1）：26.
② 秦疏影.阅读推广研究的学术影响力分析——基于 2005—2013 年 CNKI 论文数据的分析.贵图学刊，2014（3）：14—17.

主要的研究方向，而对于阅读推广的手段创新研究、阅读推广评估体系的研究、研究对象的再细化（约有 70% 的文献关注学生群体的阅读，但涉及农村读者、离退休人员、残疾人等群体的研究很少）[1]则呼唤更多的投入与更深入的研究。

围绕图书馆的阅读推广进行的学术研究，则更为具备现实意义。这类研究主要的议题集中于读什么、为什么读、怎么读等环节，对此进行学理化的解答、引导、服务。比如对于公共图书馆为什么要进行阅读推广，除了提高图书馆的服务指标外，一些研究者认为亦不乏如下目标：（1）引导作用。对于缺乏阅读意愿的人，图书馆通过生动有趣的阅读推广活动，引导他们感受阅读的魅力、享受阅读的乐趣，并逐步形成阅读的意愿。（2）训练作用。公共图书馆的服务对象中存在许多有阅读意愿而不善于阅读的人，包括尚未学会阅读的人，如学龄前儿童，也包括因各种原因成人后失去继续学习机会的人。图书馆阅读推广可以训练他们，使他们学会阅读。（3）帮助作用。公共图书馆的服务对象中还存在阅读困难人群，也称图书馆服务的特殊人群，此类特殊人群包括残障人士、足不出户的老人、低幼儿童、阅读障碍症患者等，图书馆需要对他们提供阅读帮助，阅读推广服务是最好的帮助。（4）服务作用。传统图书馆服务目标人群的主体是具有较好阅读能力的人，图书馆阅读推广活动为他们提供阅读的便利，丰富了为他们服务的方式。

上述四类目标中，前三类其实都是服务于阅读困难人群，对于这些缺乏阅读兴趣与阅读能力的人群，图书馆如果像对待普通读者一样，摆出一副平等服务的姿态，不介入读者的阅读行为，被动地等待读者提出阅读帮助再去服务，那么这些阅读困难人群将永远无法跨越知识或信息鸿沟，无法通过阅读改变命运，或丰富生活。图书馆阅读推广的目的，就是要帮助缺乏阅读意愿的人爱上阅读，帮助阅读能力不强的人学会阅读，帮助阅读有困难的人克服阅读的困难。这正是《公共图书馆宣言》的平等服务条款中对特殊人群提供特殊服务的规定的体现，或者

---

[1] 吕晓妍，谢丹.2002—2012 年阅读推广研究文献计量分析.中华医学图书情报杂志，2014（2）：63—67.

说是现代图书馆理念的体现。[①]

　　阅读推广的学术研究，站在实践的前沿，为阅读推广工作保驾护航，及时总结经验教训，开拓新颖的阅读航向。大量关乎阅读及阅读推广的学理性研究文献，影响并指导着阅读推广的实践，高屋建瓴地为其奉上指南性意见与建议，对活动的健康与长远发展意义非凡。

---

① 范并思.阅读推广为什么?.公共图书馆，2013（3）：4.

一、创造良好阅读环境

建设阅读社会，位列起步处的阅读环境建设是大前提。政府加大公众阅读的政策支持力度、加大对于阅读活动的投入力度和对公共图书馆环境进行改善等举措，有助于激发居民阅读兴趣，提升阅读热情，改善阅读现状，进而促进社会整体阅读氛围的形成。

阅读内容建设是创造良好阅读环境的重头戏。与此同时，全民阅读对公共空间的需求依旧不容忽视。从硬件层面对公共阅读空间的环境提出的要求，呼唤政府职能机构对硬件阅读设施的改良和完善，完备阅读所需外部条件。这意味着公共图书馆、社区图书馆、农家书屋和流动图书馆等公共与公益性质的阅读空间，不单需要量上的足够供给，还要从质量上进行改善，以满足民众的阅读环境需求。

在阅读空间和阅读资源的构建和储备上，一些阅读推广的后来者也在纷纷迈出脚步。比如2015年以来，连云港市便加快了阅读阵地的建设，共建成图书馆分馆7个、"一卡通"农家书屋80个，初步实现市、县级图书馆资源共享、通借通还。同时，连云港全市各级农家书屋和社区书屋也实现了全覆盖；全市各中小学通过"书香校园"建设，图书馆阅览室条件出现了大幅提升；市图书馆和市少儿图书馆也纷纷开展了"市民大讲堂""苍梧讲坛""亲子阅读系列"等阅读活动。市图书馆、市少儿图书馆还组织了"你点书·我买单"大型读书交流活动，1000多名读者参与互动，点书4000余册。第七届连云港文博会期间，还组织举办了精品书展，提供了 3000 余种精品图书让广大市民选购。[①]

如今，在进行阅读环境的营造上，尤其阅读公共空间的建造上，生发了很多创造性的合作方式与运行模式。比如在我国台湾地区，高雄市立图书馆的建成以及运行都极富创建性。高雄市立图书馆建设所花费的 20 亿新台币的费用，其中 40% 左右是通过号召高雄市企业和个人募捐筹集来的。其中，根据捐钱分量的多寡，来分配室内空间的命名权。一定份额内，捐募者的名字便获得图书馆内的空间冠名权，如某某企业会议室。此外，作为阅读空间不可或缺的阅读内容资源，包括馆内丰富的藏书在内，其来源也是通过号召全城市民共同捐建而来。读者买书时可以一式两份地买，一本留给自己，一本捐献给图书馆。手头若已具备大量富余的书籍，也鼓励其直接将书捐给图书馆。作为纪念和奖励，每一本捐出来的书，图书馆皆会于图书扉页位置专门贴一张纸，写明书籍的捐献者，永久性地留下捐赠者的名字。高雄市立图书馆通过这种方式，在一年时间内即收到了上百万本图书，圆满解决了书籍存储的基础问题。这种面向社会的募捐模式，不仅解决了图书馆买书资金来源的问题，同时又给予市民以图书馆为民众自己的图书馆而非市政府的图书馆的自家书房的主人意识。这种因为自己参与建设、捐资的体验和实际行动，提升了市民对图书馆的荣耀感和主体意识。整个图书馆的建设和运营，因为接地气和贴近市民的需求，也从源头上为图书馆聚集了原始读者群，培植了忠实的阅读受众。

受此种模式的启发，加之李克强总理 PPP 模式概念的号召，北京市也在包括阅读推广在内的部分领域，开启了这种 PPP 的融资模式。PPP 是公私合作进行公共基础设施建设的一种项目融资模式。在该模式下，鼓励私营企业、民营资本与政府进行合作，参与公共基础设施的建设，鼓励发挥社会力量、企业力量和私人资本的力量，共同参与建设。比如 2015 年上半年正式成立的第二书房北京金中都图书馆，便是北京市全民阅读推广的一个 PPP 模式创新成果。北京金中都图书

---

① 顾名筛 . 我市全民阅读活动如火如荼开展，打造书香港城 . [2015–11–11] http：//www.lyg01.net/culture/gcwh/2015/1111/33466.shtml.

馆所在地原为公园管理处的物业用房，为一幢四合院建筑。北京市西城区政府决定将其开发为一个阅读空间，并把场地免费提供给阅读推广人李岩，同时提供了一些启动资金，着手让李岩的第二书房进行运营。虽然政府提供了场地和一些启动资金，但是大多数运营资金还是需要李岩自行解决，尤其是日常维护所需大量资金。如此情境下，可不可以向读者收费？如果收费，是不是成了拿政府提供的机会和条件去营利？如果不收费，图书馆的日常维护运营费用从哪来？如何调动社会力量参与全民阅读，是目前亟待解决的棘手问题。生逢其时，PPP 模式则正是为这种公办民营、公助民办的全民阅读公共设施适当收费提供了理论依据。政府可以通过招投标方式让企业或个人参与，提供资助和支持，而企业要达到什么样的标准，政府都要进行考核。无锡市通过招标，引进台湾的一个公司代运营公共图书馆，也取得了非常好的效果。

政府和社会力量，无论是企业，还是非营利组织团结起来共同参与建设，是开展全民阅读有效的方法和工具。可以说，在调动社会力量参与全民阅读的尝试上，北京市做了很好的创新，无论是在阅读空间、基础设施的建设上，还是在阅读活动的组织上，PPP 这种方式都是开展全民阅读、推动全民阅读值得借鉴的方式，是解决构筑阅读环境建设资金问题的得力方式。

除政府主导而外，民间的公益阅读组织和社会企业也开始走向联姻。上海一家以互联网金融服务业投资为主，集投资、管理一体化的企业集团"庭好贷"，依托自身资本实力、资源整合能力和经营管理团队，在以拓展具有良好发展前景的现代金融服务业为目标的前提下同"拆书帮上海城市分舵"合作，在上海开展了推广读书提升职场能力的公益活动，以助力全民阅读推广。在此之前，"拆书帮上海城市分舵"作为上海最大的读书社群学习组织，在短短两年时间里已经组织超过了 200 多场拆书会，也同时在帮助一些企业组建读书会。通过组建企业读书会，意图让职场人更好地提升职业素养，丰富个人精神世界。在这种背景下，"庭好贷"携手"拆书帮"，不但有益于全民阅读推广，让更多人理解阅读的乐趣；作为一种公益事业和 P2P 联姻合作范式，也开启了公益和 P2P 结合的新途径新模式，极富创造性和启发性。互联网金融致力于普惠金融，通过 P2P 网贷平台和公益组织的创新合作，让更多的人参与公益事业，传递社会正能量；同时，这种合作范式也让包括阅读推广在内的民间公益走入了"互联网＋"时代，使得阅读推广组织能够充分利用互联网金融平台优势，发挥互联网高效协作分享的特征，用互联网思维和精神运营公益活动，使公益项目实现线上线下的结合，让阅读推广的公益走得更深、更远、更持续长久。①

此外，阅读环境的舒适性，也意味着阅读者的自主性能够得到最大化的满足。读者阅读的自主性包括阅读时间的自主性，选择阅读地点的方便性。因而，除了物理空间的阅读环境改善，网络的开放性同样是阅读环境的一大命题。网络降低了读者获取所需文献的难度，读者的阅读环境由面对纸质图书，改变成直接与读者、作者对话；阅读空间不再局限于传统意义的阅读空间内，在地铁上、候车室内或其他场所，都能借助现代的移动终端设备随意阅读。

构筑于网络平台上的阅读组织空间和容纳数字阅读资源的数字阅读空间也日渐为人所需，更因需而盛。比如豆瓣这一数字社区空间，在同城活动以及其他兴趣小组的建立上，集聚了兴味相投的群体。通过自发的群体性线上、线下的阅读活动组织，为有着相投阅读爱好的群体提供了开阔和丰富的阅读活动，包括阅读资源的推荐分享、阅读感的抒发与交流等，都为阅读伙伴间的分享与交流提供了良好而便利的舞台与空间。再如，在现如今倡导"互联网＋"的时代风气下，阅读推广活动主动对接"互联网＋"便成为当今阅读活动发展的一大亮点。积极利用信息化技术，依托移动互联网及微博、微信、微视频等新媒体形式，推广手机阅读、网络阅读、电子图书阅读等新型阅读方式，创新阅读推广的方式，让全民阅读更立体、更鲜活、更有吸引力和影响力。

---

① 多米．庭好贷携手拆书帮，助力全民阅读推广．[2015–11–10] http：//finance.caijing.com.cn/20151110/4007209.shtml.

二、推广优秀阅读资源

巧妇难为无米之炊，阅读行为离不开阅读资源。阅读资源建设，一直是提供阅读空间和储存阅读资源的信息存储机构的工作内容。然而网络时代信息资源的泛滥和信息的过载，已成为时代的严重弊病。信息资源的丰盛，一方面弥补了以往阅读资源的稀缺的遗憾，但另一方面却带来了深重的阅读选择危机。面对浩如烟海、良莠不齐的阅读资源，选择读什么成为困惑阅读者的阅读拦路虎，甚至会就此捆绑住其阅读的步伐。初次接触文字的孩童，选择读什么更是可能会决定其一生的阅读方向，选不好甚至会就此消弭掉其阅读兴趣，断送阅读道路与前途。而对于一些特殊群体，如因父母无暇陪伴的农民工子弟，对他们来讲读什么这个命题更具现实意义。

这种情况下，进行阅读资源的推广与引航则就顺理成章。在信息过载的时代背景下，淘洗出值得阅读的资源，分享阅读经验，向全民推广开来，是全民阅读活动的重要环节，也是至关重要的一种形式。

在亲子阅读推广上，我国已经从尝试的起步阶段，迈入了常态化的蓬勃发展阶段。儿童的绘本阅读推广，是其中的关键环节，也是亲子阅读推广的重点。

2015 年以来，风靡在宁波市宁海县各地的"好爸好妈故事团"送故事活动，吸引的不但是孩子，家长等成年人也无不受到触动。"好爸好妈故事团"活动由宁海县文明办、县妇联组织，并联合笑笑绘本馆，以"绘本故事进农村（社区）"的形式，依托"春泥计划""农村（社区）家长学校"等工作平台循环开展。故事团在 2014 年便初见雏形，宁海县妇联在开展县母亲素养工程和县家庭教育活动中，为寻找与时俱进的宣讲方式而发现了绘本故事的意义，绘本阅读因此成了活动中良好的选择形式。加之宁海县的绘本阅读名人葛肖锋的带动，"好爸好妈故事团"讲师人数在逐渐增加，从最初的十几个，增加到目前的 30 多人，并且不断有新的血液注入。虽然到各地讲说绘本故事是无偿的，志愿者们还是自发加入到这个团体中，用自己的爱心为各地孩子和家长们带去阅读的快乐。

深圳"阅芽计划"，在深圳生活的儿童皆可预约领取"阅芽包"

对亲子阅读和阅读内容的重视，在深圳市体现得更为明显。在深圳民政部门登记的亲子阅读机构，数量为全国最多，覆盖深圳全市近3万个家庭和超过100所中小学；深圳市几乎所有的公共图书馆都开辟了专门的儿童读书区域。为0—6岁的儿童家庭免费派发阅读礼包，更是2015年深圳读书月的一大亮点。由深圳市妇联牵头、爱阅公益基金会实施的"深圳阅芽计划"在2015年的读书月上首度亮相，向深圳0—3、3—6岁儿童家庭发放"阅芽包"。"阅芽包"内有适龄童书、推荐书目、阅读指导手册等，并建立儿童早期阅读推广发布服务信息平台，建立儿童早期志愿服务体系，持续宣传儿童早期阅读的理念，还全程进行科学研究和评估。同时，"阅读吧！宝贝——光明新区'阅读起跑线'计划"在光明新区图书馆启动。该计划主要依托深圳市光明新区文化、医疗、卫生、教育大部制的改革优势，整合辖区图书馆、医院、社康中心、幼儿园、学校、书吧等各类型公共服务资源，借鉴英国"阅读起跑线"计划等风靡全球的早期阅读教育及推广的先进案例，通过面向辖区0—3岁儿童及其家长免费发放"阅读大礼包"，配套开展涵盖孕妈妈、准父母、婴幼儿童的"阅读起跑线"主题系列活动，尽早帮助辖区新生儿及儿童家庭开展科学、健康、快乐的早期阅读教育，培育家庭阅读文化。作为2015年深圳读书月的重点主题活动，该计划的启动与实施，使深圳市光明新区图书馆成为继苏州图书馆之后全国第二家、广东首家参与全球"阅读起跑线"计划的公共图书馆。①除此之外，2015 年的深圳读书月除了"阅芽计划"，还开展了阅读推广人公益培训和十大童书的评选活动。

亲子阅读在数字阅读推广中也广受欢迎。在 2015 年举办的北京市第 5 届"书香中国·北京阅读季"颁奖盛典上，央视前主持人王凯和悠贝亲子图书馆总经理孙亚利等 10 位阅读推广界的热心人士，获得了金牌阅读推广人的称号。王凯从央视离职后，创立了中国最大的讲故事品牌"凯叔讲故事"，打造了目前微信上最大的亲子阅读社群，有超过 100 万个家庭是王凯阅读推荐资源的听众。②

在针对留守儿童的阅读资源推广，以及乡村民众的阅读推广上，也出现了比较好的发展趋势，有些更是进行了联动融合的活动组织方式。如 2015 年 7 月，连云港市便组织开展了"全民阅读乡村行"的主题实践活动，会同淮海工学院组织 100 名大学生志愿者，深入到赣榆区、灌南县的 8 个乡镇、500 个行政村，利用农家书屋（社区书屋）平台，开展全民阅读宣传推广活动，通过实地宣传、阅读辅导、才艺表演等，与当地群众、留守儿童开展阅读交流，了解农村阅读需求，推进全民阅读活动进乡村。同时，连云港市新华书店也发起成立了连云港市读书研究会，加诸连云港市的"蓝莲花"读书会、"静书房""创智汇""新阅读、连读群""连云港读书研究会""方诚读书会"等一批阅读组织，在探讨和研究新时期的阅读内容和方式的基础上，开展了形式多样的阅读活动。在此背景下，连云港所辖各县区通过培养，也涌现出一批阅读带头人。③

从目前的阅读资源的推广活动中看，虽然尚未能达到对公众阅读需求的百分百匹配，但针对特定群体进行阅读资源推广的模式已成为比较有益的阅读推广方式。这种对人群进行划分，并加以区别对待的阅读资源推广方式，因其精准性收获了良好的阅读推广前景。

---

① 苏兵. 启动"阅读起跑线"计划. [2015-11-9] http：//news.ycwb.com/ 2015-11/09/ content_20851977.htm.

② 陈梦溪. 主持人王凯获金牌阅读推广人. 北京晚报，2015-10-28.

③ 顾名筛. 我市全民阅读活动如火如荼开展，打造书香港城. [2015-11-11] http：//www.lyg01.net/culture/gcwh/2015/1111/33466.shtml.

三、开展丰富阅读活动

阅读活动，是吸引阅读潜在人群、凝聚阅读爱好者，将阅读行为推而广之的手段，也是交流阅读经验的媒介，推动阅读的强大驱动力。

阅读活动从本质上是种集体行为，这同阅读的个体性无疑相互矛盾。但是以这种散发着仪式感的方式开启阅读，对于受众来说，其实是种社会参与行为，与此同时也满足了个人的私人阅读需求——同志同道合者的阅读分享，体验不同人群的阅读内容和阅读方式以及阅读经历，都将大大丰富一个人的精神世界。

此外，丰富多彩的阅读活动，可以激发一个人的阅读兴趣，纾解阅读困惑，体验各异的阅读方式，收获丰美的阅读资源。因此，阅读活动的举办主体，纷纷在活动的丰富性上开动脑筋，激发民众的阅读兴趣，满足其阅读需求。

以深圳市为例。深圳市自举办读书月以来，至 2016 年已走过了 17 个春秋。读书月 17 年的耕种，也正在结出累累硕果。从 2000 年首届读书月的 50 项活动、170 万人次参与，到 2016 年的主题活动 754 项、重点主题活动 53 项，读书月已经成长为深圳的文化名片。一组数字能够折射出这份坚持的成效：17 年来，读书月共举办活动 6000 多项，向希望小学、深圳青工书屋捐赠爱心图书总值 2000 多万元，220 位专家学者先后登上读书月论坛，与深圳市民分享阅读之美，参与读书月的总人次达到 1.06 亿。一系列的活动品牌，更点亮了城市的阅读之光：读书月创造了深圳读书论坛、年度十大好书、十大童书、经典诗文朗诵会、赠书献爱心、辩论赛、亲子阅读论坛、图书漂流、温馨阅读夜等一大批阅读品牌活动。阅读已深入深圳市民的工作生活中，融入城市的文化血脉里。每年临近 11 月，深圳人便期待着这场与阅读的约会，整座城市也因为有了书香而变得温暖。

深圳读书月从蹒跚起步，到摘取"全球全民阅读典范城市"的桂冠，记录了深圳从"文化沙漠"到"文化绿洲"的变迁过程。2015 年深圳居民日均读书（包括纸质图书和电子图书）62.53 分钟，比 2014 年（29.72 分钟）增加了 32.81 分钟。同指标在"国民阅读调查（2014）"的统计结果是 18.76 分钟，深圳居民日均读书时间比全国平均值多 43.77 分钟。

这种成效当然离不开背后的资金、资源、阅读推广人员等的支撑。截至 2015 年 11 月底，深圳全市共有公共图书馆 625 个，服务着 162.95 万个有效读者，持证读者数量占到全市常住人口的 15.12%；深圳这片阅读沃土涵养了 100 多个民间阅读组织，它们不仅在各自"小圈子"中轻松交流，还以常态化的合作方式在读书月舞台上持续发出了自己的声音；从 2013 年到 2014 年，深圳阅读资金保障投入率也显著提高，其中财政性资金投入从 605 万元增加到 1120 万元。深圳市财政更是于 2014 年增加了"全民阅读典范城市推广计划"，投向民间阅读机构及常态化阅读项目里的社会资金，已增加至 1515.9 万元。①

深圳市的个例，是经典案例，而全国的其他城市也不甘落后，纷纷推陈出新，举行多种多样的活动以推广阅读。在精彩纷呈的各类阅读活动中，尤其引人注目的是从源头上对阅读推广人的培养。

比如，2015 年 11 月 6 日，镇江市文广新局便举行了镇江市首批优秀阅读组织评选现场陈述答辩会，评选出小芽读书会等 10 个阅读组织为镇江市的优秀阅读组织。自 2013 年以来，在"深入开展全民阅读活动、全力推进书香镇江建设"的大格局中，镇江市一大批民间阅读组织和阅读推广人成长起来。为了褒奖各阅读组织和阅读推广人，并帮助社会树立阅读榜样，镇江市开展了优秀阅读组织和优秀阅读推广人评选活动。活动中评选出了 30 名优秀阅读推广人，奖励其"你选书、我买单"借阅证，并聘作镇江市图书馆的馆外选书人。对此次评选出来的优秀阅读组织，镇江市还给予了一定的经费补助，并在今后政府购买阅读服务项目时优先考虑。截至 2015 年年底，镇江市共有 70 余个活动正常的社会阅读组织，和 1600 余名经培训合格持证上岗的阅读推广人。②

再如，2015 年 11 月 4 日，南通市如东县委宣传部、县文广新局也开展了

---

① 韩文嘉. 深圳读书月 16 年读出"文化绿洲". 人民日报・海外版，2015–11–11.

② 莫小羽. 镇江评出首批优秀阅读组织和阅读推广人. [2015–11–7] http：//js.xhby.net/system/2015/11/07/026908693.shtml.

"悦读改变人生"获奖征文表彰暨县首个阅读推广人书友会活动。共有 10 人获奖，受聘作为如东首批"阅读推广人"，褒奖其分享阅读经验、引导阅读、推荐阅读、参与阅读和成立组织等。"阅读推广人"在发挥自身阅读示范作用的同时，通过宣传、策划、组织一些公益阅读推广活动，如图书推荐、交换活动、读书交流、读书沙龙、文学社、演讲比赛和书香摄影等，搭建互动交流载体，分享自身的阅读感悟经历，以催生人们的阅读热情，帮助人们爱上阅读，形成阅读自觉的良好风尚。①

各地在举办阅读推广活动时，也开始注重阅读推广人的模范带头作用，并对其所做贡献进行表彰和奖励。比如 2015 年第 5 届"书香中国·北京阅读季"阅读盛典上，在对 2015 年北京市全民阅读进行总结表彰时，便不忘对优秀阅读推广个人进行评选。阅读推广人申报者 93 位，最后评选出 10 位金牌阅读推广人。②

从上可见，阅读推广人的阅读推荐作用受到了重视，并成为开展阅读推广活动的重大参阅者和极大推动者。对阅读推广人的关注和培育，已经成为未来阅读推广活动中的一个趋势。

四、拓展阅读宣传阵地

2011 年 4 月 21 日，第八次全国国民阅读调查结果在北京发布，仅有 5.2% 的 18—70 周岁国民回答身边举办过阅读活动或阅读节，有 73.8% 的国民表示身边没有阅读活动或阅读节，另有 21.1% 的国民表示不知道身边是否举办过阅读活动。66% 的国民希望当地有关部门举办读书活动或读书节。③

而 2011 年却正是全民阅读活动步入正轨的时日，全民阅读活动的宣传效果

---

① 张露.如东聘用首批"阅读推广人".[2015-11-6] http：//www.rdxmt.com/folder1/folder18/2015/11/2015-11-06120910.html.

② 陈梦溪.主持人王凯获金牌阅读推广人.北京晚报，2015-10-28.

③ 吴娜.第八次全国国民阅读调查公布看国人阅读有何新变化.光明日报，2014-04-22.

由此可见一斑。为提高活动的知名度，使"全民阅读"实现名副其实的"全民"参与，全民阅读活动的主办者应当加强宣传推广意识，利用当下多媒体技术，结合移动互联网等网络技术，多管齐下推广阅读活动。

信息的畅达是全民参与的前提与关键。分析宣传效果不佳缘由，传统的宣传手法已不能够满足受众的需要无疑是最为关键的原因。随着多媒体设备逐渐在普通百姓生活中的普及，读者对信息交流中的"视、听、互动"等感受有了更高的要求。公共图书馆等阅读推广机构，在阅读推广实践中还必须紧跟时代发展，利用新技术新设备进行宣传推广。

当然，传统的传播方式不应该被摒弃，这种方式对应的受众同样庞大。比如平面宣传，这种最传统、直接的宣传方式，即使在当今多媒体与网络十分普及的环境下，仍然是图书馆最基本的、不可或缺的宣传方式。充分利用招贴、宣传栏、墙纸、易拉宝、小册子等手段，定期更新，配合馆内活动设计每期主题，以吸引读者。

此外，阅读推广机构应注重自身网站和微博、微信的建设与维护，利用网络快速、有效的宣传效果，通过以上网络渠道发布信息，以广视听。

二者之外，依靠大众媒介展开宣传同样是必需之道。比如同电视、电台、网络视频公司等大众媒介合作，拍摄大量宣传片，在活动前夕进行集中式、规模化宣传。大众媒介受众庞大，再加上高密度的宣传攻势，在信息传递方面将达到事半功倍之效。

另一个困扰宣传的地方在于，到底谁承受着阅读宣传的重责，也就是说到底谁是幕后最重要的阅读推广者？当然，在目前我国的阅读推广界，这种角色分量是无法量化来衡量的。但是，毋庸置疑的是，图书馆在其中起到了重大作用。因而，图书馆对阅读推广的宣传是阅读推广活动中意义重大的一个环节。以图书馆为例，考察其阅读推广方式，可以给予阅读推广活动中的其他主体提供很多有益的共性启发。

首先，图书馆要充分利用各种媒介，如 logo、印刷品、招贴画等平面媒体；更要充分利用各种大众媒体，如报纸、杂志、广播、电视以及包括论坛、微博、博客、微信等在内的网络媒体；除此以外，日常活动的实体实践宣传更是图书馆的先天优势。利用日常的读者服务活动，把握好时间节点，如各种节日、全民阅读日（周、月）等，开展具备针对性的阅读活动，从实践中进行阅读的植入式推广。每一种途径皆有自己特定的受众群体，放弃某一种途径，就意味着放弃了一个对象群体；而多种和多重媒介的联合轰炸更是必需，在宣传中，重复是必要的。

近年来，由图书馆主办，以介绍图书馆馆藏文献资源、报道图书馆阅读活动、传播阅读文化、分享阅读体会为主要内容的非正式出版的阅读推广报刊日渐成为有效的阅读推广宣传阵地。如金陵图书馆《阅微》、海宁图书馆《水仙阁》、苏州图书馆《今日阅读》、太仓图书馆《尔雅》等众多阅读推广刊物都立足本馆和本地特色，通过丰富的栏目和便捷的获取方式向读者推介新书、好书，挖掘、传承地方文化，推广读书治学风气，在读者和社会公众中推广了书香社会的阅读理念，起到了良好的宣传效果。[①]

其次，在宣传特点上，图书馆的宣传需要具备亲和、通俗、可看性强等特征。尤其要注重从宣传推广到品牌营销的过渡。从宣传推广到图书馆的品牌营销，其间的区别在于，宣传推广活动是针对图书馆现有的资源与服务，图书馆营销则更强调设计与创造，即凭借创意，产出一个概念或者实体产品。为了让产品广为人知，需求销路高，产品设计需要强调对需求的针对性，要重视需求调查；为能够收到良好的营销效果，营销方案必须配套评估方式。在专事奖励图书馆界的营销活动佼佼者的国际图书馆协会联合会国际市场营销奖中，2012年第10届的冠军获得者便是清华大学图书馆拍摄的校园短剧《爱上图书馆》及自己研发设计的排架游戏，这是该奖项设立10年来第一次颁给来自中国的图书

---

① 聂凌睿. 基于全民阅读推广的"非正式出版"的图书馆所编"小杂志". 南京：南京大学，2013.

图书馆主办的阅读推广刊物

馆。[1]清华大学图书馆的获奖，对于中国图书馆界而言是一次有关图书馆"营销"的启蒙之举。这预示着图书馆将逐渐进入营销时代，图书馆的宣传理念与手段将发生深刻的变化：不再拘泥于简单的宣传推广，而更加注重原创性的营销活动，是日后的一大趋势。

再次，在推广宣传频率上，也要注重高低的结合，因媒体而异。如图书馆的微博更新频率，要在快与慢之间掌握分寸，信息量要在多与少之间掌握平衡，功能上要发布图书馆业务及社会信息，与读者沟通，风格则尽量轻快、亲和、明晰，

---

① 图书馆建馆百年纪念宣传片及《爱上图书馆》系列短剧展播. [2012-11-9] http://lib.tsinghua.edu.cn/dra/news/annoucement/3301.

以期在通知功效的基础上吸引读者眼球，继而扩大阅读推广的宣传效果。

最后，图书馆不但要在宣传上有创意，还要熟练地和媒体交往，培养媒体从业者对图书馆理念和职业特性的认同感。毕竟媒体从业者尤其是记者对图书馆题材的兴趣度，将直接影响到其报道的写作水平和宣传功效。从这个意义上考量，图书馆在制定全年宣传计划时，应注重制定同记者接洽的办事原则和方针。

第五章

书香社会的体系构建

"有田不耕仓廪虚,有书不读子孙愚。"阅读历来是中华民族的优良传统,也是民族精神中最为宝贵的一笔精神财富。从党的十八大报告中的"开展全民阅读活动",到 2014 年起政府工作报告中连续几年"倡导全民阅读",全民阅读越来越受到重视,其内涵也进一步得到了丰富。书香社会是指优质出版物供给更加丰富,社会基础阅读设施更加完善,特殊群体基本阅读需求得到更好满足,社会主义核心价值观深入人心,在全社会形成爱读书、读好书、善读书的良好风尚。这一提法不仅把"倡导全民阅读"提到了一个新高度,更为全面深化改革时期的政治、经济、社会发展增添了文化底蕴。

　　目前,倡导全民阅读、构建书香社会已经成为从中央到地方乃至全社会的共识。书香社会是一个美好的目标,也是一个长远的目标。如何构建一个有效的全民阅读驱动体系?如何构建多元驱动、协同创新的多重阅读推广主体?如何协调多方力量,互补共促,形成最大合力,共同推进全民阅读,共筑共迎书香社会?这些都是值得思考的问题。

　　在本章中,我们提出了构建书香社会的几大策略,使全民阅读推广工作的所有参与者能够形成一个有机的、开放的、合作的系统,共同学习、共同进步;并对全民阅读立法、全民阅读节日、书香城市建设指标体系、数字阅读推广等相关重点问题进行了探讨。

第一节　书香社会未来畅想

"有田不耕仓廪虚，有书不读子孙愚。"阅读历来是中华民族的优良传统，也是民族精神中最为宝贵的一笔精神财富。从"耕读传家"到"书香门第"，从私人藏书楼到公立图书馆，中国社会阅读面貌也经历了精英阅读、大众阅读、国民阅读到全民阅读的发展脉络。一个国家的国民阅读状况可以反映出该国的文明程度和国民素质，折射出该国的经济、政治、社会等各个层面的问题。美国未来学家阿尔文·托夫勒（Alvin Toffler）曾说过，"哪里有文化，哪里早晚就会出现经济繁荣，而哪里出现经济繁荣，文化就会向哪里转移"。通过阅读推广，让阅读成为民众的生活习惯，让社会形成浓厚的阅读风气，使阅读在民族强盛、国家富强、人们的生活幸福及身心和谐中起到应有的作用。这是阅读推广的目标，更是不可推卸的神圣使命。

1995 年，联合国教科文组织将每年的 4 月 23 日定为"世界读书日"，提出"让世界每一个角落的每一个人都能读到书"。

1997 年，中宣部等九部委联合印发《关于在全国组织实施"知识工程"的通知》，提出实施"倡导全民读书，建设阅读社会"的"知识工程"，这一通知，成为国家政府部门倡导全民阅读的开端。

2006 年，新闻出版总署借鉴国际先进经验，提出"全民阅读"这一概念，并会同中宣部等 11 个部门联合发出《关于开展全民阅读活动的倡议书》，并持续多年大力推动。这在国家政府部门倡导全民阅读历程中具有里程碑的意义，标志着政府推动全民阅读步入常态化发展阶段。

2007 年以后，新闻出版总署会同有关部门每年就开展全民阅读活动下发《关于进一步推动全民阅读活动的通知》等专项通知。历经 10 余年的酝酿推动，全民阅读逐渐成为社会共识。

2012 年，党的十八大报告首次将"开展全民阅读活动"纳入我国社会主义文化强国建设。

2014 年，"全民阅读"首次被写进政府工作报告。报告提出，要培育和践行社会主义核心价值观，加强公民道德和精神文明建设，促进基本公共文化服务标准化均等化，倡导全民阅读。

2015 年政府工作报告中，李克强总理在"持续推进民生改善和社会建设"中提到："让人民群众享有更多文化发展成果。文化是民族的精神命脉和创造源泉。要践行社会主义核心价值观，弘扬中华优秀传统文化。繁荣发展哲学社会科学，发展文学艺术、新闻出版、广播影视、档案等事业，重视文物、非物质文化遗产保护。提供更多优秀文艺作品，倡导全民阅读，建设书香社会。"

2016 年政府工作报告中，李克强总理提到，要"深化群众性文明创建活动，倡导全民阅读，普及科学知识，提高国民素质和社会文明程度"。继党的十八大报告提出"开展全民阅读活动"之后，连续几年将全民阅读写入政府工作报告，不仅把"倡导全民阅读"提到了一个新高度，更为全面深化改革时期的政治、经济、社会发展增添了文化底蕴。

第一，倡导全民阅读，建设书香社会，是提升民族素质的重要途径。阅读可以提高个人修养，有利于扫涤社会上的浮躁之气。一个国家的国民阅读力和阅读水平，直接关系到国家软实力和综合国力的强弱，影响到全社会的总体文明程度和创造能力，在很大程度上决定一个民族的基本素质、创造能力和发展潜力。把阅读作为一种生活方式，不仅会增加发展的创新力量，而且会增强社会的精神力量，有利于提升中华民族的整体素养。

第二，倡导全民阅读，建设书香社会，是促进文化大发展大繁荣的重要动力。正如李克强总理在 2015 年政府工作报告中所说的那样，要让人民享受更多文化发展成果。倡导全民阅读，会激励更多的文化出版机构和文艺家，出版、创作更多为人民所喜爱的精品佳作，为"全民阅读"氛围的形成以及书香社会建设，提供更多的精神食粮。

第三，倡导全民阅读，建设书香社会，是构建社会主义和谐社会的重要举措。

建设书香社会表明政府认识到，要推动社会发展就要经济建设和文化建设齐头并进，用文化建设开拓人们的视野，武装精神世界。大力推动全民阅读，是提高国民素质、促进文化建设、增进社会和谐的重要举措。

"全民阅读"被写进政府工作报告，表明阅读已经从个人层面上升到国家层面上来，已经不再仅仅是个人事务，而成为国家宏观战略。但是，如何让全民阅读真正落到实处，让我们这样一个文明古国处处弥漫书香呢？

在全民阅读已成为从政府到民间的基本共识的条件下，如何进一步强化和优化顶层设计，积极建立包容性的框架体系，既能确保政府的主导作用，又能激发各种行为主体参与和创造的积极性，通过多元驱动，促进全民阅读水平的不断深化和提高，具有十分重要的意义。可以毫不夸张地说，要想营造"书香社会"必须来一场"全民总动员"才能够奏效。

从党的十八大报告中的"开展全民阅读活动"，到连续三年将全民阅读写入政府工作报告，全民阅读越来越受到重视，其内涵也进一步得到了丰富。政府层面推动全民阅读，是为了让人民群众享有更多文化发展成果，这是政府的重要职责，也是公共文化服务不可或缺的内容。

国家层面积极倡导全民阅读，推动书香社会建设，不仅体现在历年的政府工作报告和党的报告中，还体现在全民阅读立法工作中。2013 年两会期间，115 位政协委员联名签署并提交了《关于制定实施国家全民阅读战略的提案》。在提案中，明确提出了"由全国人大制定《全民阅读法》、国务院制定《全民阅读条例》"的建议。2013 年 3 月，国家新闻出版广电总局开始组织起草《全民阅读促进条例》，连续四年列入国务院立法计划。2015 年，《江苏省人民代表大会常务委员会关于促进全民阅

全民阅读特种邮票

读的决定》自 1 月 1 日起正式实施，《湖北省全民阅读促进办法》于 3 月 1 日起实施；2016 年 4 月 1 日，《深圳经济特区全民阅读促进条例》正式实施。

"倡导全民阅读"是路径，"建设书香社会"是方向。在国家做好顶层设计和积极号召之下，各地方纷纷响应，全民阅读之花遍地开放。上海、江苏、湖北、深圳、厦门等省市的品牌读书月活动延续多年，覆盖范围愈加广泛，子项目和创新项目逐年增多，受到了普通民众的广泛关注，极大提升了当地生态文化内涵，促进了公共文化服务能力的提升和质量的提高。

在书香建设的道路上，出版行业、图书馆界、大众传媒界也是不可或缺的力量。出版行业不仅为全国民众提供优秀的读物资源（包括纸质资源和电子资源），而且举办"好书评选"活动，成为全民阅读的引领者和示范者。图书馆界是全民阅读实施中坚力量，不仅通过馆藏资源推广阅读，近年来还通过举办丰富的、常态化的阅读推广活动来全方位推动全民阅读。全民阅读离不开媒体的宣传，中国的媒体，不仅肩负着全民阅读推广宣传的重要作用，还积极倡导书香社会建设，发起成立全民阅读媒体联盟，向机制化迈进。

营造全民阅读的社会气氛，既然定位为"全民"，则必然离不开社会力量，即民间力量。当今社会活跃着的书香社会的民间力量，一般指的是独立书店、民间阅读组织、社会有识之士等，这部分是促进全民阅读的重要补充力量。2013 年，吉林省全民阅读协会成立，属国内首家助推全民阅读的省级社会团体；此后，苏州市全民阅读促进会、徐州市全民阅读促进会等一大批地市级的全民阅读社会团体相继成立，走向组织化、规范化。

2012 年，独立书店存亡问题引起了全国范围内的广泛讨论。自此，国家给予了这部分书香社会建设者物质上和精神上的大力支持。独立书店，是一个城市的人文窗口，从侧面反映了一个城市的人文素养，呈现了一个城市的人文精神园地。扶持独立书店，就是培育一个城市的文化氛围，促进书香城市建设。独立书店售卖着最质朴的、最受民众欢迎的书刊杂志，举办着最接地气的阅读类活动，在吸引民众走进书店的同时，为其提供了一个书香盈溢的氛围，让其感受书香，爱上阅读。

第二节　书香社会构建策略

一、立法规范，科学规划

自 1982 年 4 月 30 日正式定名的"振兴中华"读书活动开始[①]，到 1983 年 6 月中共中央批转中华全国总工会党组《关于在职工中开展读书活动的报告》[②]，1997 年中宣部、文化部、国家教委等九部委联合颁发关于在全国组织实施"知识工程"的通知[③]。再到新世纪，2006 年 4 月 23 日，中国图书馆学会联合中宣部、全国总工会等 11 个部委共同向社会发出倡议，在"世界读书日"前后，开展"爱读书，读好书"的全民阅读活动[④]。2011 年，党的十七届六中全会首次在全会决议中写入"开展全民阅读……活动"。2012 年 11 月，党的十八大报告历史性地写入"开展全民阅读活动"[⑤]。2014 年 3 月，国务院政府工作报告提出"倡导全民阅读"[⑥]；2015 年 3 月李克强总理在政府工作报告中提出"要让人民群众享有

---

① 虞.上海市开展"振兴中华"职工读书活动.图书馆杂志，1982（3）：63.

② 大力配合职工读书活动.山东图书馆季刊，1983（2）：3.

③ 中宣部、文化部、国家教委等九部委联合颁发关于在全国组织实施"知识工程"的通知.河南图书馆学刊，1997，17（2）：2.

④ 司徒文.从世界读书日走向"全民阅读"：2006 年"全民阅读活动"侧记.[2015–12–02] http：//www.pep.com.cn/cbck/2006_6sz480/201012/t20101229_997371.htm.

⑤ 光明日报.全民阅读在中国.[2015–12–02] http：//news.xinhuanet.com/zgjx/2015–01/06/c_133899477.htm.

⑥ 人民网.李克强做政府工作报告，首次提到倡导全民阅读.[2015–12–02] http：//culture.people.com.cn/n/2014/0305/c87423–24536148.html.

更多文化发展成果，倡导全民阅读，建设书香社会"①；2016 年政府工作报告中提出"要倡导全民阅读，普及科学知识，提高国民素质和社会文明程度"。2016 年年底，我国制定的首个国家级"全民阅读"规划《全民阅读"十三五"时期发展规划》印发。将全民阅读上升为国家战略，党和政府的政策倡导无疑是推广全民阅读的指南针，给全社会阅读推广提供引导。

然而，仅仅提供全民阅读战略的制定和政策上的引导是远远不够的，构建书香社会，形成阅读推广的长效机制，还须加快促进全民阅读立法。国家新闻出版广电总局副局长邬书林说，"之所以推动立法，最基础的意义是通过立法的形式，保障公民基本文化权益的实现。我们认为阅读是公民基本文化权益中最基础、最重要的组成部分"②。江苏省新闻出版局副调研员赵军多年参与该省全民阅读工作的开展，对此前工作中存在的诸多问题深有感触，"一是缺乏国家法律保障，相关工作未能纳入政府考核指标体系中，没有有力的监督约束机制，就没有长期、持续深入开展的动力；二是缺乏组织领导机构，无法形成合力；三是缺乏财税政策支持，全民阅读具有典型的公益性特征，必须由政府主导，通过公共财政扶持和税收政策优惠等，才能够保障运转和发展"。中国新闻出版研究院阅读研究与促进中心主任徐升国认为，"全民阅读发展已进入到更高水平阶段，需要更全面系统规划，从法律层面进行设计"③。以法律来保障全民阅读推广工作的长期、顺利、有效地开展，以法律来规范推广主体、推广过程，要想全民阅读发展到一定阶段，具有一定成效，没有国家或地方政府的立法"调控"是不成的。

从世界范围来看，许多发达国家都将推动全民阅读视为提升国家综合实力的核心要素之一，并以政府立法推动全民阅读，取得显著成效。如美国的《卓越阅

---

① 李克强.让人民群众享有更多文化发展成果.[2015-12-02] http：//www.wenming.cn/wmzh_pd/jj_wmzh/201503/t20150309_2490493.shtml.

② 新华网.阅读立法为公民基本文化权益提供保障.[2015-12-02] http：//news.xinhuanet.com/newmedia/2014-07/14/c_126750243.htm.

③ 吴娜.立法能否推动全民阅读.[2015-12-02] http：//epaper.gmw.cn/gmrb/html/2015-01/05/nw.D110000gmrb_20150105_1-05.htm.

读法》(1998)、《不让一个孩子落后》法案(2002),日本的《儿童阅读促进法》(2001),韩国的《图书馆及读书振兴法》(1994),俄罗斯的《民族阅读大纲》(2012)等,都着眼于民族和国家的文化未来,以立法的形式促进国民阅读能力的提高与积累。

在各种积极力量的共同推动下,我国的全民阅读立法进程也已启动。2013年3月,国家新闻出版广电总局成立全民阅读立法起草组,正式启动了《全民阅读促进条例》的起草工作,连续四年列入国务院立法计划。历经资料搜集整理研究、深入基层实地调研、广泛征求各方意见等工作阶段,征求意见稿目前已修改了十来稿次,并仍在不断完善之中。2016年2月,国家新闻出版广电总局公布了最新修订的《全民阅读促进条例》征求意见稿,从全民阅读服务、重点群体阅读保障、促进措施以及法律责任等方面提出具体的促进措施。

同时,地方全民阅读立法受到重视,立法潮流逐渐兴起。2015年1月1日,我国首部地方全民阅读法规《江苏省人民代表大会常务委员会关于促进全民阅读的决定》正式实施,这个决定包括对地方政府的职责要求,对新闻出版行政单位及公共图书馆,以及报纸、电台、电视、期刊等媒体的要求,还有特别针对促进未成年人、老年人、残疾人阅读要求,以及促进校园阅读、"书香江苏"建设指标体系等的要求。[1]2015年3月1日《湖北省全民阅读促进办法》也正式实施,突出对县级以上人民政府推进全民阅读的要求,同时也呼吁各类型图书馆、新闻媒体单位、出版发行单位推进全民阅读。[2]2015年3月31日通过的《辽宁省人民代表大会常务委员会关于促进全民阅读的决定》,从增强促进全民阅读的使命感、全面开展阅读推广各项活动、组织公共文化机构提供读书惠民服务、营造全

---

① 新华日报.江苏省人民代表大会常务委员会关于促进全民阅读的决定.[2015–12–02] http://xh.xhby.net/mp2/html/2014–12/01/content_1162152.htm.

② 湖北省人民政府.湖北省全民阅读促进办法.[2015–12–02] http://gkml.hubei.gov.cn/auto5472/auto5473/201412/t20141224_603523.html.

辽宁省第五届全民读书节揭幕

民阅读的良好氛围、建立和完善全民阅读的长效机制这五个方面提出要求。①《深圳经济特区全民阅读促进条例》主要涉及对阅读活动、阅读资源、阅读推广、未成年人阅读以及阅读保障等方面的要求，已于 2015 年 12 月 24 日通过深圳市人大常委会审议，自 2016 年 4 月 1 日起正式实施。

立法规范，科学规划就是要通过从中央到地方的积极立法和积极规划，以制度、以法律保障全民阅读推广顺利进行，并维持在一个健康的、长远的发展轨道上，真正使得全民阅读落实于全民，促进建成书香社会，让千千万万的人乐于读书、受益于读书。

二、多方互补，联合发力

目前，倡导全民阅读、构建书香社会已经成为从中央到地方乃至全社会的共

---

① 辽宁省人民代表大会常务委员会关于促进全民阅读的决定 . [2015–12–02] http://www.lnrd.gov.cn/contents/3/11759.html.

识，但是，如何构建一个有效的全民阅读驱动体系？如何构建多元驱动、协同创新的多重阅读推广主体？如何协调多方力量，互补共促，形成最大合力，共同推进全民阅读，共筑共迎书香社会？这些都是值得思考的问题。

2015 年 10 月，在 2015 年阅读推广峰会（秋季）暨中国图书馆学会阅读推广委员会成立十周年学术研讨会上，中原工学院图书馆张怀涛馆长在《促进全民阅读，建设书香社会——阅读文化的共识与阅读推广的合力》专题讲座中就这一问题进行了阐述。张怀涛馆长从纵横两个维度全面描绘了阅读推广的社会合力。从纵向上看，阅读推广主体分布在从国际组织到社会个体的各个层级，具体包括：国际组织、国家和各级政府、社区、家庭、社会个体五个层面。从横向上看，阅读推广主体分布在社会各个行业和领域，包括教育机构、出版机构、书店、图书馆、民间组织、虚拟阅读社群、企事业单位、媒体、服务业、宗教团体等。在阅读推广力量的角色分配上，有人认为全民阅读推广力量应该如"大花园现象"一般，朵朵盛开，各用其心、各尽其力、共同协作、各探其理，共同建设书香社会。也有人认为这些推广力量应该以最科学、最合理的方式配置在最需要的地方，如"篮球赛现象"一般：家庭、社区是"大前锋"，处于阅读推广的最前线；各类学校是"小前锋"，是重要得分手；图书馆、出版发行系统是"中锋"，既是球队的枢纽，又有很强的独立得分能力；民间阅读推广机构是"得分后卫"，以外围投篮得分为主要任务；政府是"组织后卫"，既控球，又组织进攻，还可以助攻；其他社会组织是"替补"，既可以灵活机动地开展进攻，又可以与其他成员合作。

促进全民阅读，建设书香社会的各方推动力量都是社会需要的，但须有所区别，尤其要强化家庭、学校、图书馆等阅读推广的关键力量。阅读推广的对象是一个个社会个体，一个人生长在家庭，成长在学校，成熟、发展于社会，而这一切都离不开政府的管理与服务。因此，下文从家庭、学校、社会和政府四个维度展开，解析推进全民阅读、构建书香社会进程中的关键力量。

（一）政府维度

开展全民阅读活动，政府责无旁贷。政府以其号召力、影响力、协调力和权威性成为全民阅读推广的主导和引领力量。政府通过制定与实施相关政策，贯彻落实法律的要求，组织、领导、推动全民阅读，促进全民阅读水平和阅读能力提高。

首先，政府应该做好全民阅读政策引导，应该把全民阅读上升到关系国家全面发展的长远战略之一。自 2014 年起"全民阅读"连续被写入政府工作报告。在 2015 年全国两会上，李克强总理在回答记者提问时说道："书籍和阅读可以说是人类文明传承的主要载体，就我个人的经历来说，用闲暇时间来阅读是一种享受，也是拥有财富，可以说终身受益。我希望全民阅读能够形成一种氛围，无处不在。我们国家全民的阅读量能够逐年增加，这也是我们社会进步、文明程度提高的十分重要的标志。"①总理的铿锵话语，发出了推动全民阅读活动的"最强音"，也为全民阅读提供了最有利的政策引导。其次，政府还要通过法律制度、标准规范的实施来保障全民阅读。阅读是一项公民权利，保障每个公民平等地获得阅读资源、开展阅读行为，是政府不可推卸的责任②，也是提供政府公共文化服务的题中之义。一方面需要通过法律制度、标准规范来规范和引导全民阅读，明确政府的责任，包括领导机构、经费保障、具体的推广措施等方面的责任，另一方面还要加强公共文化服务体系建设，以充足的投入和完善的体制机制为全民阅读奠定良好的物质基础和制度保障。

（二）家庭维度

"家庭是社会的基本细胞，是人生的第一所学校。不论时代发生多大变化，不论生活格局发生多大变化，我们都要重视家庭建设，注重家庭、注重家教、注重家风。"习近平总书记在 2015 年春节团拜年会上如是说③。国家新闻出版广电总局

---

① 新华网.在十二届全国人大三次会议记者会上李克强总理答中外记者问.[2015-12-02] http://news.xinhuanet.com/mrdx/2015-03/16/c_134068944.htm.

② 人民网.聚焦全民阅读：阅读是一项公民权利政府当比个人"上心".[2015-12-02] http://culture.people.com.cn/n/2015/0409/c87423-26817708.html.

③ 新华网.习近平在 2015 年春节团拜会上的讲话.[2015-12-02] http://news.xinhuanet.com/politics/2015-02/17/c_1114401712.htm.

党组成员、副局长吴尚之先生也谈道："倡导全民阅读，关键在于倡导家庭阅读；建设书香中国，核心在于建设书香家庭。"[1]我国自古以来就有"耕读传家"这样的家庭阅读传统。倡导全民阅读，建设书香社会，首先要重视书香家庭的建设。

促进家庭阅读，建设书香家庭不可不谈影响家庭阅读的因素。家庭阅读影响因素有环境因素、策略因素、社会因素之分。其中，环境因素最为关键，又可细分为显性的物质环境和隐性的心理环境，前者包括家庭藏书的种类、数量和质量，家庭阅读场所——房屋的装修设计、书桌书架的摆放位置等；后者包括父母及其他家庭成员的知识、学识、见识，家长的教养方式、态度与期望，亲子关系所构成的人际关系环境等。[2]基于此，一方面，家长应注意藏书建设和书房、书桌、阅读灯等阅读设备的购置；另一方面，还要身体力行，通过阅读提升自己的知识、学识、见识，在潜移默化中培养子女的阅读习惯，在崇文重教的家风中影响子女。

总之，全民阅读要以家庭为基点，充分发挥家长这一人群和家庭这一生活环境对个人阅读的积极影响，以书香盈室的家庭环境来熏陶家庭成员，甚至影响到家庭以外的人。

（三）学校维度

学校是一个人除家庭之外的第二课堂，学校的阅读状态、阅读环境对一个人阅读行为的养成也极为重要。无论小学、中学、大学都要做好阅读推广，充分发挥图书馆和教师这两个最重要的推广主体的作用。

先从学校图书馆谈起。教育部基础教育一司就《关于加强新时期中小学图书馆建设与应用工作的意见》相关问题答记者提问时说道："广大中小学生既是全民阅读的重要群体，也正处在树立正确的价值观念，培养阅读兴趣、阅读习惯、

---

[1] 人民网.推进全民阅读，家庭是重要起点.[2015–12–02] http：//culture.people.com.cn/n/2012/1120/c172318–19629587.html.

[2] 李慧.对幼儿家庭阅读环境现状的调查.太原城市职业技术学院学报，2011（4）：91—94.

阅读能力的黄金年龄阶段，做好中小学生阅读工作，需要推进'书香校园'建设，需要建好、用好中小学图书馆。"①目前，基础教育已经进入了推进全面均衡、提高教育质量、提升学校内涵与品质的新阶段，对条件保障和人才培养提出了新的更高要求。但中小学图书馆阅读推广工作还没有做起来，还不同程度地存在区域、城乡、学校之间建设水平不均衡，管理服务水平不高，藏书数量不达标，藏书质量参差不齐，与教育教学融合不够，信息化基础薄弱，专业化队伍匮乏等问题，亟待加强新时期中小学图书馆建设与应用工作。

《校园书香阅读文库》宣传海报

高校图书馆是面向高校师生提供教学和科研服务的机构，在校园阅读推广中也处于中心地位。相对于中小学图书馆，高校图书馆在进行阅读推广方面做得更好，校园阅读也一直受到高校图书馆重视。高校图书馆现有阅读推广方式有书展、名师讲座、图书馆资源利用讲座、征文、服务项目宣传、优秀读者评选、向读者推荐图书、阅读摄影大赛、读书沙龙、读者座谈会、图书漂流、书山寻宝等多种形式。同时，高校图书馆仍在不断创新阅读推广方式，基于此，教育部高等学校图书情报工作指导委员会和北京大学一同发起了首届全国高校图书馆阅读推广案例大赛，于2015 年 10 月 16 日在华中师范大学举办总决赛，来自全国 180 多所高校图书馆的代表参加，38 个阅读推广案例参加总决赛。阅读推广案例形式不拘一格，有传统的读书会、读书沙龙、阅读知识竞赛、阅读训练营，也有"互联网＋"背景下的经典名著在线游戏、"一站到底"名著阅读、新媒体阅读推广、微拍电子书等。

---

① 加强新时期中小学图书馆工作以书香校园引领书香社会建设 . 平安校园，2015（12）：
　18—20.

高校图书馆阅读推广欣欣向荣，要继续维持这种姿势，并且谨记活动创新，继续推出更好的让人津津乐道的阅读推广方式。[1]

再谈教师群体。"师者，所以传道授业解惑也。"教师教给学生的绝不仅仅是如何做题、如何应试那样简单的技术性知识。"为人师者"更要以自身强大的人格力量来影响教化下一代。而这一切，离不开书籍和阅读。教师，理应是阅读的践行者、阅读的推广者、书香校园的引领者和书香社会的领跑者。"教师无小节，处处是楷模。"教师为人师表，教师的一言一行、思想作风、道德品质、治学精神、行为习惯，都会对学生产生深远的影响，在学生身上往往也能看到教师的"影子"。以教师的言传身教，把良好的阅读习惯传递给每一个学生，如此循环更替，才能让阅读种子彼此影响，代代相传。[2]在此方面，亦不乏代表性的成功案例。例如常州市解放路小学语文教师都春燕，遵循"通过研究，为学生的家庭阅读保驾护航"的研究理念，通过建设和管理阅读专题网页、推行亲子阅读记载卡和阅读护照、调整彩虹阅读等方式，进一步激发了学生的阅读兴趣，提高了阅读的质量。她指导家长设计家庭书架、阅读空间、读书座右铭、阅读成果展示台等，让孩子的房间不仅是休息玩乐的天地，更是读书的好地方。[3]

（四）社会维度

除了家庭和学校之外，公共图书馆、出版社、书店等机构对于个人阅读行为皆具有一定影响，因此将公共图书馆、出版社和书店归到社会维度之下。

公共图书馆作为由中央或地方政府管理、资助和支持的、免费为社会公众服务的文献信息机构，它的存在使每一社会成员具备了自由、平等、免费地获取和利用知识信息的权利，代表了知识信息的公平分配，从而维护了社会的民主和公

---

[1] 俞俭，陈岩.首届全国高校图书馆阅读推广案例大赛举办.[2015-12-02] http://news.xinhuanet.com/local/2015-10/16/c_1116851694.htm.

[2] 芳菲.教师应成为书香社会引领者.中国新闻出版报，2007-04-12.

[3] 都春燕.我怎样为学生的家庭阅读保驾护航.写作与阅读教学研究，2011（4）：72—73.

正。公共图书馆存在的意义超过了图书馆机构本身，有着无可替代的历史使命和社会责任，向全社会宣示了现代民主、公民权利和人人平等的重要价值观念。这正是全民阅读的基本前提、中心内容、核心目标。公共图书馆在由封闭到开放，由对部分人开放到对全社会普遍开放，由被动地接受服务到主动地推广服务这一转变过程中，阅读推广逐渐从过去一项可做可不做、可多做也可少做的业务，演变为现在必不可少的、带有根本性的任务。阅读推广集文献服务和信息服务之大成，通过多种多样的活动和手段将服务送到读者身边，它体现着图书馆一以贯之的核心理念，带有根本精神、宗旨圭臬的基本性质。[①]

从实践经验总结角度观望，目前图书馆构建书香社会的进程之中仍有尚待努力之处。实践中的问题和需要着力加强的方向主要在于：

第一，需要努力延伸图书馆服务触角，建立公共阅读服务体系。作为公益性的社会文化服务机构，公共图书馆应该延伸服务空间，建立基层服务网点，构筑完善的公共图书馆服务体系，为用户提供优质多样的阅读资源。

第二，加强数字资源建设，着力引导网络阅读。网络的发展，使得以网络技术为基础的在线阅读方式大规模发展和流行起来，图书馆应顺时而动，加快馆藏资源数字化进程，增加新型电子资源的采购，积极整合网络资源并提供有效的阅读导航。建设数字图书馆网络，互通有无，实现资源共享，为读者提供多种载体形式的阅读资源，让习惯各种阅读方式的读者都有书可读、有资源可用。

第三，实施家庭与社区阅读推广计划，重视早期阅读的培养。公共图书馆需通过组织社区和家庭阅读，推广科学的早期阅读理念和方法，指导家长和教师有效参与和分享，帮助儿童从依赖阅读走向独立阅读，才能培养儿童热爱阅读的习惯，为终身学习能力打下坚实的基础。

第四，重视阅读活动宣传策划，努力扩大活动的影响力。图书馆要策划出具有创意的活动，吸引媒体的追踪报道，引起企业、机构组织的合作兴趣，点燃群众参与的热情，活动才可能办得成功。此外，还要积极借助媒体来扩大读书活动

---

① 吴晞. 斯文在兹. 深圳：海天出版社，2014：117—119.

的声势和影响力。

第五，联合各方力量，共建阅读社会。图书馆应该善用社会资源，与社会各界建立双赢的合作关系，以联办、协办等形式谋求更高的合作平台和更广的活动空间，借此来提升读者活动的层次和档次，保障活动的顺利实施，提高活动的效益。针对资金和人力不足的问题，争取政府专项活动资金的支持，更要与商业机构合作，筹集经费；人力不足则可通过招募志愿者来缓解。

第六，坚持开展长期、深入、持续的全民阅读活动。图书馆参与阅读社会建设，要设立阅读推广的专职部门，长期坚持进行阅读活动的推广，还要同图书馆日常的读者工作如馆内阅览、图书外借等结合起来。

第七，建立和完善阅读活动的评估工作。公共图书馆组织的全民阅读活动，是手段而不是目的，只有通过活动激发起了群众读书的热情，把被动阅读变成了主动接受，从"要我读"到"我要读"，阅读活动才能有成效。因此评估活动的效果及总结活动的经验非常重要。

从出版社角度考量，出版社作为知识的生产者，它在书香社会构建中的当头重任，是保障阅读食粮的生产。这意味着，既要保障数目的供给充裕，又要保障所生产的信息质量。具体而言，可以从以下四方面入手：

首先，设立专门与全民阅读活动对接的编辑部门。

第十届苏州阅读节网站宣传页面

其次，研发开拓高品质的图书。针对各个图书场馆开发图书选题，根据市场需求出版适销图书。

再次，适应新的形势，加速传统出版向数字出版业态转型，培养读者数字阅读能力。

最后，与销售终端积极联动，做好营销宣传。一年一度的读书活动和书展是短暂性的展销推广活动，更为常态性的图书销售渠道是零售终端书店。

书店系统同知识生产机构系统里的出版社，在全民阅读中的地位犹如鸟之双翼、车之两轮。目前部分以"全民阅读"冠名的各项活动，在密集的集中式轰炸过后，存在缺乏制度化的持续性机制等问题。在此情况下，构建书香社会，呼唤书店来承继全民阅读的基地角色，实现全民阅读的日常化所需。

书店作为图书的销售终端，在日常的售书营业中，一方面发挥着为出版社发行流通知识产品的重责；另一方面，书店自身的文化属性和传播知识的功能性，同样值得瞩目。作为售卖书籍知识的所在，书店为社会呈现的面貌深具文化性格。这种文化格调，是书香社会建设的题中之义，更是培植社会民众书香情怀、读书念想的有力途径。从这种意义上考量，书店的有无与多寡，不但是衡量一个社会文化软实力的标准，更是辨识一个社会内里性格的重要尺度与标识。有鉴于此，多多益善的书店建设是为必需。在此前提下，挖掘书店的推广阅读、传播书香的功能便是燃眉之急。通过同出版社联手举行新书发布签售活动，定期举行作者见面会、读者交流分享会、排演图书文本改编的话剧等活动，能够发挥书店在日常阅读推广活动中的重要作用。而除日常的阅读推广活动之外，在阅读推广密集活动时期，书店也是阅读推广的重要场所。组织和承担与书店功能相适应和力所能及的阅读推广活动，不仅能够助力书香社会的构建，对于自身的销售效益和口碑效益，亦能产生一箭双雕之效。

三、包容阅读，倡导精品

全民阅读读什么？怎么读？这是全民阅读必须解决的两个问题。读什么，意为全民阅读的阅读内容或者说阅读对象是什么。怎么读，意为全民阅读的阅读形式或者说阅读载体是什么。

全民阅读倡导包容阅读内容。阅读的内容具有多样性。从文学体裁来看，世界各民族文学中最早出现的文学体裁是诗歌，以后小说、戏剧文学才逐渐发展起来，诗歌、小说、散文、戏剧、小说剧、寓言等是现在常见的文学体裁；从学科分类来看，有哲学、宗教、政治、法律、军事、经济、语言、艺术、历史、地理、数学、物理、生物、化学等多学科、多内容读本；两者交叉的读物又是多种多样的。全民阅读倡导阅读各种体裁、各类学科的读物资源。面对如此丰富多彩的读物资源，面对如此纷繁复杂的阅读内容，读其全部显得不太现实，而读其部分，又不知从何下手。这时就需要依据两种阅读导航，来加以区别、选择读物。一种是推荐书目。从张之洞的《书目答问》到胡适的《实在的最低限度的书目》、梁启超的《国学入门书要目及其读法》，再到如今出于各种目的推出的推荐书目，都是针对不同群体解决阅读内容选择的难题。另一种是书评。优秀的书评作品通过实事求是地、有见地地介绍、评论和分析图书的形式和内容，探求创作的思想性、学术性、知识性和艺术性，从而为读者的阅读选择提供指南。

全民阅读倡导包容阅读形式。人们的阅读形式和文字记录载体息息相关，从甲骨、陶器，到青铜、锦帛，再到竹简、木简，直至盛行的纸质载体，再到如今已发展成为纸质载体和数字载体并存的局面。同样，人们的阅读形式也发生了巨大改变，由原来主要依赖纸本书籍的阅读，发展成为现在的多数人借助手机、电脑、电子书阅读器等电子产品开展阅读活动。这种数字化阅读的方式无疑会对传统的纸本阅读造成冲击，以至于 2012 年 3 月 13 日，总部位于芝加哥的不列颠百科全书公司宣布，将停印已有 244 年历史的纸质版《不列颠百科全书》，今后将只提供电子版 [1]。另有美国资深媒体人士称，我们的社会将会变成一个无纸化社会。这预测着未来将会是数字化阅读的天下。

---

[1] 百度百科.不列颠百科全书 2012 停印纸质版.[2015-12-02] http://baike.baidu.com/view/28456.htm#2_3.

随着数字化阅读的发展，碎片化阅读盛行，人们的阅读行为由传统的依托于纸本阅读的整体性阅读，逐渐向依托于电子阅读器的碎片化阅读方向发展。所谓的碎片化阅读就是零零散散、不系统地读。于是有人担心：长此以往地依托于手机之类的电子阅读器进行阅读，会导致过于开放无阻、随意浅显、趣味娱乐的阅读内容，使得碎片化阅读、浅阅读日益泛滥，人类不可或缺的整体化和经典性阅读受到愈发严峻的挑战。全民阅读时代人们大可不必对数字阅读过度担忧。首先，人类的阅读、交流、思维一直是从碎片、肤浅向深入、整体发展的过程，事物发展的规律是朝着对立面运动，也许数字化时代正是将传统认识过程引向其对立面，经过必要的碎片化、肤浅化，再进入更高层次的深度化整体化的阶段。譬如儒家经典《论语》收集的就是孔子与弟子们的只言片语，还有柏拉图的《理想国》，也是对话式、碎片化结构。其次，无论是数字化阅读，还是由其衍生的碎片化阅读都只是作为一种阅读形式，阅读内容如何还是要看读者自己的选择。因此，数字内容提供方需要在数字化阅读内容上下功夫，为那些"低头族"提供更多精美、精彩、精致的"碎片"。也许，在面临当前国人阅读率普遍较低这一问题时，还真需要利用碎片化阅读，利用"碎片"，来激发人们的阅读兴趣。[①] "不论白猫黑猫，能抓老鼠的猫就是好猫"，无论是新式的数字化阅读，还是传统的纸本阅读，能激发人们的阅读兴趣、能使人们在阅读过程中有所收获、能推进全民阅读的阅读形式，都应该值得倡导。

全民阅读推广倡导包容阅读内容和阅读形式，但根本归宿和价值取向仍是倡导阅读精品。唯有阅读精品，才能给人带来益处。"读书好，好读书，读好书"，先要明确读书是好的，再来要读自己喜欢读的书，重点还要读好书、读经典。经典阅读，不仅是为了获取知识，传承文明和文化，更在于经典著作对人类身心有温补和滋养功效。作为一种精神资源，书籍能引发人的一系列的审美情绪，使读者与其产生心理共鸣，向读者提供积极的暗示，甚至能引导读者进入豁然觉悟的境地。那些经历了时空的检验、关注人类普遍情感和问题的经典好书，在人生经

---

① 聂震宁. 舍不得读完的书. 北京：商务印书馆，2015：222—224.

验、温情、信念、智慧和启迪等方面为读者带来的收益也愈加丰富多元①。韬奋基金会理事长聂震宁先生在倡导全民阅读时，强调要进行"经典悦读"，多读诗歌。诗词歌赋修养是人的全部文化修养不可或缺的核心和基础，是有关心灵、品质、气质、感情的修养。孔子说："不学诗，无以言。"聂先生倡导"我们要挖掘根植于民族文化传统之中的诗教理念，教人以言、教人作诗。不仅如此，诗教更要注重诗心的养成，在物欲横流、价值杂乱、精神失落的环境中，要保持一颗健康、脱俗的诗心"。除此之外，他还推荐多读文学书。文学作品往往最能深层次地反映现实生活，文学作品往往最少陈词滥调、最恶八股教条、最多创新之举，应当多接触文学灵动的叙述，呼吸文学新鲜活泼的气息。他还推荐多读苦难书、忧患书。苦难是人类永恒的主题，苦难几乎是人类的一个宿命，要清醒奋进，自然要多读忧患之书，盛世更要多读忧患书。

四、确定对象，重点推广

开展全民阅读活动是我国构建公共文化服务体系的一项重要部署。全民阅读的推广对象应当覆盖全国范围内各个年龄段、各种职业、各个阶层的所有公民，无论是年少还是年老，无论是贫穷还是富有，无论是生活在繁华都市还是生活在偏远乡村，都应当是全民阅读推广的对象。正如联合国教科文组织所倡导的"世界读书日"理念，"希望散居在全球各地的人们，无论你是年老还是年轻，无论你是贫穷还是富有，无论你是患病还是健康，都能享受阅读带来的乐趣"。在现阶段，除了通过各类各级阅读推广主体开展的直接触及广大群众、受众面广的阅读推广活动之外，还要针对特殊群体展开重点推广，包括低幼儿童、老年群体以及残疾人士等，这些群体在阅读时往往存在困难和特殊需求，需要在阅读推广中重点分析这些群体的特点，提供适用于这类群体的无障碍阅读服务。

---

① 徐雁."文学是一种大众的幸福事业"：文学疗愈与全民阅读推广活动 // 阅读的人文与人文的阅读.北京：科学出版社，2014：161—191.

（一）儿童阅读推广

儿童时期是激发阅读兴趣、培养阅读习惯的关键时期，也是人生发展的重要阶段，儿童在听、说、读、写、玩中培育基本素养，为成人之后的生活、学习打下基础。但儿童时期尤其是低幼儿童的阅读素养非常容易被忽视。由于低幼儿童不具备自主阅读的能力，许多图书馆的少儿阅览室不对 6 岁以下的儿童开放，因此相比于其他年龄段的儿童，低幼儿童的阅读推广存在更多问题。美国图书馆界在低幼儿童阅读推广方面取得了较为成功的经验，实施了主要对低幼儿童（一般为 0—5 岁学龄前儿童）的阅读计划。这项计划强调家长以及服务机构人员（幼儿托管师、保姆）等社会成员在儿童早期素养技能培训中的作用，在日常接触中，通过听、说、读、写、玩等各类活动，逐渐培育其语言技能、语音意识、识字能力及其他所需知识。[1]经过十多年的发展，已初显成效，形成一些经典活动，如"宝宝读书"计划、"出生即阅读"计划、"让每个孩子都做好读书的准备"项目等。

受认知和阅读能力的限制，低幼儿童往往无法通过常规的阅览方式开展阅读，亲子朗读、故事表演等成为针对这一群体开展阅读推广的重要形式。苏州图书馆在此方面也多有成功探索。该馆少儿部于 2011 年开始启动"悦读宝贝计划"，向 0—3 岁婴幼儿发放"阅读大礼包"，同时推荐亲子阅读书目，希望通过"悦读宝贝计划"吸引更多孩子父母参与到幼儿早期阅读指导活动中来，提升亲子阅读的质量和水平，促进家庭阅读。[2]此外，配合"悦读宝贝计划"建设了读书游戏乐园——"悦读园"。"悦读园"在设计上充分考虑了孩子的天性，设计风格兼具烂漫活泼的童趣和绵长恬静的书卷味。每周日都会有 5—8 名苏州高等幼儿师范学

---

[1] Elaine Meyer, Harriet Henderson. Overview of Every Child Ready to Read @ your library®, 1st Edition. [2015-12-2] http：//www.everychildreadytoread. org/project-history%09/overview-every-child-ready-read-your-library®-1st-edition.

[2] 光明网. 苏州图书馆：为 0—3 岁婴幼儿开出亲子阅读场所. [2015-12-02] http：//difang.gmw.cn/sunan/2014-05/19/content_11360007.htm.

苏州图书馆"悦读宝
贝计划"活动现场

校的"故事姐姐"来"悦读园"为孩子们讲故事，配合肢体语言把故事的内容表
现出来，鼓励小朋友模仿、表达。"听故事姐姐讲故事"成了目前最受小朋友和
家长欢迎的活动之一。[①]同时，苏州图书馆少儿部还开展"家长沙龙"，邀请儿童
教育专家、心理咨询师和家庭阅读成功示范家长，分享成功的亲子阅读经验和科
学的育儿方法，如怎样认知亲子关系、如何进行亲子阅读等，非常值得借鉴。[②]
除了发挥图书馆和家庭的作用之外，出版社也需要依据低幼儿童这类特殊阅读群
体的特殊阅读需求，出版符合低幼儿童认知能力和成长特点的纸板书、绘本书等。

（二）老年群体的阅读推广

截至 2014 年 2 月底，我国 60 岁以上老年人口数量已经超过 2 个亿，占总
人口的 14.9%，未来老年人数量和比例将不断上升，我国还将进入重度老龄化和

---

① 徐雁，许晓霞.苏州图书馆百年回眸（1914—2014）.苏州：古吴轩出版社，2014：
157

② 苏州图书馆.家长沙龙.[2015-12-02] http://www.szlib.com/child/ParentsSalon/
a.aspx.

高龄化社会。①老年群体的阅读状态和精神状态在一定程度上影响着全社会的阅读氛围和精神状态。在推广全民阅读、建设书香社会的进程中，老年群体值得重视。当前老年群体中读书氛围不浓的原因有多个方面，可分为外部原因和内部原因。外部原因主要在于全社会阅读氛围的缺失，阅读资源和阅读场所不足也是另外两大外部限制因素。内部原因中最重要的就是大多数老年人的识字水平和阅读素养不足，他们没有看书这种基本的能力，此外，视力退化、行动不便等身体健康因素也确确实实影响了老年人阅读。内部原因中还有一个观念上的影响因素是没有形成以阅读为乐的享受性阅读习惯。部分老年人在成长中被灌输过一种生存发展性阅读观念，认为读书是为了考大学、找工作、赚工资、过好日子……于是进入老年自然功成身退，不再读书。

尽管老年群体阅读现状不容乐观，但值得注意的是，从多个图书馆的现状来看，老年读者的比例呈现上升趋势，比如早在 2011 年，天津市河东区图书馆的报刊阅览室当中的老年读者比例就达 70%，与 20 世纪 80 年代的 30% 相比，增长幅度是非常显著的。安徽省图书馆每周开设的新安讲堂和每月开设的人文讲坛，吸引的大多数人都是老年读者。因此，立足老年人的阅读兴趣，开展阅读推广活动十分必要。从内容上看，我国公共图书馆老年阅读推广主要包括设立老年用户阅览室、成立读书会、举办展览、开办讲座、开展培训、送书上门等方式。可以在老年阅览室中使用大字本、调整柜台高度、改善照明设施、设置无障碍便利通道等服务设施，通过为老年群体营造温馨舒适的阅读环境、提供公益服务和沟通交流平台来改善老年群体的阅读状况。

（三）残疾人士的阅读推广

在我国，残疾人出版和阅读工作一直受到党和政府的高度重视，县级以上公共图书馆几乎都设有残疾人阅览室。自 2011 年 4 月 23 日 "世界读书日" 这天 "全国残疾人阅读指导委员会" 成立和 "中国残疾人数字图书馆" 网站开通以来，

---

① 肖雪，张伟. 我国老年人阅读行为调查. 国家图书馆学刊，2014（6）：17—27.

针对残疾人士的阅读推广越来越受到重视，推广活动也层出不穷。近年来，新闻出版广电总局从图书选题、书目推荐、促进阅读的角度加大对残疾人的关注力度。残疾人题材的出版选题是历年出版工作的重点，并通过配套出版基金等方式进行支持，例如，中国盲文出版社的《盲人按摩师职业技能提高丛书（多载体）》、南京师范大学出版社的《特殊儿童教育与康复文库》（20 册）分别被列入 2008—2009 年度、2011 年度国家出版基金资助项目名单。①图书馆界也主动探索向残疾人开展阅读推广的方式，如武汉图书馆将保障特殊群体基本文化权益作为工作的重点，将特殊群体作为图书馆服务的重点对象，在文化助残服务方面上做了大量工作，在馆内建设了残疾人专用通道、专用阅览座位及专业卫生间等设施，设置了视障人士阅览室，配有盲文图书、有声读物，配有语音读屏软件的电脑等，并利用汽车图书馆深入残疾人聚集的场所和单位开展文化志愿助残服务。②

五、播撒书香种子，培育阅读推广人

经过社会各界的数年努力，我国全民阅读推广工作取得了丰硕成果，各类阅读活动举办得有声有色，在最新的国民阅读调查中也反映出国民阅读率止跌回升的喜人趋势。但冷静地分析当前的情况，仍有许多问题制约着全民阅读推广水平的提升，专业人才的匮乏即是其中亟待解决的一项问题。尽管目前已涌现出不少经验丰富、影响广泛的优秀阅读推广人，但阅读推广人的总体数量依然不能满足全民阅读推广的实践需要，而且阅读推广人的推广能力也参差不齐。提升阅读推广工作的水平，急需播撒更多书香种子，培育更多的优秀阅读推广人。

目前我国的阅读推广人来自社会的各行各业，有专业人士，也有业余从事阅

---

① 王坤宁.让更多的残疾人共享阅读的快乐："全国百家出版社文化助残公益行动"活动侧记.中国新闻出版报，2011–07–26.

② 长江网."武汉市爱心助残阅读推广基地"今日揭牌.[2015–12–02] http：//news.cjn.cn/24hour/wh24/201504/t2638862.htm.

读推广的人士；有个人，也有机构组织。他们可能是图书馆员、作家、独立书评人、阅读推广研究者、民间图书馆创办者、阅读爱好者、朗读义工……对于何谓阅读推广人，目前尚未产生一个统一的概念。《深圳市阅读推广人管理办法》将其定义为"市民个人或组织阅读机构，通过多种渠道、形式和载体向公众传播阅读理念、开展阅读指导、提升市民阅读兴趣和阅读能力的专业和业余人士"①。中国图书馆学会对"阅读推广人"的定义是："阅读推广人是指具备一定资质，能够开展阅读指导、提升读者阅读兴趣和阅读能力的专职或业余人员，培育对象包括各级各类图书馆和科研、教学、生产等相关企事业单位人员及有志参与阅读推广事业的其他社会人员。"②无论怎样对"阅读推广人"进行定义，毫无疑问的是，一个合格的"阅读推广人"必须具备良好的阅读能力、组织策划能力、沟通表达能力和亲和力③，必须具备阅读推广的基础知识，知晓其阅读推广目标群体的特征。

在培育"阅读推广人"的实践方面，深圳市较早地做出了探索。2012年6月，由深圳读书月组委会、深圳市文体旅游局主办，深圳少年儿童图书馆承办了深圳首期"阅读推广人"公益培训班。这是国内首个由政府牵头组织的阅读推广专业化培训。培训为期三个月，培训内容分为课程授课、观摩实践和水平测试三个环节，由国内知名出版人、作家及资深阅读推广人授课，参与首期培训班的有正式学员54人，旁听学员50人。④最终有34人通过了"学员现场能力测试"，获得"阅读推广人资格聘书"，成为深圳首批官方正式认可的、具有明确阅读推广人身份的阅读推广工作者。根据《深圳市阅读推广人培训计划》，深圳从2012年起用5年时间培养500—800名"阅读推广人"，依据《深圳市

---

① 谯进华.深圳阅读推广人的实践及发展.特区实践与理论，2013（02）：64—66.

② 中国图书馆学会.中国图书馆学会召开第六届青年学术论坛和阅读推广人培育行动记者会.[2016–01–30] http：//www.lsc.org.cn/c/cn/news/2014–11/06/news_7571.html.

③ 陈晓梅.阅读推广人专业能力构建的理论探讨.兰台世界，2015（35）：125—126.

④ 赵艺超."深圳首期阅读推广人培训班"在深少图开班.公共图书馆，2012（03）：89.

阅读推广人管理办法》对"阅读推广人"进行系统培训和管理，并对其阅读推广工作提供必要资助。[①]

此后又有多地的政府、图书馆、行业组织等将目光投向培育"阅读推广人"这一全新领域。浙江省图书馆学会主办，温州市文化广电新闻出版局、温州市图书馆等单位承办了"温州亲子阅读推广人公益培训"。培训为期4天，共计9场讲座，有160余位图书馆员、40余位亲子阅读推广志愿者参加了培训。[②]江苏常州、镇江、张家港以及湖南益阳等城市均在政府主导下开办了"阅读推广人"公益培训。

2014年11月，上海市图书馆学会成立"阅读推广人"工作组，专门探索阅读推广人培育工作，开展培训，建立阅读推广人制度。将浦东图书馆作为示范性试点单位，并将阅读推广管理中心设立在浦东图书馆，以"阅读推广人"工作组为领导小组，负责阅读推广人管理办法、认证细则、培训课程方案等制度设计，以及阅读推广人培训计划的实施、阅读推广人认证等具体管理协调工作。试点成功后，培训工作将在其他区县、高校馆等陆续推进。课程体系采用"3＋X"模式，其中"3"为固定课程模式，包括理论课程、实践课程与教学展示，理论课包括必修课程与选修课程两部分，必修课程主要包括图书馆服务理念、教育学、心理学、人文素养、阅读与方法、活动策划与推广等，选修课程以图书馆开展的各种阅读推广活动为主。"X"为根据具体培训对象灵活设计的其他类型的课程模式。根据服务对象及需求，"阅读推广人"被划分为幼儿阅读推广人、少儿阅读推广人、青年阅读推广人、老年阅读推广人、盲人阅读推广人、数字阅读推广人等，并逐步开发设计相应的培训内容。目前"X"类型课程中已开发了幼儿阅读推广人、数字阅读推广人的培训内容，并将进一步拓展。[③]

---

① 聂灿.首批34位阅读推广人诞生.深圳商报，2012-10-11.

② 直击"温州亲子阅读推广人公益培训".图书馆研究与工作，2015（02）：12—13.

③ 杨飞.构建专业化的阅读推广人队伍——上海市图书馆学会阅读推广人培育工作实践.新世纪图书馆，2015（07）：38—42.

2014 年 12 月，作为全民阅读推广工作的主要行业组织，中国图书馆学会在"2014 年全民阅读推广峰会"上启动了"阅读推广人"培育行动。学会以图书馆界、教育界、新闻出版界相关专家为基础，组建指导委员会，开展"阅读推广人"培训。培训课程体系分基础级、提高级和研究级三级，学员需逐级培训与考核，通过者由中国图书馆学会授予"阅读推广人"基础级、提高级或研究级培训证书。①2015 年年初，"阅读推广人"行动培训教材编写工作启动。首期教材编写分基础教材、专业化教材、理论教材三个梯级进行，首批 6 册教材《图书馆阅读推广基础工作》《图书馆儿童阅读推广》《图书馆经典阅读推广》《图书馆时尚阅读推广》《图书馆数字阅读推广》《图书馆阅读推广基础理论》已于 2015 年 12 月出版。这是国内出版的第一套阅读推广系统培训教材，填补了图书馆阅读推广专业人才培养的一项空白，也为其他行业的"阅读推广人"提供了专业的学习材料。②

同时，民间阅读推广组织也在培育"阅读推广人"方面发挥了重要作用。例如，在亲子阅读推广中具有广泛影响力的"悠贝亲子图书馆"成立了中国民间亲子阅读机构的专业培训机构"悠贝阅读学院"，组织阅读专业培训 300 余场，上万人次参与培训。"悠贝亲子图书馆"通过专业培训和挑选组成"阅美妈妈讲师团"，推出"故事达人训练营"和"阅读陪伴指导服务"，借此将阅读理念传递给更多家庭，培育更多会讲故事的人，提升家庭亲子阅读陪伴的质量。③

总之，推广全民阅读，建设书香社会，涉及各个方面，涉及各行各业，需要在法律、规范、政策、规划的制度保障下，社会各方联合发力，充分发挥家庭、

---

① 中国图书馆学会.中国图书馆学会召开第六届青年学术论坛和阅读推广人培育行动记者会.[2016—01—30] http://www.lsc.org.cn/c/cn/news/2014—11/06/news_7571.html.

② 窦英杰."阅读推广人"培育行动教材编写会在深圳图书馆召开.公共图书馆，2015（01）：81—82.

③ 陈雨欣.我自豪，我是阅读推广人——悠贝亲子图书馆的阅读推广之路.出版参考，2015（14）：32—33.

阅读推广人培训
教材《图书馆儿
童阅读推广》

阅读推广人培训
教材《图书馆数
字阅读推广》

学校、社会等各个阅读推广主体互助分工的作用，形成阅读推广的组织保障。需要在保证阅读精品的前提下，倡导阅读内容和阅读形式的多样化，构建阅读推广的资源保障。由于阅读受众具有个体性、多样性、差异性等特征，在明确所有公民都具有阅读权利和都应成为阅读推广对象的前提下，还要倡导针对特定群体，进行重点推广，如低幼儿童、老年群体、残疾人群体等等。以上都是阅读理念或者说都是阅读理论上的构想，要想把阅读推广落实到实践层面，还需要依赖广大的阅读推广人，依托丰富而富有针对性的阅读推广活动。阅读推广工作是一个见效慢且需保持长久规划、长久作为的一件事情，我们期待"天下万世共读之"的社会化阅读常态早日到来。

一、全民阅读立法

阅读推广的理念很早就有。西方公共图书馆成型并发展后，开始注意到图书馆所担负的社会教育的职责，与社会教育密切相关的阅读推广，也就反映在近现代以来西方的公共图书馆法之中，例如 1964 年英国重新修订的《公共图书馆和博物馆法案》就提出图书馆鼓励成人及儿童充分利用馆藏。[①]为阅读保障领域专门立法，则最早始于 1986 年的美国，此后，全民阅读立法逐渐成为文明社会共同的制度选择。将全民阅读活动纳入法律层面，可以弥补阅读推广领域中的法律空缺，调节该领域内政府与市场的行为和关系，确定规范、常态、长期的全民阅读保障机制，鼓励创新的阅读推广实践，从而提升全民阅读活动的质量与影响。

随着各省市地区全民阅读推广活动的深入开展，江苏、湖北、辽宁、深圳、上海、福建等省市都相继展开了全民阅读立法工作。2015 年 1 月，《江苏省人民代表大会常务委员会关于促进全民阅读的决定》开始施行，这是我国第一部全民阅读推广领域的地方性法规。《湖北省全民阅读促进办法》则从 2015 年 3 月 1 日起正式实施。2015 年 3 月 31 日，《辽宁省人民代表大会常务委员会关于促进全民阅读的决定》通过，成为我国第三部正式的地方性全民阅读法律法规。2015 年 12 月 24 日，《深圳经济特区全民阅读促进条例》经深圳市人大常委会会议审议通过，自 2016 年 4 月 1 日起施行。地方性全民阅读立法实践对全国性全民阅读立法具有重要的意义：一方面，地方性的立法共识可以为全国性立

---

① 胥柏波. 国民读书偏少，期待阅读立法. 南方日报，2014-04-26.

法提供参考借鉴；另一方面，地方性立法也从实践上证明了我国开展阅读立法的可行性。

（一）我国地方性全民阅读促进法的共识

第一，为政府的全民阅读工作确立长效机制。这种长效机制包括三个要素：（1）政府将全民阅读纳入政府工作规划，纳入发展考核指标，并为其编制预算；（2）规范政府及其管理下的事业单位的现有职能，使其为长期开展全民阅读工作服务；（3）每年开展地区性的全民阅读率调查，评估全民阅读工作的成效。

第二，为全民阅读工作确定主管部门、组织部门和指导部门。例如，《江苏省人民代表大会常务委员会关于促进全民阅读的决定》设立江苏省全民阅读活动领导小组，《湖北省全民阅读促进办法》设立全民阅读活动指导委员会，且两省都以新闻出版部门为主管部门。《深圳经济特区全民阅读促进条例》没有设立新的部门，而是将全民阅读工作的相关职责交给了文化行政部门。

第三，确立阅读推广人制度。国外阅读相关的法律法规并没有这项制度，可以说是我国独有的。这一方面说明我国全民阅读推广有着丰富的人力资源和社会基础，另一方面其实也说明我国现在还缺乏专门的全民阅读推广机构，全民阅读推广工作不得不由一些兼职人员参与负责。

第四，增加学校的阅读教育。社会对我国教育弊端一直存在着若干争论，教育领域也是改革的焦点。语文教育，特别是母语教育，长期以来落后于社会经济发展。将阅读教育纳入现有的学校教育体系，一方面是为全民阅读、成年人阅读打下基础，另一方面也是对现行教育体制的修正。

第五，突出图书馆的地位。我国的《公共图书馆法》至今未能出台，这几部地方性全民阅读促进法在一定程度上规范了图书馆的职能、肯定了各省市图书馆的现有实践，而且强调了图书馆在全民阅读工作中的地位。这为图书馆特别是公共图书馆提出了未来的重要发展方向。

第六，设立读书节、读书月。江苏省读书节、江苏书展，湖北省读书月，深圳读书月，都已经形成了品牌，有着良好的群众基础。在阅读法中设立读书节日，是国内外阅读立法的共识。

第七，引导出版产业。我国出版行业已经市场化，然而纯粹的市场化导向可能与优质阅读的要求相背离。在我国的地方性全民阅读促进法中，不约而同地通过推荐书目、奖励优秀出版物等形式，对出版产业提出了引导的策略。

（二）全民阅读法的立法目标

从保障公民阅读权的角度看，全民阅读法的立法目标包括：一、培养个体的识字能力、理解能力和审美能力；二、引导全社会的阅读趣味和阅读价值取向；三、为公民的阅读活动提供资源和设施上的制度保障。

从社会现实的角度看，全民阅读法的立法目标包括：一、解决阅读率下降的社会性问题；二、遏止和缩小区域间文化教育的不平等，促进区域间经济均衡发展；三、协调全民阅读立法领域内各个层面的各种复杂关系。

从法学的角度看，全民阅读法的立法目标包括：一、推动法治建设，进一步完善中国特色社会主义法律体系；二、加强社会法部门立法，维护社会的公平正义，促进社会和谐；三、将保障公民阅读权的概念法律化，为将来形成阅读保障法律体系提供依据。

（三）全民阅读法的基本原则

从全民阅读法的立法依据及其法律属性出发，提出了三个基本原则：

第一，政府承担责任。政府必须承认公民享有阅读权，国家要对公民享受阅读权承担责任。要实现这种国家责任，首先是财政支持，必须明确国家预算开支将对全民阅读推广负责。其次是机构支持，必须明确政府、图书馆、学校、社区居委会等机关事业单位的责任。最后是国家强制力对违法行为的制止和制裁。

第二，关注阅读弱势群体。全民阅读推广语境中的阅读弱势群体是指：（1）因生理、心理原因无法以常规阅读方式进行阅读的人群，包括幼儿、青少年、老年人，文盲、半文盲、阅读障碍患者、少数民族人士以及视觉障碍者等；（2）因为某些原因无法正常利用阅读设施及文献资源进行阅读的人群，包括残疾人、住院病人、囚犯以及边远山区居民等。这些人有些并不是常规语境下的弱势群体，但他们的阅读权都可能受到了威胁，可视为"阅读弱势群体"。只有关注阅读弱势群体，从法律的不平等出发，才能更接近于实现事实的人人平等。

第三，鼓励推广力量。尽管政府为全民阅读承担责任，但实际上"代替"政府具体实现国家责任的是各种各样的全民阅读推广力量。全民阅读法作为一部鼓励性、引导性的法律，鼓励推广力量发挥作用，是该法实现效力的基本途径。因此，全民阅读法必须着重考虑应当将哪些推广力量纳入立法范围，以及通过哪种方式能够对其产生鼓励的影响。

（四）全民阅读法的基本内容

首先，全民阅读法应明确的是：阅读权是公民的基本权利之一，政府对保障公民的阅读权利负有不可推卸的责任。因此，政府是该法最主要调整的基本对象，在我国国家行政机关领导下的各类事业单位应在全民阅读法的指导下承担其相应责任。其次，鉴于全民阅读推广力量的多样化，该法应当规定政府对相关社会组织进行引导。最后，一些成功的、被社会普遍认可的阅读推广形式，也应当被立法确定下来。全民阅读立法的基本内容应包括：

1. 调整政府和事业单位的行为

首先，国家为保障阅读承担责任，主要体现在政府承担主要的服务义务，为公民受到阅读教育、公民基本的阅读消费以及基础的公共阅读设施提供财政支持，包括修改现有预算、编制专门预算、设立基金等方式。其次，中央和地方政府必须设立或明确一个统一管理全民阅读推广的专职部门。每年（或某段时间内）由人民代表大会、政府和全民阅读推广部门共同拟定计划和目标。在一个周期结束后，评价其实施效果，启动相应的问责机制，以充分利用资金。此外，由于各地阅读推广面

深圳读书月宣传标识

227

临的实际情况不同，区域差距较大，中央应赋予地方更多的灵活性。

从阅读权的三个来源（受教育权、信息权和闲暇享受权）出发，全民阅读立法中与政府密切相关的具体内容应包括：

第一，开展和完善阅读教育。首先是青少年的阅读教育，这可能包括课程开设、教师培训、学生能力评价、专家指导以及课外阅读活动，等等。其次是成年人的阅读教育，包括扫盲、开展社会教育、倡导终身阅读等鼓励性措施。

第二，保障阅读需求。首先是保障正常人群的阅读需求，政府应加大对图书馆、出版社、文化馆、书报亭、社区中心等阅读保障设施的支出，保证其正常运营和发展。其次，应当保证国家相关的机关事业单位人员的阅读指导能力和阅读推广素养，给予其必要的培训。更重要的是要保障阅读弱势人群的阅读需求，在政府的支持下，公共机构应当增加针对文盲、残疾人、老年人、囚犯和病患等的特殊项目和业务。

第三，营造阅读氛围。政府和公共文化机构应当引导社会阅读，引导国民发展阅读审美能力，并充分享受阅读带来的乐趣。这包括政府和公共文化机构对优秀图书的支持及推荐，利用各种媒介传播阅读文化，等等。

需要指出的是，学校和图书馆作为事业单位中与全民阅读关联最密切的两种机构，全民阅读法将对其功能做出明显的调整。例如，学校必须在现行教育体制内增加阅读教育的内容，各类型图书馆的服务开放程度将有新的标准，图书馆的阅读推广、社会教育和社区中心等基本功能将发挥更大的作用。

2. 调整企业和公益组织的行为

企业和公益组织是全民阅读推广的重要力量，全民阅读立法应当以各种方式鼓励其行为，鼓励企业对全民阅读市场展开投资，引导公益组织在全民阅读领域发挥其独特作用。

一方面，法律主体仍然是政府，政府可通过税收减免、购买服务、信贷支持、表彰奖励等政府行为鼓励企业和公益组织的参与；另一方面，企业和公益组织对全民阅读也要负有次要的保障义务。全民阅读法应为企业和公益组织提出一些基本要求，促进其履行义务。

出版发行行业。出版行业包括作家、出版社、书商和书店。政府应鼓励各省市作家协会创作符合全民阅读推广需要的作品，如儿童绘本、国学读物等；通过购买图书、表彰奖励和资助重点出版项目等措施，引导出版企业出版优秀图书和经典图书；为书商、书店和读书俱乐部（读书会）提供租地优惠、经营补贴和税收减免等。

传媒行业。政府应鼓励电台、电视台、平面媒体、户外媒体和网络媒体等宣传阅读，购买其宣传全民阅读的产品；鼓励通信服务公司、互联网公司和数字内容生产商为泛在化的阅读提供技术支持，地方政府可购买适合当地人阅读特点的商业服务。

公益组织。政府应鼓励公益组织和志愿者参与全民阅读推广，为从事全民阅读推广的人员提供培训等形式的支持，并表彰优秀的阅读推广组织及个人；应为社会力量参与阅读推广相关的公益基金提供政策保护；尤其应鼓励公益组织在关爱弱势群体、深入乡村和社区等方面所做出的成绩。

3. 肯定成功的全民阅读推广实践经验

全民阅读推广有着丰富的实践经验，一些推广形式得到了社会的普遍认可。将实践经验法律化，有利于实践的长期开展和在更大范围内的推广。

第一，设立读书日（周、月）。我国举办全民读书月（每年 12 月）已有十几年之久，近年来，每个世界读书日，各部委也会联合举办各种主题活动。各省市地区的读书日（周、月）活动也都在持续性的开展中，受到了社会的普遍认可。读书日（周、月）作为一种成功的全民阅读推广方式，应当以法律条文的形式固定下来。

第二，编制推荐书目。编制书目是图书馆的传统工作，而在全民阅读推广实践中，各地各类型的图书馆也编制了各种各样的推荐书目，适应了不同群体读者的需求。各种推荐书目通过媒体的广泛传播，在社会中也产生了非常积极的影响。编制推荐书目作为国内全民阅读推广实践较为普遍的做法，不妨以立法的形式加以指导。

第三，成立阅读推广行业组织和全民阅读推广人队伍。在阅读推广相关行业，如图书馆、出版社、学校等，有很多人都早已投入到了全民阅读推广的事业之中，是"兼职"的全民阅读推广人。中国图书馆学会下属的阅读推广委员会以及中国阅读学研究会等，临时起到了全民阅读推广人行业组织的作用，在各地组织了许多成功的全民阅读推广案例，产生了十分积极的影响。行业组织有利于聚集从业人的能量，应当以立法的形式成立一个涵盖相关行业、统一的、积极吸纳所有全民阅读推广人的行业组织，同时不断培养壮大全民阅读推广人的队伍，增强全民阅读工作的科学性、指导性和长期性。

4. 关注阅读弱势群体的阅读权利

前文提出了全民阅读立法的三个原则：国家承担责任，关注阅读弱势群体和鼓励社会力量。其中，国家承担责任是全民阅读法的根本，这反映在该法的绝大部分条款都以国家及其政府为法律主体。而关注阅读弱势群体是全民阅读立法的核心，这反映在全民阅读法的内容之中。综观国内外的阅读立法实践，保障阅读弱势群体的权益往往是阅读法的重要组成部分。

儿童。阅读兴趣往往产生于幼儿时代，倡导早期阅读是阅读推广界的共识。对于儿童来说，阅读中所面对的困难首先是不识字，其次是独处能力差，最后是注意力不易集中。为此，全民阅读法应促进儿童绘本的出版，鼓励和要求家长参与亲子阅读，加强阅读保障机构对亲子阅读的指导，提供亲子阅读的场所。

青少年。青少年时期是阅读能力和阅读兴趣养成的关键时期。我国中小学生的阅读教育是完全应试教育导向的，因此在各种国际评比中都名列前茅。但实际上，如果国人在青少年时期就养成了阅读的习惯，那么我们今天不会面临成年人的阅读率下降的窘境。与美国截然相反，我国全民阅读立法不是再增加应试的内容，而是在教育中增加对非应试阅读的指导，学校课程中可相应地增加阅读教学，让学生从阅读中感受到经典、人文及艺术的魅力。相关机构也要增加对中小学生课外阅读的指导。

阅读障碍者。阅读障碍是儿童中最常见的神经行为疾病之一，而且是一种持续状态而不是短暂的发育延缓。长期以来，阅读障碍在我国没有得到足够的重视。许多学校甚至家长都不能理解患有阅读障碍的孩子，这无疑会给孩子的身心成长带来严重的伤害。全民阅读立法应重视这一问题，将阅读障碍的矫正和治疗纳入阅读推广的范畴。

文盲和半文盲。2011 年，国家统计局发布全国第六次人口普查主要数据，我国的文盲率为 4.08%，其中文盲率最低的北京为 1.70%，而西藏却高达 40.69%。[①]尽管我国推行了多年的扫盲和义务教育，仍然有一些

上海读书节活动徽标

成年国民不具备基本的读写能力。全民阅读推广不应忽视这一部分人群，把扫盲工作、成人教育、社会教育和终身教育纳入立法范畴。

视觉障碍者。身体残疾中，视觉障碍是对阅读影响最大的一种，包括色盲、弱视、白化病、全盲等。目前有很多图书馆都提供视障阅览室，为视觉障碍者提供了适宜的阅读环境，并设有智能读书机、电子助视器和盲文打印机等设备。全民阅读法应重视残疾人的阅读，增加对录音制品制作、录音文献远程借阅以及当面朗读服务等的支持，并解决相关知识产权冲突，为视觉障碍者阅读提供保障。

行动不便者以及监狱、医院、戒毒所、福利院和养老院等机构中的人群。这一类国民因为空间限制，阅读活动受到了限制。全民阅读推广不应忽视这些人群，为行动不便者，如老年人、残疾人，立法为其提供邮寄借还、社区图书室等服务；在监狱、医院、福利院和养老院，按人数比例建设图书室。

贫困者以及农村和偏远地区的居民。对于贫困者而言，公共图书馆是满足其基本阅读需求的主要设施，全民阅读法应重视如何扩大图书馆的覆盖率，如增加建设、实行总分馆制、开放学校图书馆等。我国的农村和偏远地区相对比较落后，文化设施不健全，连图书馆也难以全面覆盖，应立法推动农家书屋和流动图书车

---

① 中国经济网.国家统计局：我国文盲率为 4.08% 十年降 2.64 个百分点.[2015-03-11] http：//www.ce.cn/macro/more/201104/28/t 20110428_22390348.sht ml.

等小型辅助阅读设施的建设。同时，还应当鼓励和资助图书捐赠和图书循环再利用，以此丰富农村和偏远地区的图书资源。

二、全民阅读节日

朱永新先生自 2003 年起，连续 10 余年呼吁设立"国家阅读节"，并连续在全国两会上提交提案，建议设立"国家阅读节"，以公众更为喜闻乐见的方式，以更大的决心和力度，全力以赴来推动全民阅读。[1]王余光教授于 2009 年发文倡导设立"国家读书节"，建设书香社会，培育智慧国民。[2]聂震宁、邬书林等多位代表委员也在历年两会期间提交建议提案，主张通过设立"国家阅读节"等形式推进全民阅读。

以朱永新委员为代表的"国家阅读节"的倡议者认为，由政府推动设立全国性阅读节日的意义是多重的。同中秋、端午等传统节日入法的效果相似，公众节日的设立具有提醒和唤醒公众的作用。[3][4]在特殊的时间节点和空间场合中，节日能够更高效地向更多人传递价值观念和文化态度，借助外显的、具有仪式感的节日活动使这些观念和态度得到广泛认同，内化为个体心灵的体验，形成自觉意识。设立"国家阅读节"的意义，首先在于能够唤醒全社会对阅读的重视，在直达个人内心体验的庄严仪式中培育全民阅读文化[5]，在读书风气淡薄的时候，为人们敲响"警钟"，提醒人们勉力学习，更新知识，丰富智识，迎接新的时代挑战。

在全国的阅读推广工作百花齐放的当下，"国家阅读节"可以成为各个地区、

---

① 朱永新 . 关于将 9 月 28 日设立为"国家阅读节"的提案 . [2016–01–27] http：//blog. sina.com.cn/s/blog_4aeb7d930102ekf5.html.

② 王余光 . 设立国家读书节：建书香社会，育智慧国民 . 中国文化报，2009–03–10.

③ 朱永新 . 设立"阅读节"，推动全民阅读 . [2016–01–27] http：//tv.people.com. cn/n/2015/03/19/c14644–26716227.html.

④ 靳晓燕，罗旭 . 11 年呼吁建立国家阅读节 . 光明日报，2014–03–03.

⑤ 朱永新 . 继续呼吁设立国家阅读节 . 科学时报，2010–03–09.

各级组织机构整合资源，开展阅读推广活动的抓手和契机。"深圳读书月""苏州读书节""北京阅读季""南国书香节""三秦书月""书香中国·上海周""南阳读书月"等各地读书活动开展得有声有色，取得了良好的阅读推广效果。但各地区的阅读节日时间和标准不统一，区域性和零散性特点突出，一定程度上制约了阅读节日的实际效果和社会影响力。而"国家阅读节"的设立，恰恰能够改变目前"群龙无首"的局面，更高效地整个各地各行业资源，全面出击，使各地的节日活动形成叠加效果，让阅读在最短时间内形成广泛影响，更加有效地推动全民阅读活动的深入。①另一方面，不同地区、不同形式的阅读节日活动也为"国家阅读节"积累了充足的经验和广泛的群众基础，使"国家阅读节"活动获得更加丰富多元、公众喜闻乐见的实现形式。以上两方面，都强化了"国家阅读节"的必要性和可行性。

同时，也有人对设立"国家阅读节"的提议提出一些质疑和担忧。这些质疑和担忧主要包括：（1）阅读是一种自主、自发的学习乃至生命体验，"国家阅读日"将其变成了自上而下的集体性倡导和"指导"，客观上有转嫁政府义务的嫌疑——把本应由政府承担的提高全民教育水准和素质的义务，通过"国家阅读日"的形式转变成国家对公民的某种期待甚至要求；②（2）单纯设立一个"国家阅读节"，不足以在国人心底真正种下热爱"阅读"的种子。阅读成本高，阅读机会少，是造成我国阅读率不高的客观原因。与其设立"阅读节"，不如切实提高公共图书

北京阅读季活动标识

① 朱永新.关于将9月28日设立为"国家阅读节"的提案.[2016-01-27] http：//blog.sina.com.cn/s/blog_4aeb7d930102ekf5.html.

② 童大焕.我为什么反对国家阅读日.[2016-01-27] http://news.xinhuanet.com/comments/2007-04/03/content_5927377.htm.

"南国书香节" 吉祥物香香

"南国书香节" 活动标识

馆的服务水平①，通过普及免费义务教育和普及有效的高等教育解决教育问题②；
（3）可能出现不必要的表面文章③，竞争性的评选、创建活动可能产生行政化、
形式化、弄虚作假等问题，阅读活动可能伴随着"国家阅读节""今天来明天走"，
缺乏实际效果和持续性影响力④；（4）国际上已将每年的 4 月 23 日确立为"世界
图书与版权日"，不需要再单独设立中国的"国家阅读节"。⑤

　　2007 年两会期间，朱永新委员向大会提交设立"国家阅读节"的提案，并
邀请赵丽宏、王安忆、张抗抗、梁晓声等多位知名作家联合署名，随之引发的上
述质疑之声也主要集中该年两会之后的数月之中。这些质疑和反对显露出社会对
阅读问题的关注，其中不乏合理之处，值得在设立"国家阅读节"的同时警醒与

---

① 吴江. "阅读节" 别成 "植树节". [2016–01–27] http：//www.gmw.cn/01ds/ 2007–
　　02/28/content_560401.htm.

② 童大焕. 我为什么反对国家阅读日. [2016–01–27] http：//news.xinhuanet.com/
　　comments/2007–04/03/content_5927377.htm

③ 周泽雄. 掂量一下 "国家阅读节". [2016–01–27] http：//zhouzexiongblog.blog.
　　163.com/blog/static/12380731220097611498565/

④ 韩石山. 也说设立 "国家阅读节". 中华读书报，2007–04–18.

⑤ 余秋雨. 对四个重大问题的紧急回答 // 朱永新. 我的阅读观. 北京：人民大学出版社，
　　2011：114—115

反思。那么，这些质疑能够冲淡设立全国性阅读节日的意义和必要性吗？全国性阅读节日设立后可能出现的一些局部的负面问题能够冲抵其正面作用吗？

事实上，这些反对观点中指出的问题与设立全国性阅读节日的初衷并不矛盾。提供公共文化服务，保障公民文化权利本身就是政府的服务职能。带有公共属性和公益性的文化产品和服务，主要应当由政府提供，也只有政府能够提供这种保障。提升民族文化素养需要多措并举，提高教育水平是政府责任，推进全民阅读也是政府责任。阅读本身即是一种重要而有效的教育方式。提升全民教育和阅读水平都不是一朝一夕所能见效的，一个文化强国的建立需要历经几代人的时间，但阅读对个体生命发展和精神世界的影响却可以在短期内显现。求知与进取是人在任何时代、任何环境下都可以做出的主观能动性的选择，对于已经错失良好的教育机会，或是"赶不上"享受教育改革红利的社会个体来说，阅读都可能在当下对他们的知识水平、工作能力、社会竞争力乃至生活水平带来切切实实的改变。设立全国性的阅读节日，是推广全民阅读的积极举措，也有利于实现教育的价值，提升我国的教育水平。

由政府主导设立"国家阅读节"，不是要以行政权力干涉公民的文化生活，而是明确了政府重视和推进阅读的责任，将开展全民阅读上升为国家战略，借助政府的号召力和影响力为阅读推广的深入推进创造环境、提供政策保障。无可否认，阅读是自主的、个体化、私密化的生命体验。设立"国家阅读节"不是由政府"要求""指导"甚至"规定"公众的阅读行为，而是意味着社会中有更多的资源向阅读、向公众的精神生活倾斜，有更多机构和组织以此为契机和抓手高效、有效地推广阅读。不仅喜爱读书的人视这一天为快乐的节日和庆典，还有更多的人受到节日氛围的感染，自觉自愿地参与到阅读活动中，亲身体验到阅读的快乐，产生阅读的兴趣，发自内心地认可阅读的价值，选择将阅读作为自己生活的一部分，知道该读什么、怎么读。就像中秋节合家团圆、清明节纪念故去的亲人一样，阅读的节日也可以对公众产生特殊的文化意义。例如，每当阅读节来临时，人们可以互相赠送自己喜爱的书籍，可以更方便地购买、借阅到自己心仪的图书，可以分享读书的体会，可以总结读书给自己带来的快乐与改变。有了阅读节，人们可以选择每年在这个特殊的时间节点上，反思自己一年来读书的质量和数量，审视自己知识的进步和心灵的成长；家长可以审视自己是否伴随着孩子的成长一起成长，孩子是否在自己的影响下更爱读书了；朋友可以审视自己是否彼此分享了读书的喜悦、成功和心得；组织成员可以审视自己一年中读了多少专业书籍，获得了哪些专业成长……①

对于"国家阅读节"活动可能流于形式、劳民伤财、持续性差、表演性强于实效性等问题，朱永新委员在近年来的两会提案中建议，可以围绕"国家阅读节"多层动员，多管齐下，全年无休，全面推动全民阅读。以激励型活动为主，竞争性活动为辅，鼓励公众在自身基础上不断成长。政府部门要放权给民间，将活动开展以购买服务的形式交给民间机构来承办和负责实施。将阅读活动经费投放在鼓励和扶持阅读研究、书目研制、阅读推广等方面，支持社会、学校、企业和民间机构参与到阅读文化建设中去。②③

但是，国际上已经存在一个"世界读书日"了，为什么还要再提倡设立一个中国的"国家阅读日"呢？首先，4月23日"世界读书日"是英国的莎士比亚（William Shakespeare）等多位文学家的生日和西班牙作家塞万提斯（Miguel de Cervantes Saavedra）的忌日，这些作家都是西方文化的杰出代表，却不具有中华文化的象征性。中国有深厚的阅读文化传统，图书文化悠久，重视经典阅读，有着强烈的文本尊重情结，中国固然要以开放的心态接纳优秀外来文化，但也有必要借助"国家阅读节"重建本民族的阅读传统④，以此来加强民族文化认同，建设共同的精神家园。朱永新委员等建议将孔子的诞辰日——9月28日设

① 朱永新.国家阅读节，敲响生命的警钟；书香，也醉人.深圳：海天出版社，2013：94—102.

② 朱永新.关于将9月28日设立为"国家阅读节"的提案.[2016-01-27] http：//blog.sina.com.cn/s/blog_4aeb7d930102ekf5.html..

③ 朱永新.关于设立"国家阅读节"的提案.[2016-01-27] http：//blog.sina.com.cn/s/blog_4aeb7d930102eazq.html.

④ 傅敏.设立国家阅读节刍议.图书馆，2014（03）：59—60.

立为"国家阅读节",一方面是纪念这位中华文化最具影响力的代表,另一方面对倡导社会各界崇尚知识和阅读也有独特意义。作为一位民间教育家,孔子在中国历史上首次编订"六书"供学生学习阅读,可谓最早的阅读推广人和书目研究者①,将他的诞辰日设立为"国家阅读节"还具有对当代阅读推广人的激励和示范作用。

每年 9 月是大、中、小学生开学季,是新的学习阶段的开始。利用"开学季",借助"国家阅读节"的契机向青少年传播读书成才的理念,开展校园阅读推广活动,能产生更强的鼓舞作用。此外,9 月 28 日临近国庆长假,这为公众提供了更多持续性的阅读时间,各类机构也可以利用国庆假期开展阅读活动②,丰富群众假日生活,让"国家阅读节"产生切实的号召力和带动力。

将"国家阅读节"设立在下半年还可以改变"世界读书日""四月来五月走"的尴尬境地,借助两个节日开展阅读活动,延长活动周期,强化活动持续性和阅读推广的实际效果。例如,可以将上半年的"世界读书日"作为地区性阅读季的启动仪式,下半年的"国家阅读节"作为阅读季的总结仪式。江苏省已在 2015 年的阅读推广工作中采取了这种方式:《第十一届江苏读书节总体方案》将 2015 年"江苏读书节"启动时间确定为 4 月 23 日,这一天也是《江苏省人民代表大会常务委员会关于促进全民阅读的决定》中确立的"江苏全民阅读日",读书节落幕时间确定在 9 月 28 日③。除全年性常态化的读书活动之外,"江苏读书节"活动持续达六个月。

其实,在"世界读书日"之外设本国的阅读节日在国际上早有先例。美国、德国、法国等都设有全国性的阅读节日,均取得了良好效果和广泛影响力。美国

---

① 朱永新.设立"阅读节",推动全民阅读.[2016-01-27] http://tv.people.com.cn/n/2015/03/19/c14644-26716227.html.

② 朱永新.国家阅读节,敲响生命的警钟;书香,也醉人.深圳:海天出版社,2013:100.

③ 江苏省全民阅读活动领导小组办公室.关于印发第十一届江苏读书节总体方案的通知.[2016-01-27]http://www.jsxwcbj.gov.cn/m2/channel2?tid=28755.

国家图书节每年初秋在华盛顿国家广场举办，是美国一年一度的阅读盛典；德国全国朗读日于每年 11 月举办，这天数千名政要、社会名流、文娱明星、知名作家等公众人士前往全国各地的幼儿园、学校、图书馆等地方为孩子们朗读和讲故事。[①]法国的阅读节于每年 10 月 14 日至 16 日举行，节日的名称为"欢乐中的阅读"，已连续举办了 20 多年。

综上所述，需要我们思考和讨论的不是要不要设立中国的全民阅读节日，而是在"国家阅读节"等全国性阅读节日设立之后，如何借鉴国外和国内各地市的成功经验，如何在政府的倡导下凝聚社会各界的力量，以节日活动为契机和抓手深入推进全民阅读推广工作，使阅读节日真正成为公众认可的文化盛典，让阅读成为全民族的精神乐土和国家发展的强劲推动力。

三、书香城市建设指标体系

阅读文化是一座城市的灵魂，全民阅读推广也不能停留在读者工作层面，而是要去探悉城市文化的灵魂深处，将全民阅读推广工作上升到新的层次，建立和完善考评机制，使阅读文化成为城市品位的一项标准。

考评"书香城市"的指标需要跳出被阅读局限的圈子，从多个方面综合考量。城市建设通常分为硬实力和软实力两部分，硬实力包括财政经济和硬件设施，软实力则指人文环境和体制机制，同理可运用于"书香城市"建设。而对于全民阅读推广工作而言，考评有其特殊性，工作质量的好坏大多是一种读者体验，指标

---

① 赵俊玲，郭腊梅，杨绍志.阅读推广：理念·方法·案例.北京：国家图书馆出版社，2013：43

无法量化，但仍然可以在可观测的范围内选取衡量标准并逐渐探索加以修正和完善，最终的目的是提高阅读推广工作的水平，普及全民阅读，传播书香文化。在参考了相关的国家政策文件、图书馆行业标准以及阅读推广活动材料之后，我们归纳总结出《"书香城市"建设考评指标体系模型》。

表 5-1 "书香城市"建设考评指标体系模型

类别	指标名称	评价内容	评价标准
"硬实力"指标	保障机制	多元保障	1.阅读活动社会组织结构相对完善，市镇两级建有全民读书活动领导小组
			2.公益性文化设施建设和运行纳入财政保障，逐年有所提高
			3.企业、社会人员积极参与阅读活动，有一定成效
			4.有相应的志愿者组织，义务建设文化大院，开展阅读指导辅导等
			5.有鼓励多元化投入的政策措施，大力提倡和发展民间藏书家开放图书馆公益服务
		评比、奖励等品牌培育专有机制	1.设立读书活动评比和奖励的专有机制
			2.建设故事会、赛诗会、读书沙龙等各种形式的读书活动小组
		评比、奖励等品牌培育专有机制	3.开展藏书家庭、阅读之星、书香家庭、书香机关评比活动
			4.开展"一镇一品"评比活动，培育特色书香之乡
			5.有品牌读书活动，经验在全省推广
	保障机制	出版物管理	1.图书、电子、音像、报刊等出版单位无违法、违规出版行为
			2.印刷、复制企业无印刷、复制侵权盗版出版物和非法出版物行为
			3.图书、音像、报刊等出版物经营场所无销售侵权盗版出版物和非法出版物行为
		网吧管理	1.建立网络文化市场监管平台，切实发挥监管作用
			2.高度落实信息安全保护技术措施，防范淫秽色情等违法有害信息在网吧传递

续表

类别	指标名称	评价内容	评价标准
"硬实力"指标	保障机制	网吧管理	3.建立网吧实名上网登记核算制度，网吧在显著位置设置"未成年人不得进入"标志，不接纳未成年人进入网吧
			4.建立查处"黑网吧"联动机制，坚决取缔"黑网吧"
		知识产权保护	1.有加强知识产权保护的政策措施
			2.获得省知识产权保护示范市
			3.年登记作品不少于3000件
	阅读服务设施建设（阅读设施和阅读资源）	城市公共阅读空间建设	1.市图书馆达到国家一级馆标准，藏书达到全市常住人口人均1册
			2.镇（街道、办事处）分馆设置率100%，社区图书馆覆盖率高，馆藏结构合理，能满足民众需求
			3.建有盲文阅览室，能够提供盲文及盲人有声读物服务，并有无障碍设施，建立健全"残障读者"的读物配送专递服务机制
			4.建有儿童阅览室，设有专门的"儿童导读馆员"，儿童绘本资源丰富
			5.建有老龄大字本文献阅览室
			6.建有女性读者阅览室，关注女性阅读
			7.关注外来务工人员阅读，1000人以上外来务工人员集宿区有相应的阅读设施
			8.为残疾人和老年人服务的福利院建有图书室
		学校图书馆建设	1.设置率100%，提供学生阅览、教师阅览、电子阅览等室内阅读场所和服务设施，其中20%的学校图书馆达到省一级标准，30%的达到省二级标准
			2.学校图书馆（室）藏书达到生均15册
			3.中小学图书馆常态性面向师生开放，能够保证日常开放时间
		企事业单位、机关阅读平台建设	1.1000人以上的企业建有图书室或科技资料室
			2.图书流动箱为企业送书上门，覆盖范围不少于60%，每年每家企业不少于2次

续表

类别	指标名称	评价内容	评价标准
"硬实力"指标	阅读服务设施建设（阅读设施和阅读资源）	企事业单位、机关阅读平台建设	3.机关及事业单位建有图书阅览室，或利用党员之家、职工之家设立图书角，设置率100%
			4.藏书品种丰富（图书、报刊等），数量可保证人均需求
		乡村阅览室（"农家书屋"建设）	1.农家书屋设置率100%，其中五星级5%、四星级15%、三星级30%，藏书量和藏书品种能够满足读者需求
			2.广泛开展"送书下乡"活动
		书店（书城）建设	1.政府部门有对民营书店扶持的相关政策
			2.有营业面积不少于2000平方米的大型书店
			3.所有书店在城乡的覆盖密度达一定水平
			4.市民交通站、景观地等客流中心地区设有书报亭等设施
			5.建设有旧书店（含网站）、周末文化市场
		公共文化服务机构、科普设施建设	1.市辖区域内、街道、乡镇有文化馆、博物馆、美术馆、纪念馆、城展馆等文化场所
			2.街道、乡镇有文化馆、博物馆、美术馆、纪念馆、城展馆等文化场所
			3.所有文化场所能够保证日常开放时间，日均访问量高
			4.公益性文化服务机构在显著位置公示服务项目、开放时间以及免费开放的详细情况；若有收费项目，列出收费项目内容和收费标准
			5.爱国主义教育基地正常开展活动，面向中小学生免费开放
			6.市辖区域内有综合性科技活动场所或科普场馆
			7.街道、乡镇有科普活动场所，经常开展活动
		数字资源建设	1.建有标准化的文化共享工程市支中心
			2.文化共享工程镇、村基层服务点全覆盖
			3.城区社区、镇、村公共电子阅览室全覆盖，内容健康，无危害国家安全、破坏民族团结、破坏国家宗教政策、破坏社会稳定、侮辱、诽谤、教唆、淫秽等内容
			4.有网上图书馆、网上文化馆、网上博物馆等，提供的数字资源不少于10T
			5.建有手机阅读平台，每年提供丰富的阅读信息

续表

类别	指标名称	评价内容	评价标准
"软实力"指标	阅读推广活动	全民阅读推广活动	1.常态化地举办当地特有读书月（节）活动、"4·23世界读书日"活动
			2.市、镇都有阅读活动，并在节假日举办与之相关的主题阅读活动
			3.常态化地面向全市举行"图书漂流"活动
			4.经常举办专家系列讲座和报告会
			5.重视品牌阅读活动，形成阅读品牌形象
			6.开展"一镇一品"评比活动
			7.阅读活动及讲座具有不同人群的针对性，包括公务员、事业人员、外来务工人员、女性、农民等
		少儿阅读推广活动	1.少年宫等儿童团体组织定期组织以"读书"为主题的"儿童阅读夏令营"等活动
			2.常态化进行"绘本漂流"活动
			3.存在本市专有的儿童读书俱乐部（公益性和商业性兼而有之）
			4.每年组织"六一儿童节"等配套阅读活动
			5.经常开展"亲子阅读"指导活动
			6.重视小学生"经典诵读"活动
			7.重视中学生的暑期阅读（夏令营）
		老年阅读推广活动	1.在老龄大字本文献阅览室（如"夕阳红"），给予老年读者相应的专门阅读推荐和指导
			2.关心老年人阅读，提供老龄阅读书目推介
		女性阅读推广活动	1."三八妇女节"时开展女性读者阅读指导活动
			2.女性阅读书目推介
			3.提供针对女性读者的阅读指导服务
		党政机关、事业单位阅读推广活动	1.有关官网定期发布新书目、新书评、阅读心得
			2.专业素养的提高及业务职能的晋升迅速
			3.党政机关和事业单位工作人员积极主动参加投稿、文艺创作和学术著作出版、群众性节目文化创新等

续表

类别	指标名称	评价内容	评价标准
"软实力"指标	阅读推广活动	党政机关、事业单位阅读推广活动	4.在精神文明建设诸类文化创新活动中获取过市级、省级、全国性等奖项的嘉许
		"新市民"阅读推广活动	1.编有城市指南类的导读文献
			2.经常性开展地方文献与乡土文化教育工作
			3.建立对新市民及其子女阅读状态加以关注并帮助的机制
	书香氛围	市民阅读氛围与阅读成效	1.读物结构、阅读水平到一定标准,阅读量逐年提升
			2.阅读人群的人才结构发生变化,高级职称和中级职称数量稳步上升
			3.市民创新能力加强,全市年申请发明数量达到一定数量
			4.市民科研能力加强,全市年结项科研课题达到一定数量
		宣传氛围	1.主要公共场所设有大型阅读宣传公益性广告,数量占广告总数达一定比例
			2.街道、社区居委会的宣传栏刊登阅读内容,每季度更新一次
		视觉形象	1.书文化遗址保存与维护状态良好
			2.有可突显当地人文特征、文脉和文化肌理的,以"书香城市"为主题的各类建筑(如雕塑、壁画、标志性建筑等)或文化景观
			3.拥有本市专有书文化形象代表(如本地读书成才的历史名人、古代藏书家、科举人才、杰出人物、当代"书香城市"代言人或卡通形象等标志物)
			4.主要公共场所设有大型阅读宣传公益性广告(数量占广告总数达一定比例)

　　该指标体系中的"硬实力"指标分为"保障机制"和"阅读服务设施建设"两大部分,共54项指标。其中"保障机制"涵盖了"多元保障""评比、奖励等品牌培育专有机制""出版物管理""网吧管理""知识产权保护"5个范畴;"阅读服务设施建设"涵盖了"城市公共阅读空间建设""学校图书馆建设""企事业

单位、机关阅读平台建设""乡村阅览室（农家书屋）建设""书店（书城）建设"
"公共文化服务机构、科普设施建设""数字资源建设"7 个范畴。"硬实力"指标
从基层读书活动小组、各项活动的设置与否、阅读对象的管理、基层文化机构以
及资源的建设和使用情况等入手，对城市的具体文化建设环境进行了整体的考评。

"软实力"指标则分为"阅读推广活动"和"书香氛围"两大部分，共 36 项
指标。其中"阅读推广活动"涵盖了"全民阅读推广活动""少儿阅读推广活动"
"老年阅读推广活动""女性阅读推广活动""党政机关、事业单位阅读推广活动"
"'新市民'阅读推广活动"6 个范畴；"书香氛围"涵盖了"市民阅读氛围与阅读
成效""宣传氛围""视觉形象"3 个范畴。"软实力"指标依据各类阅读推广活动
的普及程度和反响如何、活动的多样性和频率、阅读的数量、阅读人群的结构、
城市的创新能力以及城市对文化传统的重视程度等内容确立，主要考评一个城市
是否重视全民阅读推广活动以及活动的效果，一个城市是否尊重文化传统、是否
善于将文化传统内化为在新时代进行"书香建设"的资本和动力。

表中的指标体系是初步提出，尚有待论证、探索和改进。2012 年 11 月，江
苏省张家港市参考该表予以实施，发布了全国首个覆盖城乡的"书香城市"建设
指标体系，含有"阅读设施""阅读资源""阅读组织""阅读活动""阅读环境"
"阅读成效""保障条件"等 7 个一级指标、44 个二级指标和 87 个三级指标，实
现了领先全国的一项关于阅读文化的制度创新。2015 年 5 月，中国图书馆学会
发布了书香城市（县级）、书香社区标准指标体系，指导各地书香城市（县级）、
书香社区建设工作。[1]此指标体系以阅读设施、阅读资源、阅读活动、阅读服务、
阅读环境以及保障条件作为标准体系的主要指标。考虑到我国地域广袤，区域经
济发展和公共文化服务水平不平衡，借鉴创建国家公共文化服务体系示范区的经
验，将指标分成东部、中部、西部三个部分。在分析相关数据时，也按此划分东
部、中部、西部。

---

[1] 中国图书馆学会关于发布书香城市（县级）、书香社区标准指标体系的通知 .[2017–02–07]
http://www.lsc.org.cn/c/cn/news/2015–05/05/news_7973.html.

　　"书香城市"建设指标体系的基本思想是使全民阅读推广工作的情况、"书香城市"建设的程度可以得到量化的考核，从而让全民阅读推广工作的实施者和受惠者都能够更加清楚地了解其中的优势与不足。随着"书香城市"建设的深入推进，随着"书香城市"建设指标体系的稳步实施，这项工作一定能够不断地扬长补短，发展得更科学、更合理、更有成效。

四、数字阅读推广

　　2015 年，第十二次全国国民阅读调查结果显示，2014 年我国成年国民图书阅读率中上涨最快的是数字阅读方式接触率，为 58.1%，较 2013 年的 50.1% 上升了 8.0 个百分点。具体来看，2014 年有 49.4% 的成年国民进行过网络在线阅读，较 2013 年的 44.4% 上升了 5.0 个百分点；51.8% 的成年国民进行过手机阅读，较 2013 年的 41.9% 上升了 9.9 个百分点；2.0% 的成年国民用光盘阅读，比 2013 年的 0.9% 上升了 1.1 个百分点；5.3% 的成年国民在电子阅读器上阅读，较 2013 年的 5.8% 下降了 0.5 个百分点；9.9% 的成年国民使用平板电脑进行数字化阅读。对微信使用情况的考察发现，有 34.4% 的成年国民在 2014 年进行过微信阅读，在手机阅读接触者中，超过六成的人（66.4%）进行过微信阅读。[1]

　　数字阅读指的是阅读的数字化，主要有两层含义：一是阅读对象的数字化，也就是阅读的内容是以数字化的方式呈现的，如电子书、网络小说、电子地图、数码照片、博客、网页等等；二是阅读方式的数字化，也就是阅读的载体、终端不再是平面的纸张，而是带屏幕显示的电子仪器，如电脑、PDA、MP3、MP4、笔记本电脑、手机、阅读器，等等。[2]

　　随着数字阅读的飞速发展和普及，其优势也是不言而喻的：

　　第一，方便快捷的"轻阅读"与"浅阅读"优势。数字阅读大大突破了传统

① 高方.第十二次全国国民阅读调查结果发布.传媒，2015（08）：80.
② 沈蔚.当代中国数字阅读的文化狂欢与理性思考.中州学刊，2014（08）：96—100.

阅读的时间与空间限制，读者可以随时随地进行阅读活动。无论是在车站等车或是乘坐地铁火车，无论是伏案工作学习的间隙或是临睡前床上的时光，无论是在明亮的日光下还是停电的深夜里……都可以利用手机或是各类阅读设备，抓住零碎的时间展开"轻阅读""浅阅读"或"略阅读"。

第二，信息传播的及时性与高效性，这也是数字阅读方便快捷优势的显著体现。最新鲜的一手资讯、时下全球最流行的书刊，都可以通过网络第一时间传播，让读者们通过数字阅读获得最及时的消息。

第三，互动优势。数字阅读可以借由网络和阅读平台创建起读者与作者、读者与图书馆、读者与其他读者间多向交互的平台，便利不同群体间信息的沟通交流，解除了由时空造成的传播限制，达到阅读信息的快速交流和多方面的互动参与。

第四，角色优势。Web2.0时代在改变人们阅读方式的同时，还改变了人们的阅读状态。读者不再是被动的资源接受者，每个人都可以是数字资源的利用者，同时也可能是数字资源的创作者。单纯的阅读活动在数字阅读下变为了双向的阅读创作活动，一定程度上也极大地调动了读者的阅读参与度。

第五，娱乐优势。相比传统的纸质阅读，数字阅读本身就具有极强的休闲娱乐功能。相关调查显示，通过数字阅读来获取娱乐信息的读者占35%。数字资源的阅读方式本就比传统阅读更轻松随意，数字资源中也有更多休闲娱乐的内容。而数字资源中丰富的图像、音频、视频信息，可以充分调动读者多种感官，更有利于满足广大受众的"娱乐"需求。

第六，信息资源优势。虽然目前数字出版的数量暂时比不上传统的出版业，对数字阅读也存在很多质疑，但是数字资源发展迅猛，并已积累了可供读者阅读的海量信息资源。基于数字出版速度快、成本低、类型丰富、存取便利等特点，未来数字资源的前途无可估量。

加强数字阅读推广工作，从专业角度引导读者开展数字阅读活动，切实提高现有数字资源的利用率，是至为重要的。推广数字阅读，需要各级政府、图书馆及出版发行单位等的共同努力。

政府扶持是推动数字阅读推广的有利条件。作为发起和引导全民阅读活动的

中国全民阅读网主页

主要政府部门，国家新闻出版广电总局自 2011 年起每年组织开展各类数字阅读专题活动，为读者提供便捷、优质的数字化阅读体验。2015 年 4 月正式启动"书香中国 e 阅读"工程试点工作，通过政府购买公共文化服务的形式，由三大移动通信运营商手机阅读平台向北京、上海、广州、深圳等地的 1000 万进城务工人员全面免费推送优质电子图书和期刊。2015 年 11 月 25 日，由国家新闻出版广电总局指导、新闻出版总署信息中心建设管理的全国全民阅读工作网站"中国全民阅读网"（http：//www.nationalreading.gov.cn/）正式上线，作为"互联网＋全民阅读"的基础支撑，该网站是新闻出版广电总局开展全民阅读的重要平台，具有上情下达、工作指导、资源整合、分享交流、意见征集、社会宣传等多项功能。

各地方也在政府推动下开展了不同形式的数字阅读活动。例如，福建省与中文在线等网站合作，共同搭建"书香八闽"网上阅读和手机阅读公共服务平台，提供上万种正版数字图书免费在线阅读，截至 2015 年 12 月底已有 3200 万人次登录阅读。安徽省新闻出版广电局积极推进农家书屋的数字转型，安徽省内第一家数字书屋于 2015 年 11 月 30 日在蒋集镇农家书屋上线。该数字农家书屋由安徽时代出版发行公司与中文在线教育科技发展有限公司联合开发运营，依靠智能化信息系统支撑，分为电子图书、广播频道（含听书）、综艺频道（含电影）和公益频道四个板块，为农民群众提供多种文化资源，目前资源涵盖 500 部电影、

第九届福建"书香八闽"
"书香鹭岛"全民读书月
活动开幕式

5万种图书、3万种有声读物、15万分钟微客。①

另一方面，图书馆作为收集、整理、保存、传播并提供利用文献资源的专门机构，作为社会公益文化服务机构，为社会大众提供免费的资源和优质的服务，这些优势是其他机构所无法比拟的。图书馆作为全民阅读推广的重要机构，无论传统阅读推广工作还是数字阅读推广工作都应纳入其发展目标之中。

目前，图书馆数字阅读推广工作主要从以下方面展开：

第一，建设数字图书馆和专题数据库，提供便捷的导航服务和多样化的信息检索手段，完善数字阅读推广基础。中国图书馆学会阅读推广委员会原主任吴晞先生曾在多个场合多次表述这样的观点：我们之所以坚信当今已进入数字阅读的时代，数字阅读会取代传统阅读成为社会阅读的主体（不是全部），其最重要的依据，就是今天的图书馆已经初步建立起系统完备的数字资源体系。在目前的社会上，还没有其他机构拥有这样完备的数字资源、这样系统的数字阅读保障和全面无偿的服务。②借助"全国文化信息资源共享工程""公共电子阅览室建设计划""数字图书馆推广工程"等数字文化建设工程，各地图书馆已建立起较完备的数

---

① 用阅读点亮中国梦——国家新闻出版广电总局等部门连续十年开展全民阅读建设书香社会.全民阅读活动简报，2012（58）：6、7、9、19.

② 吴晞.斯文在兹.深圳：海天出版社，2014：114.

字资源体系，在网络建设、平台搭建和资源建设等方面发展迅速。截至 2015 年 9 月底，全国共有 40 家省级图书馆和 479 家地市级图书馆开展了数字图书馆推广工程建设，中央财政对数字图书馆推广工程的经费投入资金约 6.74 亿元，地方配套经费达 3.24 亿元。[①]

第二，针对数字阅读资源的宣传推广，让更多的用户了解数字阅读，获得进行数字阅读的手段和途径。西安图书馆在 2012 年 11 月举办了为期一个月的"天禄讲坛——数字图书馆宣传月"活动，活动通过系列讲座为读者介绍和传授了使用数字资源的方法。长春图书馆在 2013 年 9 月 24 日在图书博览会现场布置了数字阅读体验区，在书博会期间免费向市民发放 2 万张长春数字图书馆阅读卡，并举办系列活动来引导教育读者有效利用图书馆的数字资源等[②]，都是宣传推广数字阅读、进行数字素养教育的良好途径。

第三，研发数字阅读平台或客户终端供读者使用，打造"移动图书馆"。通过移动图书馆，将丰富的馆藏资源向用户推介，方便用户随时随地查询利用馆藏资源。例如，2015 年徐州市图书馆借第五届江苏书展的契机推广数字图书馆移动阅读平台。该馆与国家图书馆合作，建立了徐州市图书馆移动阅读分站，市图书馆的注册可用来通过读者证号访问数字移动阅读平台，随时随地享受 6 万册电子图书、600 余种热门期刊资源。[③]鄂州市图书馆的读者可以通过"超星移动图书馆"下载或在线阅读 100 万册电子图书、7800 万篇报纸文章、3 亿篇中外期刊文献。[④]

第四，借助民间力量，多方合作，也成为推进数字阅读的有效方式。例如，

① 湖南图书馆.文化部将加快公共数字文化建设.公共图书馆阅读推广与阅读活动情况报告，2015（5）：33.

② 许晔.公共图书馆数字阅读推广模式研究.图书馆研究，2014（02）：72–75.

③ 湖南图书馆.国图和徐图合作打造移动阅读平台.公共图书馆阅读推广与阅读活动情况报告，2015（3）：32.

④ 湖南图书馆.鄂州市打造"口袋图书馆".公共图书馆阅读推广与阅读活动情况报告，2015（3）：33.

2015 年大连市 5 所学校启动"云图书馆"项目，东软云观信息技术有限公司运营的移动应用"哪吒看书"向大连市青泥洼桥小学捐赠 15 万册电子书，并为 6 所试点小学 6000 余名师生每人免费开通一个账户，用户可以通过移动互联网设备进入"云图书馆"，随时随地浏览图书馆资源。[1]2015 年 5 月，厦门《海西晨报》推出"公号管家"，为多家企事业单位提供微信公众号托管服务，代其搭建和运营微信公众号。此后，"公号管家"又发起"公号图书馆"子项目，以"悦读 365 为活动主题"，向全市征集百所幼儿园或学校，免费为其定制校园微信公号图书馆。校园微信公众号中将开辟国学经典、名人家训等相关板块，提供故事书、漫画、动漫视频、有声读物、睡前音乐等阅读资源。活动由《海西晨报》、红十字爱心各个子基金主办，厦门傻狍子网络科技有限公司提供技术支持。活动主办方还呼吁爱心企业或个人为此项公益活动捐赠图书，以丰富"公号图书馆"的馆藏。[2][3]

[1] 唐东丽."云图书馆"将大千世界囊括其中. [2016-01-29] http://tech.gmw.cn/newspaper/2015-09/16/content_109223234.htm.

[2] 湖南图书馆. 征集百所学校免费搭建数字图书馆.公共图书馆阅读推广与阅读活动情况报告, 2015（5）: 32.

[3] 雷妤."厦门百家幼儿园电子图书馆"正式启动.海西晨报, 2015, 10（25）: A02.

后　记

　　2016 年，《哈利·波特》中饰演女主赫敏的英国女演员艾玛·沃特森"丢"了 100 本书在伦敦地铁的各个角落里，号召大家像寻宝游戏一样去找，希望大家利用通勤的时间读会儿书，以此来推广阅读。丢的书被"读疯"了，引起不小轰动。

　　在英国，读书被认为是一种有格调的生活方式，飞机、火车、地铁、巴士等各种公共交通工具上手不释卷的身影比比皆是。英国人甚至爱吹嘘自己读书多，2013 年英国报刊曾公布一项调查结果：62% 的英国人谎称自己读过经典小说，这是他们为了让自己看起来更聪明而最频繁采用的花招。反观我们的地铁，尤其是在北上广的地铁里，乘客不是被拥挤得疲惫不堪难以立足，就是被手机控制成了"低头族"，还有多少人读书呢？

　　阅读是人类最平常而又最显赫卓著的活动，腹有诗书气自华，中华民族历来崇尚读书。古人为防止蠹虫咬食书籍，便在书中放置芸草，这种草有一种清香之气，夹有这种草的书籍打开之后清香袭人，故而称之为"书香"。古代的校书郎，有个很好听的名称——"芸香吏"。唐代诗人白居易当年就曾做过这个官职，并有诗云："前年题名处，今日看花来。一作芸香吏，三见牡丹开。""书香"这一充满温馨浪漫气息的词汇，反映出古人以读书为美的文化观念。后来，人们把读书人的书卷气息比作"书香气"，把世代习尚读书的人家称为"书香门第"。《增广贤文》中就有"家熟不如国熟，花香不及书香"之说。读书，也就成了一件无比高雅的事情了。

　　"发展的列车匆匆驶过精神的站台，现实的变化把心灵的地图抛在身外。"地铁里的景象，不过是国人并不乐观的阅读现状的一个缩影。在文化多元化、价值多元化的时代，人们的娱乐消遣方式不断翻新，电影、电视、电脑、手机想方设法地吸引读者的眼球，挤对了人们的阅读空间，降低了人们的阅读欲望，阅读心态自然也变得浮躁了。美国学者尼尔·伯兹曼在《娱乐至死》一书中写道："如果一个民族分心于繁杂琐事，如果文化生活被重新定义为娱乐的周而复始，如果严肃的公众对话变成了幼稚的婴儿语言，总之人民蜕化为被动的受众，而一切公共事务形同杂耍，那么这个民族就会发现自己危在旦夕，文化灭亡的命运就在劫难逃。"沧桑逝水，风习递嬗，经济的繁荣、科技的发达并未自动带来文化的昌盛。现代社会中，书香情怀对于大众而言，犹如那一页页泛黄的薄纸，渐行渐远，最终沦落为纸屑，消散在历史记忆中。

2003 年，《中华读书报》中的一篇文章如此畅想未来的书香社会：

> 我们有更多植根传统兼具世界眼光的一流出版家；
>
> 出版更多有分量且价廉的著作；
>
> 图书馆和书店成为每个地方的标志性建筑，且如饭店般林立；
>
> 图书馆中如饥似渴的读者比商场中的顾客要多；
>
> 每个儿童都拥有一张免费的借书证；
>
> 单位购买书籍的支出能和招待费媲美；
>
> 每个家庭都拥有至少五百册藏书；
>
> 孩子生日和压岁收到的不再是赤裸裸的钞票，而是一套名著；
>
> 在山巅、湖畔，在公园的躺椅上、医院的候诊室、火车车厢中、公交站台旁到处都能见到与书神交的惬意的人们。

这是一个有十足中国味道的书香社会！本书有感于现状，遂以"书香社会"为逻辑起点，阐述全民阅读的基本问题。全书分五章内容，分别阐述了中西文化背景下的书文化、全民阅读的人文内涵、阅读推广的时代背景、阅读推广的实践总结和书香社会的体系构建等内容。尝试从历史视野、学术视野、文化视野以及实践视野，对全民阅读进行多角度论述，以期探讨如何进一步推动全民阅读事业发展，构建书香社会。

就在书稿即将完成的时候，《全民阅读"十三五"时期发展规划》发布的喜讯传来。这是我国制定的首个国家级"全民阅读"规划，明确了全民阅读工作的指导思想、基本原则和主要目标，以进一步推动全民阅读工作常态化、规范化，共同建设书香社会。这是我们所为之奋斗的事业的开始，是激励我们得以始终的路标，愿我们的社会以阅读为乐、以阅读为荣、以阅读为时尚。

本书从筹划到成稿历时近两年时间，经数次修改完善，最终定稿。诚挚感谢为本书的出版付出努力的每一个人。感谢研学导师兼本书主编之一徐雁教授给予悉心指导，本书的内容由多位撰稿人共同完成，第一章由徐雁、马德静、聂凌睿撰写，第二章由周燕妮撰写，第三章由聂凌睿、石莹撰写，第四章由马德静、朱琳撰写，第五章由曹娟、周燕妮、王成玥撰写，此外还要感谢童翠萍、许琳瑶、张麒麟等同门热心提供各种资料。同时，必须感谢海天出版社，感谢参与本书出版的每一位师友。正因为有大家共同的努力，这本书才得以与广大读者见面。

写作永远是一个留有遗憾的过程，就像书香社会的内涵还有很多，全民阅读推广的路还很长。以往文字写作结束之际，大多有着完成任务的兴奋与轻松，然而此时此刻，我却没有感到一丝的如释重负，反倒多了些惶恐。由于我们经验尚浅，尚有调研不充分、思考欠周密处，所述内容未必成熟，敬请读者批评指正。

始终记得每日晨曦微露之时，图书馆前就会出现早起同学排队的身影，当第一缕朝阳洒在俯首阅读的同学身上，那种淡淡的宁静和满足让人感动和震撼。"养心莫若寡欲，至乐无如读书"，阅读是汲取知识、浸润人生、涵养精神的无形灵力，愿阅读成为点亮人们生活的一盏明灯！

周燕妮

2017 年春于武汉大学珞珈山麓